コミュニケーション資本主義と〈コモン〉の探求

ポスト・ヒューマン時代のメディア論

伊藤 守 編

東京大学出版会

Communicative Capitalism and "the Common"
For Analysis of Post-Media Ecology
Mamoru ITO, editor
University of Tokyo Press, 2019
ISBN 978-4-13-050198-9

目次

コミュニケーション資本主義と〈コモン〉の探求
ポスト・ヒューマン時代のメディア論

目　次

第Ⅲ部　コミュニケーション資本主義における抗争

序——ポスト・ヒューマンの時代のメディア研究

歴史的な変化を前に

二〇〇〇年代半ばに登場したGoogleやFacebookやTwitterそしてAmazonといった米国発の多国籍企業によって設立された巨大なプラットホーム、さらにこの一〇年ほどの期間に急速に技術開発が進んだ人工知能（AI技術）によって、メディアの生態系は歴史的な変化に直面していると言えよう。文字と複製技術を中心としたメディア環境からあらゆる情報のデジタル化が進んだポスト複製技術時代のメディア環境へ、国際化の波が打ち寄せたなかにあっても基本的には一国単位で組織されてきたメディア制度からグローバルなプラットホームを基盤とするメディア環境へ、そして特定の領域では人間の脳以上の計算とパタン認識能力を発揮するまでになった人工知能が組み込まれた社会へと向かう、大きな変化の渦中にあるからである。

自動走行運転はもとより、上記の巨大プラットホームによるマーケティング戦略のための情報解析やそれを基盤とした企業の市場予測、さらに行政機関の政策決定や種々の組織の社会的な意思決定に人工知能が関与する時代の到来である。〈ポスト・マクルーハン〉〈ポスト・ナショナリティ〉〈ポスト・ヒューマン〉の時代へ、と形容することが可能と思えるほどの変化である。

歴史的に振り返ってみれば、情報化が進行した一九八〇年代後半から一九九〇年代初頭、「情報社会論」が大いに展開された。産業革命から情報革命へ、つまりモノの生産から情報の生産へと産業組織の比重が移動することを物語る言説群である。さらに一九九〇年代後半からゼロ年代には、インターネットの登場によってバーチャルコミュニティの形成やデジタル民主主義が喧伝された。こうした「情報社会」や「ネットワーク社会論」の段階から、現代社会は新たなステージへと移行し、労働や生産の領域のみならず、消費、余暇、健康、都市空間、文化、イメージといったあらゆる人間の〈生〉を枠づけている社会的条件そのものがデジタル技術によって変容を迫られる段階を迎えている。

デスクトップ型のパソコンからモバイル型のスマートフォンの利用が一般化し、二四時間必要があれば、膨大な情報に常時アクセス可能なネットワーク環境の成立は、商品購入、預貯金や投資、健康維持、情報や知識へのアクセス、友人とのコミュニケーション、不特定多数の他者とのコンタクト、そしてグローバルな移動など、あらゆる人間の行為のモードを劇的に変化させている。デジタルネットワークに媒介されたこうした行為の集積が、消費行動、親密圏の構成、政治参加のあり方、集団の構成のあり方、コミュニティのあり方、社会的意思決定のあり方、人間の主観性のあり方、そして民主主義という制度全体に、つまり「社会的なもの」の総体に決定的な影響を及ぼしているのである。それだけに、テレビ、映画、インターネット、と類別された個々のメディアの垣根が溶解し、人間とデジタル技術が緊密に重層的に接合された〈人間－機械の配列（assemblage）〉がいかに構築されているか、そのこと自体を問い直す存在論と認識論が求められている。

本書の狙い

本書では、米国の政治学者ジョディ・ディーンによって提起された「コミュニケーション資本主義」という概念を基本的な参照軸としながら、このあらたな段階の社会システムの特徴を解明することが目指されている。

この試みは、もちろん、巨大なプラットホームや人工知能技術が効率的で高度の利便性を備えた「豊かな社会」を生み出す、あるいは逆にこれらの高度なテクノロジーが人間の知性を凌駕し、高度な管理社会を生み出す、といった技術決定論的な主張を展開することを意図してはいない。むしろ、急速なグローバル化とそれを牽引した新自由主義的な経済の浸透と連動していることを重視しながら、これらのテクノロジーがいかなる社会的機能をはたしているのか、社会的コミュニケーションのモードをいかに変容させているのか、各集団・組織の統治システムをどう変革しつつあるのか、そしてなによりも人間の〈生〉のあり方や〈生〉にかんするイメージをどう変化させつつあるのか、といった根本的な問題を問うことに、本書の関心がある。

したがって、メディア・テクノロジーのインパクトがいかに大きいとはいえ、社会に及ぼすテクノロジーの影響は、その方向性や強度という点でテクノロジーが布置化された政治的・経済的・文化的な文脈に強く規定されていることを、本書は一貫して主張することになるだろう。

現在の変化は多層で、複雑な様相を呈している。この変化の方向が不透明で不確定であるという特性は、確かに、現在のデジタルテクノロジーがさまざまな可能性を有しているという点に、その理由を求めることもできる。だが、それ以上に、その技術的な潜在力を「よりよい社会」への存在論的基盤として結実させるためには、われわれ自身一人ひとりのそしてさまざまな組織や運動体による鋭い洞察と積極的な政治的・文化的な関与が不可欠であるという点にこそ、不透明で不確定であることのもっとも大きな要因が存在するのではないだろうか。

〈メディア・テクノロジーによってどうなるか〉ではなく、〈メディア・テクノロジーをどうするか〉という問いが求められる所以である。メディアに媒介されたコミュニケーションが、ビッグデータのサンプル・標本として活用・収奪されることを超えて、メディアを「再領有化」すること、フェリックス・ガタリの言葉を引用すれば「メディアを再特異化の道にひきこんでいくことのできる多数の主体集団がメディアをあらためてわがものとする」コミュニケーション回路を造形し、「主体の生産と〈共（the common）〉の生産とが合わさって螺旋状の共生関係が形成される」プロセスを探求する必要がある。

もちろん、変化の只中で、その変化を捉え、さまざまな特異性が共存しながら〈共（the common）〉の関係が生成する動態を分析することはきわめて困難な作業となる。しかし、だからといって、政治的・経済的な環境から切り離して、メディアとコミュニケーションにかかわる個別の事象の分析のみに留まってはならないだろう。不透明、不確定であるからこそ、今日のデジタル技術の両義的な性格を政治的・経済的・文化的な広い文脈のもとで理解し、未来を切り開く議論を展開していかねばならない。

本書の構成

この目的にそって、本書は三部から構成されている。

第Ⅰ部「コミュニケーション資本主義とは何か」では、新自由主義的な経済の進展と軌を一に成立したコミュニケーション資本主義の基本的特徴を多角的に描くとともに、その成立の経緯を歴史的に検証する。具体的には、人工知能とソーシャル・ネットワーキング・サービス（SNS）が結合したデジタルメディア環境における、コミュニケーション・モードの変容、公共的な言説空間の変貌、現代人の主観性と集団性の関係の変化、現代のポピュリズムの台頭といった論点が論じられる。

第1章は、コミュニケーション資本主義についての基本的な説明をおこなう。九〇年代まで「高度消費社会」と概念化されてきた資本主義の形態がソーシャルメディアを介した膨大な情報の産出とそのサーキュレーションに依拠したコミュニケーション資本主義へと変容していることが論じられる。さらにこの資本主義はジル・ドゥルーズが「制御＝管理型社会」と述べた社会形態でもあること、またこの資本主義の形態が政治・法・イデオロギーの重層的な構造によって規定されていることを明らかにする。そのうえで、デジタルネットワークが情動的ネットワークとして作動しており、文化政治の新たな局面を作り出していることを指摘し、本書のベースとなる諸論点を明らかにする。

第2章は、第1章の論点をふまえつつ、コミュニケーション資本主義にかんするより理論的な検討を加える一方で、「トランプの悪のメディア」というきわめて重要なコンセプトを提示し、コミュニケーション活動全体が資本増殖のための原材料としてその回路に包摂されたなかでの、メディア空間、政治空間の特徴について、詳細な分析をおこなう。それに加えて、ジャック・ラカンそしてガタリやドゥルーズの議論を参照しつつ、スマートフォンに代表される個人化されたメディアが個人の社会的服従と機械状隷属のツールとして機能する様態を描くとともに、それに対抗するオルタナティヴな方途を展望する。

第3章は、先進諸国で顕在しているポピュリズムと「ハイブリッド・メディアシステム」と呼ばれる既存メディアとソーシャルメディアが融合した環境との関係を丹念に論証している。既存のマスメディアの信頼性の低下、それに対してネットワーク技術によって開かれた新たな相互性のもとに成り立つコミュニケーションのメカニズムが論じられる。この分析によれば、ソーシャルメディアを介したコミュニケーションにおいては、時間的・空間的なコンテクストが「崩壊」しがちとなり、多様なユーザーを一堂に集め、結びつけるうえで、情動が有効な手段として機能しているという重要な知見が示される。

第4章は、上述の三つの章でその特徴を多角的に指摘したコミュニケーション資本主義がいかなる歴史的な背景のなかで成立したのか、ユルゲン・ハーバマスの理論を参照しながら議論を展開する。「経済的市民社会」を民主主義的に制御するために、戦後、「政治的市民社会」と「経済的市民社会」との「強制的結婚」がおこなわれた。具体的には、政治的公共圏を介して、経済的格差を是正し、完全雇用を目指す福祉国家の成立である。しかし、その体制は一九七〇年代に解体し、「強制的結婚」は破綻する。それに代わって台頭したのが新自由主義的な経済政策にガイドされたコミュニケーション資本主義である。この一連の変化は、緊縮財政と市場原理主義を帰結しただけではない。「政治過程そのものを経済化する」ことで「市民社会の弁証法」の失効を促し、統治性の原理自体の変革を推し進めていることが主張される。

第Ⅱ部「コミュニケーション資本主義と生権力」では、人工知能やデジタルメディアを内部化したコミュニケーション資本主義が、ビッグデータの活用を通じて、第一に人間の〈生〉をトータルに管理・制御する可能性を秘めていること、第二にスマートシティの喧伝に代表されるような生活空間そのものの管理・制御の機構へと展開していること、第三に人工知能や人工生命（AL技術）によって、それらとリアルな〈生〉との「共存」が現実となるなかで、〈生〉の情報化が、〈生〉を資本として商品化する事態すら生み出している現状を批判的に論じる。この三つの章に共通するのは、コミュニケーション資本主義の段階における、〈生〉の管理に向けた〈生−政治〉の先端で生じている問題系を照らし出すという問題関心である。

第5章は、ビッグデータ、ライフログ（蓄積された個人の生活の履歴にかんする情報）、そして「社会保障・税番号制度（マイナンバー）」という具体的な事例を分析の対象として、〈生−政治〉の今日的な動向にメスを入れている。フーコーが指摘したように、〈生権力〉とは、身体管理や生活管理の拘束によって「個人や社会にとっての危険を構成しないようにする」ところの「生かす権力」と捉えられてきた。しかし、ライフログがビッグデータとして収集管理され、統計学的な処理がおこなわれるなかでは、「生かさない生−政治」が誕生する可能性があることが説得的に論じられる。

第6章では、スマートシティ、スマートコミュニティ構想が主題化される。今日「スマート化」という言葉が広く使われるようになったが、その含意はＩＴＣの発達を基盤にして、都市空間、居住空間のネットワーク化や効率化を進め、生活の利便性や快適さを向上させながら、環境負荷の低減をはかり、持続可能な社会を形成することにある。その鍵は、生活空間の制御にかかわる多様な情報と生活者・消費者の情報の収集と処理にある。だが、こうした最適エネルギー化と省エネ型のライフスタイル構想は何を人間にもたらすのか。都市やコミュニティの統治システムの転換にかかわる重要な問題が浮上していることを筆者は示唆する。

第7章では、〈生〉〈生命〉にかかわる今日的な問題を大胆に提起する。筆者によれば、金融資本主義による地球規模の貧富の格差と大量の難民の発生は、リアルな生が、普遍的人権という闇のもとで、「あたかも存在しないかのように」破棄されるべきゾーエとして現出していることを示している。一方で、デジタルテクノロジーの発展によって急速に生命科学が情報工学や遺伝子工学と結びつくなか、生命が物質化され、物質が生命化される過程で「生そのものが商品」となるバイオキャピタル＝生資本主義の時代を迎えているという。この二つに分岐した〈生命〉をめぐる状況をいかに乗り越えるのか。筆者が提示するのは、スペキュラティヴ・アートの実践が照らし出す「クトゥルー新世」という豊饒な世界である。

第Ⅲ部「コミュニケーション資本主義における抗争」では、インターネットがこれまで一部の人々に限られ制限されていたメディアへのアクセスを開放し、誰もが容易に情報発信するチャンスを拡大するとはいえ、民主的な空間として成立しているわけではなく、むしろリアルな世界の支配関係や権力関係を再生産する空間であること、また相互交渉と対話のアクティヴな空間というより、相互受動的（インタパッシヴ）な空間を構成していることを指摘する。しかも、その空間は、従来にはない、より鮮明なかたちで、権力関係や差別、葛藤や矛盾を生起し、個人の隷属状況を再生産する空間でもある一方で、差別や排除といった「敵対性」の争点化や係争化は、〈来るべき社会〉の重要なステップとなる潜在力を秘めている、ともいえるのではないだろうか。

第8章は、韓国のインターネット空間を対象に、「ネットワーク化された公共圏」における女性嫌悪（ミソジニー）の言説が流通している状況に分析を加える。これまで、韓国では、インターネットはより望ましい関係を実現できる「希望」の空間、既成勢力への「抵抗」の空間として注目されてきた。だが、二〇一〇年に立ち上げられた「日刊ベスト貯蔵所（通称：イルベ）」に代表されるような、女性を卑下する言表が乱舞する状況が生まれる。一方では、さまざまなかたちで存在する女性差別の経験をプライベートな問題であると矮小化することなく、女性たちに共通の問題として社会化し、ジェンダー的な「葛藤」を変革にチェンジするようなサイバースペースも生まれる。筆者が注目するのは、こうしたジェンダー化されたネット空間が、情報の拡散性の高さと匿名性ゆえに、「女性嫌悪」の問題を広く社会に認識させるとともに、社会を変革する契機をも作り出していることである。

第9章は、「資本主義以外の道はない」とする「資本主義リアリズム」が支配する現在において、資本主義の「オルタナティヴ」を構想する意欲的な論考である。その構想のために、筆者が主題的に取り上げるのは、二四時間パソコンやスマートフォンに接続された「過剰接続」の状態から離脱した先にある、マイルス・デイヴィスの音楽が示すような「アフロ・フューチャリズム」と呼ばれる表現文化やサイケデリック音楽と一体となった政治・文化実践の運動である。絵画、映像、音楽、演劇などあらゆる美的でありかつ政治的な運動が、分断され、個人化したメディア環境を乗り越えて、自律的な新しい集団的意識を作り出し、〈共〉のネットワークを構成する、一つの有効なオルタナティヴとなり得るのではないか。筆者はそう問いかけている。

従来、情報化、デジタル化、ネットワーク化といった情報技術の進歩が及ぼす影響に関しては、「ウェブ社会」「モバイル社会」「ユビキタス社会」といった概念で表象されることが多かった。しかし、それらの概念は、デジタル技術による社会の変化を表面的に捉えることに終始し、新自由主義によって牽引された現代資本主義の資本蓄積過程の変貌とメディアの連接関係、統治システムの変化、主体の主観性や集合性の関係等々、社会秩序の基底にある「社会的なもの」の成立の条件への配慮が不十分であったと言わざるを得ないのではないだろうか。

本書は、以上、「コミュニケーション資本主義」という認識枠組みに立って、あらゆる人間の〈生〉を枠づけている共有された条件の変貌を明らかにすることに徹した意欲的な論考を配置し、〈ポスト・ヒューマン〉といわれる時代に即応したメディア研究のバージョンアップを試みたのである。

もちろん、そうした困難なプロジェクトが本書だけで達成できるはずもないことは十分に理解している。だが、この一歩を契機にして、今後のメディア研究が他の研究分野と同様に、資本主義的グローバリゼーションと複雑で偶発性に富んだ重層化した諸権力にたいする説得力ある別の道を切り開き、より公平で、より持続可能な、より民主的な社会を展望する学的営為としてますます前進していくことを願っている。

伊藤　守

第Ⅰ部　コミュニケーション資本主義とは何か

第1章　デジタルメディア環境の生態系と言説空間の変容

伊藤　守

到来する存在はなんであれかまわない存在である。……じっさいにも、ここで問題になっている〈なんであれかまわないもの（whateverbeing）〉は、個物ないし単独の存在をある共通の特性（たとえば、赤いものであるとか、フランス人であるとか、ムスリムであるとかといったような概念）にたいして無関心なかたちで受けとるわけではなく、それがそのようにして存在しているままに、（ありのままに）受けとるにすぎない。そのことによって、個物ないし単独の存在は認識に個別的なものの言表不可能性と普遍的なものの可知性のいずれかを選択することを余儀なくさせる偽りのディレンマから解き放たれる。（Agamben 2001: 1＝二〇一二、八―九頁）

1　はじめに

インターネットが一九九〇年代半ばに商用化され一般に普及しはじめてから約四半世紀が経過した。その約二五年の期間に、九〇年代には予想もできなかった多くの技術革新が達成されただけでなく、グローバル資本主義の拡張や新自由主義政策の展開といった経済的・政治的環境の変化とも連動しながら、グローバルなネットワーク社会は当初の期待や危惧を凌ぐほどの新しい段階に至った。とりわけ、この一〇年ほどの間の変化は、「劇的な変化」と形容してもおかしくない、すさまじい変化であったといえる。

変化の担い手は、Google、Amazonといった米国発の多国籍企業が構築した巨大なプラットホームの出現と、そのプラットホームを基盤とした様々な情報サービスの提供であり、FacebookやTwitterさらにLINEなどのソーシャル・ネットワーキング・サービス（SNS）の登場である。Googleがパブリックカンパニーとなったのが二〇〇四年（設立は一九九八年）、Facebookが世界で利用されるようになったのが二〇〇六年、Twitterが登場したのは同じく二〇〇六年である。これらのサービスはたかだか一〇年ほどの間に急速に浸透し、社会的なコミュニケーション全体に多大な変化を引き起こしている。

では、具体的に、デジタルテクノロジーの劇的な進化、それと一体化したグローバル資本主義の進展のなかで、社会的コミュニケーションの構造ないし骨格はいかなる変容を帰結しているのだろうか。

上記の課題を検討するために、以下では、次の三つの角度から議論を展開しよう。第一は、米国の政治学者ジョディ・ディーンが述べた「コミュニケーション資本主義」という概念を中心に据えて、社会的コミュニケーションが深く市場の論理に組み込まれるなかで、いかに言説の生産・移動・消費の過程が変化したかを考究する。またその考察を通して、民主主義的な社会を構成する重要な契機としてみなされてきた「公開性（publicity）」の原理が市場の論理に組み込まれ、様々な社会領域における「統治」のメカニズムを組み替えていることを議論する。

第二は、ソーシャルメディアのマテリアルな特徴を検討することを通して、現在のデジタルメディア・ネットワークの生態系に特徴的なコミュニケーション・モードに情動（affection）が深くかかわっていること、さらにこの事態が今日の政治的意思決定過程や集合的な行動の様態に多大な影響を及ぼしていることを論じる。第三は、上記のジョディ・ディーンや多くの翻訳を通して日本でも知られることとなったフランスの哲学者ベルナール・スティグレールの「個体化」や「象徴の貧困」という概念を手掛かりにして、ソーシャルメディア時代の「主観性」と「集合性」の関係性について検討を加える。これらの検討を通じて、コミュニケーション資本主義が日常生活のあらゆる領域に浸透するなかで、いかに〈コモン〉を共同で作り出すのか、その方途が探求されるだろう。

2　コミュニケーション資本主義の特質

情報のサーキュレーション自体が生み出す経済的価値

文字、画像、動画、音声などあらゆる情報がデジタル化され、個人・組織・企業・政府・行政機関が発信する大量の情報が、特定の個人に向けて、また不特定多数の個人に向けて伝達され拡散される情報環境が成立した。さらにこれらの大量の情報が、収集、集積、占有され、ビッグデータとしてAI技術によって解析され、個人や組織・企業にフィードバックされる回路が創出されている。

商品購入の履歴として記録された情報が解析されるなかで、選好傾向の類型が析出され、その類型ごとに諸個人がカテゴライズされ、それに合わせたリコメンド情報が個人にフィードバックされる。一方で、こうした情報の集積と解析によるビッグデータの構築は、マーケティング戦略をもっとも効率的に遂行する有力な資源として広告収入の源泉となる。収集されたデータを解析し、消費行動や政治志向などのパターンやトレンドを予測する情報を産出し、それを商品化するビジネス戦略が、Google や Facebook が短期間でこれほどまでに成長し巨大企業となった原動力である。

検索エンジンを使ってあらゆることがらを調べ、気に入った情報に「いいね！」をクリックし、ソーシャルメディアで「つぶやき」、ネットで商品を購入し、Instagram に写真や動画を投稿し、気になるニュースをスマートフォンでチェックし、気軽に自身の感情や意見を情報空間に発信する、といった日常的に繰り返され、無意識のうちに反復される行動や行為。これらの行為によって産出される情報が集積され、解析され、次の資本蓄積のための経済活動へと転用される。

このメカニズムと回路の組織化は二つの技術的特徴を有していると見ることができる。一つは、われわれの生の営みがすでに機械的に処理された情報の無限のループ、無限の循環構造に組み込まれていることである。それは、ベルナール・スティグレールが「自動化社会」と概念化する現代社会の特質であり、一九七〇年代にいち早く情報技術の進展を予測しながらジル・ドゥルーズが「規律訓練型社会」から「制御＝管理型社会」への移行と語った、情報の無限のループとフィードバックを通じた生の営み全体を制御する社会への転位を意味している。[1]

こうした「制御＝管理」のシステムは、ソーシャルメディアに限定されるわけではない。たとえば、一般にＩｏＴと言われるように、モノ＝商品へのタグ付けがすでに一般化し、モノの生産、移動、納入さらに消費に至るすべての過程における「場所」と「時間」に関する情報が集積され、より効率的なロジスティックスに活用される。その先に待ち受けているのは、ウェアラブル端末に蓄積され、つねに更新される資産や健康や医療や趣味に関する個人情報が、ショッピングやバンキングやレストランでの食事など生活のあらゆる場面で行為者の行為をガイドし、制御していく事態だろう。[2] 制御の中心には、アレクサンダー・R・ギャロウェイが精緻な分析を試みた「プロトコル」がある。つまりデジタル社会を駆動し、「制御の地点を自律した端末へと徹底的に分散化」しつつ、「複数の秩序形式へと制御の働きを集中化する」(Galloway 2004: 34＝二〇一七、四二頁) ところの「巨大なマネジメント装置」としての「プロトコル」である。

もう一つの技術特徴は、繰り返し強調することになるが、検索やツイートや動画のアップといった一連の行為をデータ化し、記録し、集積し、解析するデータの階層化ないし高次化の組織が、今日の資本蓄積過程に不可欠の源泉となったという事実である。これまで、マスメディア型の〈一対多〉や〈一方向性〉といったメディア特性とは対照的に、デジタルネットワーク空間を、「水平的な」「参加型の」「自由な」コミュニケーションといった特徴で語る場合が多かったと言えよう。しかし、今日、鮮明となった実態は、むしろデータの集積とＡＩ技術を駆使した解析とそのフィードバックそして次のさらなる高次のデータ収集と解析という何層にも積み上げられた、垂直型に構築された情報回路の私的企業による占有である。[3]

制御と資本の論理に分かちがたく結びついた、膨大な量の情報とメタデータが産出され循環する社会を「コミュニケーション資本主義」(Dean 2002) と概念化したのは、すでに言及したように、米国の政治学者ジョディ・ディーンである。彼女によれば、ネットワーク上を間断なく移動・循環する情報は、発信・転送される情報の流通＝循環それ自体が自己目的化した過程として捉えるべきだという。行為者の側からみれば、Twitter や Facebook や Instagram への写真の投稿や何気ない「つぶやき」は、誰かが見てくれる、聞いてくれる、という期待の下に行われる。あるいは特定のハッシュタグをつけることで趣味や好きなミュージシャンを中心にしたファン集団を形成することにも発展するだろう。だが、経済システムの側からすれば、こうした期待やコミュニケーションなどとは無関係に、情報が流通＝循環しつづけることにこそ意味がある。

この事態をディーンは皮肉を込めて、「自身を表現することを可能にする、他者とコンタクトすることを可能にする、その意味でわれわれが「楽しみ（enjoy）」を見出すメディア実践は新たな搾取とコントロールへと同意なしに組み立て直しているのだ」（Dean 2018）と指摘する。こうしたディーンの認識は、労働と余暇、賃労働と未払い労働との境界が瓦解し、「科学、コミュニケーション、言語の、生産力への統合は、労働の現象学的総体と生産の世界地平総体を再定義して」おり、「いまや生産諸力は、事実上、完全に生政治的なものである」（Hardt & Negri 2000: 364＝二〇〇三、四五六頁）と述べた『〈帝国〉』の認識の延長線上にある。彼女の指摘は、それにとどまらず、ソーシャルメディアがいまだ登場していない段階で書かれたアントニオ・ネグリとマイケル・ハートの『〈帝国〉』の知見をバージョンアップしたものと考えることが適切だろう。サービス産業における知的労働や感情労働という範囲を超えて、ネット上のサイトにアクセスするという「非物質的で、知的でもあり身体的でもある」日常のコミュニケーション的行為それ自体がフリー労働の形態として組織され、重要な生産諸力の一つとして包摂される地点にまで至ったことを明らかにしているからである。

意匠を凝らした広告やデザインによって、人々の欲望を生産することに重きを置いた「高度消費社会」を継続させながらも、それとは明らかに異なる論理で資本主義が駆動しはじめていることが理解できる。この歴史的変化を明示化するためにディーンは「コミュニケーション資本主義」という概念を提起するのである。

マーケティングとビジネスに侵食される公共的な言説空間

「コミュニケーション資本主義」には四つの特徴が存在するとディーンは指摘する。第一は、すでに述べたように、主体の発話や文字言語による投稿メッセージが「ビジネスの論理」によって数として計測されることである。アクセス数が多いこと、ヒット数が多いこと、シェアされ、転送される数が多ければ多いほど、ますますアクセス数は増加し、広告価値は一層高まり、企業利益は向上する。多数であることこそが重要であるという「ビジネスの論理」に従うならば、投稿されたメッセージが「偽り」の情報、「虚偽」の情報であろうとなかろうと、そうしたコンテンツの中身はなんら問題とはならない。「偽り」の情報であろうとも、それが刺激的で、人目を引き、情動や感情を刺激し、アクセスランキングの上位を占めて、より一層多くのアクセスを呼び込むかぎり、高い経済的価値を生み出すことができるからである。

言い換えれば、コミュニケーション過程のなかで「ビジネスの論理」が優先されるとき、他者に理解されることを目指すメッセージの意味としての「使用価値」は、瞬く間に「交換価値」へと転位する。この論理に従うかぎり、「虚偽」であろうと「真実」であろうと、そうしたこととは無関係に、両者は「等価」なものとして流通し、場合によってはアクセス数で上回る「虚偽」の情報の方が経済的価値があると判断されることになる。そして実際、「嘘」や「虚偽」の情報が、「事実」よりもはるかに容易に、そして瞬時に、サーキュレーションする事態が生まれる。われわれは、いままさに、そうした事態に幾度となく直面しているのではないだろうか。

二〇一六年の米国大統領選挙の際、Facebook で流れたヒラリー・クリントン候補を批判する「虚偽」のメッセージはマケドニアで生活する貧しい家庭の青年が発信したものだった。彼は「虚偽」のメッセージであることを認識しつつ、人目を引く情報で多くのアクセス数を獲得して支払いを受ける目的で流したという。極端な事例ではある。(4) だが、こうした事態が成立したこと自体、社会的コミュニケーション過程がこれまでにない広がりと深度で「ビジネスの論理」に組み込まれていることを例証している。

メディア情報空間と情報行動の変化を具体的に指摘しておこう。ニュースへのアクセスはテレビ、新聞、あるいはラジオに限定されていた。しかし、この一五年ほどの期間にその様相は激変した。(5) 従来のメディアに加えて、多様なオンラインニュースが登場したからである。ポータルサイト系の『Yahoo! ニュース』『livedoor ニュース』『Google ニュース』、それに加えて『LINE NEWS』『グノシー』『スマートニュース』やキュレーションサイト『NAVER まとめ』『antenna』、さらに『grape』『BuzzFeed』など、多様なプラットホームが存在する。既存のメディアは記者や編集者の取材を基本として、ニュース記事を発信してきたのに対して、『Yahoo! ニュース』は記事配信を受けて自社の編集者が再編集を行う、『LINE NEWS』はニュース編集権を配信者に委任する、『グノシー』『スマートニュース』はアルゴリズムによる記事選別を行うシステムを採用するなど、ニュースの生産様式自体が多様化した。この変化に合わせてニュース受容の様態も急激に変化している。二〇歳代から三〇歳代にかけての年代では、新聞紙や定時のテレビニュースを視聴する形態から、既存のメディアのオンラインニュースサイトや上記のオンラインニュースにアクセスし、閲覧することが一般化している。(6) ニュースの生産システムそして視聴者・読者・ユーザーの受容形態、その双方で、「激変」と形容できるほどの変化が生まれたのである。

こうした変化はたしかに情報の多様性と選択の幅を広げる一定の効果を生み出したといえる側面がないわけではない。だが、多くの問題が浮上した。そのなかでももっとも留意すべきは、個々のニュース項目へのアクセスがデータとして集積され、どのジャンルのニュースが好まれるのか、どんな見出しや単語による表現がユーザーの選択を導きやすいのかといった目的の下で膨大なデータが解析され、その解析結果が、効率性と利益性の基準に従ってニュースサイトのトップページの上位にニュース項目を配置すること、さらにはユーザーが選択する際の注意や関心を一瞬のうちに引き付ける語句の継続的な更新に、活用されている点である。「アテンション経済」といわれる事態である。

これまでも、新聞やテレビという媒体は、視聴率や利益率を重視して、紙面構成や番組構成を行ってきた。とはいえ、それでも、「伝えるべきニュース」「伝えたいニュース」というニュースバリューを第一の基準としてニュース項目を選択してきたはずである。それがジャーナリズム機関としての存立根拠であった。これと比較すれば、一般の人が投稿した膨大な私的な情報や上述の新旧様々な企業から発信されたニュース――しかも人気度や注目度の高い情報がアルゴリズムを使って選択された――が交錯するフラットなメディア環境は、市場原理と効率性が徹底した、これまでとは別次元ともいえるニュース空間、多元的なリアリティの空間を作り出している。これが、あらゆる領域の市場化を指向する新自由主義がもたらした帰結の一つである。

ディーンが着目する第二の特徴は、「ビジネスの論理」主導の情報空間の内部に極度のヒエラルヒーが構築される、という特徴である。これまで、ネットワーク社会の到来によって、ビジネスが大きく変化するとの言説が喧伝されてきた。店舗を設置する必要がない分、購買量の少ない商品までも品揃えできるネット販売は有効であるという言説である。ネットを活用すれば、利益の八〇パーセントが買い手の少ないマイナーな商品の購入から得られるとする、一般に「80／20ルール」といわれるものである。その代表格は、いうまでもなく、Amazonということになる。

しかし、注視すべきは、説明に用いられる「べき乗分布」が示しているのは、所定の複雑なネットワークのなかで、第三のポジションのアイテムより第二のアイテムが、そして第二のアイテムよりトップのアイテムが圧倒的なアクセス数を達成するという事実である。すなわち、ロングテールを呈するボトム間の相違はほんのわずかしかないけれども、トップとボトムとの間にはとてつもない格差が生まれる。

ディーンは次のように指摘する。「いま、一〇〇万のウェブサイトが存在する。しかし、わずか一握りのハブしかない。Google、Facebook、YouTube、である。世界で数多くの小説が書かれている。しかし、出版されるのはわずかであり、売れるのはそのほんの一部である。そしてベストセラーになるのはごくわずかな少数の本にすぎない。この不平等こそが、複雑なネットワークにとって避けることのできない性質なのである。もう一つの事例はTwitterである。ポップシンガーの一人ケイティ・ペリーは一億一〇〇〇万人以上のフォロワーがいる。そしてドナルド・トランプは五二七〇万人のフォロワーを抱えている。一般の大部分の人たちは二〇〇人のフォロワーである。電子的にネットワークされたコミュニケーションがわれわれ自身の選択を活用するとき、このネットワークはわれわれに対して確固たるヒエラルヒーを構築してしまうことにある」(Dean 2018) と。

以前、筆者はインターネットの登場以降とりわけソーシャルメディアが二〇〇〇年代後半に浸透してから、これまでのマスメディア主導型の比較的安定した公共的な言説の空間が急速に瓦解し、それに代わって、より動的な、目まぐるしく変化する言説の空間が生起していることを指摘した(7)。そこでは、社会的に読まれ、聞かれ、話される言説の量と範囲が一気に拡大するのみならず、大小様々に分立した言説の「島宇宙」が構成され、それらが相互に影響を与えつつ、長期にわたる話題の形成に寄与することもあれば、短期で消失するとはいえ一時的な「沸騰」や「炎上」の状況を作り出すことにも寄与する、ダイナミックな過程が生成していることを指摘した。その見取り図にディーンの知見を重ね合わせてみるならば、複数の空間の複雑な相互作用と持続と瞬時という異質な時間が流れる過程に、特定のプロトコルと特定のアルゴリズムによって規定された制御、そして「ビジネスの論理」の貫入、さらに情報空間内部に構築されたヒエラルヒー、という三つの強力なメカニズムがプラットホーム上で作動している事態が生起していることが理解されよう。

3　公開性という言説の位相変換——統治性の変容

巨大なプラットホーム上で循環する膨大な情報が、個人の私的な発言や感情の表出までも含め「ビジネスの論理」に包摂され、極端なヒエラルヒーを構築していることを指摘した。ネットワークに顕在化しているこの二つの特徴に加えて、ディーンは第三の特徴を描き出している。それは、公開性という概念ないし言説のねじれとでもいうべき事態の進行である。さらにその事態とともに現れる社会の諸領域、諸制度の統治システムの変容である。慎重を要するこの問題について検討を加えよう。

公共的価値としての「公開性」

Googleの検索エンジンからアクセスできる膨大な情報やTwitterやLINEから流れるニュースやテレビや雑誌の情報など、多様なメディアで流通する「過飽和」とも思える情報によって、「公開性（publicity）」がこれまでよりも強固に確立されてきている。そうわれわれは考えるのではないだろうか。たとえば、セレブリティが秘密のダイエット方法を教えます、といった雑誌の広告やソーシャルメディア上のメッセージ。Twitterによるいま注目のミュージシャンのプライベートを数分前に写したというメッセージ付き写真のツイートと拡散。どのメディアも報じなかった隠された真実や事実を伝える、と述べるネット上のメッセージの数々。これら無数の膨大な情報の流通は、秘密の領域が縮小し、「公開性」が拡大しているという印象をわれわれに与えつづけている。しかもこうした「公開性」の拡大は、今日、望ましいと考えられている様々な社会的価値のなかでも、もっとも重要なものの一つとして、民主主義を支える公共的な価値として認識されている。さらにいえば、「公開性」の拡大に寄与した情報技術もまた民主主義の発展に実質的に貢献している、との認識も作り出している。

一部のエリートや識者と呼ばれた人たちだけが社会の公的空間に情報を発信する時代は終わり、多くの人々が、チャットルームやサイバーサロンといったデジタルネットワーク空間で、あるいはFacebookやTwitterを通じて、自身の意見を投稿し、発信することができる。それは、様々な出来事や事象に関して自身の意見を表明する機会を拡大し、集合的な意思形成過程に参加できる条件を創り出す、ということでもある。要するに、「技術文化（technoculture）」は「公開性」という原理をより一層実現することに貢献し、民主主義を強化するうえで重要な役割を果たしている（あるいは、果たすはずだ）という言説や考え方が一般化しているのである。

しかしながら、社会が進むべき正しい方向であると認識されている「公開性」の拡大という事態の背後で、実際にはいかなる事態が進展しているのか。それらの諸点を注意深く検討することが重要である。

第一は、「公開性」が称揚され、実際に「公開性」の拡大が指摘される一方で、「秘密＝機密（secret）」の領域も拡張していることである。たとえば、監視カメラで収録された画像の蓄積と活用に関してわれわれはどれほど知っているだろうか。また上述のように、Google や Yahoo の検索システムの利用履歴のデータ、ネットによる商品の購入履歴のデータ、クレジットカードの個人データ、これらの個人情報がフローの空間を移動し、集積され、ビッグデータとして処理されて、企業のマーケティング戦略のために活用されることはそれなりに聞かされているとはいえ、その内容を具体的にどれほど知っているだろうか。第6章で主題的に論じられるスマートシティ構想は、居住空間それ自体を管理・制御の対象とするプロジェクトであるが、そこに住む人々の生体情報を含めてどのような情報が管理・制御されるのか（されるべきなのか）、そうした情報が当事者であるわれわれにどれほど伝えられることになるのだろうか。

こうした情報の秘匿あるいは機密という問題をより明確に示したのがアメリカ国家安全保障局（NSA）、中央情報局（CIA）の元局員エドワード・スノーデンによる告発、ウィキリークスによる国家の機密情報の公開であったことはよく知られている通りである。ここで詳しく論ずる余裕はないが、国家的な規模で、政府機関によって、一日に数百万件にも上る、個人の通話やインターネット上のメール等の情報が秘密裏に取得され、傍受されているという事実は、「公開性」の拡大という言説の背後で、「機密・秘密」の領域の拡張が進行していることを明瞭に示している。[8]

言い換えれば、デジタルテクノロジーを基盤とする「秘密＝機密」の領域の拡大は、監視、セキュリティの強化、管理といった問題に直結しているのみならず、実際には現代の資本主義のフロンティアを拡張する重要な運動として機能しているのである。

「公開性」と「秘密＝機密」、この二つの概念は対照的である。したがって、両者の間に関係が存在するとは一般には考えない。しかし、ディーンによれば、この二つの要素は互いに結びつき、補完し合いながら、現代社会のコミュニケーションの機構を強く規定しているのだ（Dean 2002）。しかも、「公開性」と訳される publicity という概念も、複雑な社会的文脈のなかで、その概念の含意も変化している。

公開性と新自由主義との現代的関係

現在のデジタルネットワークを介した行政機関による審議の議事録の公開や広報活動、さらに企業による各種の情報提供等々、「広く知らせ行き渡らせる」という publicity の本来的な意味がこれまで以上に達成された、と判断できるような局面が生まれていることは確かだろう。さらにいえば、企業や行政機関だけでなく、大学といった教育機関やNPOやNGOといった機関も財務状況や業務内容そして教育内容等を広く公開することが求められる状況にある。だが、慎重に考えるべきは、その先に生じた二つの動向である。

たとえば、公的機関が行った調査データが、顧客情報や調査データといった企業体が有する各種の情報と同様に、新たな市場や新たな商品を創り出すための有効な資源として、経済的に価値のあるデータとして、つまり商品価値の高い情報とみなされ、「オープンデータ」として公開する動きが各国で顕在化している。

そもそもこれら公的機関が行った調査データは、政府や行政機関の公共的な政策に役立てることを目的に実施される。しかし、ディーンによれば、いま進行しているのは、公共的な施策のための有効活用にとどまらず、営利目的に役立てるために、公的機関の保有するデータを市場に提供するという方向である。

ここで指摘したいのは、その政策に対する賛否ではない。注視すべきは、「民主主義をより強化できる」という文脈に布置されてきた「公開性」が、その文脈から離れて「経済」「営利」「企業活動の活性化や競争力の強化」「経済社会の発展」という文脈に位置づけ直されているという点にある。この点では日本も例外ではない(9)。

より開かれた社会へ向けた施策の一つとしての「公開性」から、営利を目的とした企業活動の活性化の施策の一つとしての「公開性」へ。「公開性」の概念にかかわる社会的な位置づけが変化しているのである。ディーンはこの動向を「公開性（publicity）」の理念がもはや「袋小路」に至ったことを物語るものだ、と指摘する。

いま一つの動向を見ておこう。

すでに述べたように、健全で、民主主義のより一層の展開につながる、との想定のもとに、行政、企業、教育機関等、多くの社会組織が種々の内部情報を公開することを進めてきた。ところで、それらの情報やデータはどのように活用されるのだろうか。内部の不正が暴かれ、あるいは不正処理が明らかとなり、企業や組織の健全化がはかられる。こうしたケースも多いだろう。しかし次のようなケースが一般化していることも看過できない。たとえば、行政機関が財務状況に関するデータを公開する。それらのデータが公開されることで、財政の健全化あるいは財政悪化の解消との目的で、住民の生活に直接かかわる公的支援、福祉、生活保護等の予算の削減が行われる。あるいは（大学）教育機関も、財務状況、学生の就職率、教育力等の情報が雑誌や各種の情報ネットワークで提示され、一般の人々や有識者からさらには専門家から評価される等々、「外部」の評価や審査を受けることで、組織を改編するように迫られる――あるいは自ら自己改革する――ケースがある。その際に、外部評価の基準は、多くの場合、効率性と利益最大化を原則とする企業の価値観に沿った基準となる。公開性の原理が、あらゆる社会領域を市場と資本活動の場へと組織する新自由主義的な政策なり基準を導入するための梃として活用されることになる。すなわち、公開性の原則の徹底を通じて、政府や行政機関そして教育機関の理念に基づく固有の統治システムが改変を余儀なくされるということである。ウェンディ・ブラウンの言葉を引用すれば、「大学では、市民を教育し、人間を育成するという目的から、投資家あるいは消費者の要求に応えるという目的へ。地方自治においては、民主主義に活力を与え、貧困者の健康を保つという目的から、経費を圧縮するという目的へ。非営利事業やNPOにとっては、食糧生産の独立、戦争復興、持続可能な資源利用、教養に触れるなどといった目的から、商標化や競争地位獲得といった目的へ」（Brown 2015: 156）と転換を余儀なくされる。市場価値を基軸とする価値観の導入によって統治のあり方が改変されるということである。

この節の問いに戻ろう。「公開性」という概念は、現代社会にとって重要な社会的価値として流通し、民主主義の強化につながると喧伝され、実際に様々な情報の公開が進められている。しかし実際には、一方で「秘匿＝機密」の領域が拡大し、監視と制御が強化され、また他方では資本と市場の論理に巻き込まれ、経済的価値という観点から「公開性」の意義が計測されるという倒錯した事態が顕在化している。こうした経済的・法的・政治的な多層構造のなかに公開性という原理ないし理念が組み込まれ、コミュニケーション資本主義を支える様々な基盤が構築されているのである。

4　情動化するネットワークと象徴的機能の低下

焦点としての情動

ディーンが示唆する第四の特徴は、電子的ネットワーク、ソーシャルメディアが情動的ネットワーク（affective networks）として機能しているという点である。それはいかなる意味で「情動的」なのか。今日、人文社会科学のなかで重要なテーマの一つとして浮上しているとともに、従来の公共ないし公共的な言論空間に関する議論の地平そのものの根本的な再考を要請する情動の問題系について検討を行う必要がある。

二〇〇〇年代に入り、様々な分野で情動に関する研究が活発化した。二人の編者メリッサ・グレッグとグレゴリー・J・セイグワースは二〇一〇年に刊行した *Affect Theory Reader*（Duke University）のなかで、情動研究を八つの分野に整理して紹介している。その詳細は別稿（伊藤 二〇一七）に譲り、ここでは二点のみを述べておく。第一は、イヴ・セジウィックとアダム・フランクによる論文“Shame in Cybernetic Fold: Reading Silvan Tomkins”、さらにブライアン・マッスミの“The Autonomy of Affect”という一九九五年に発表された二つの論考が今日の情動研究をスタートさせたという点である。前者はシルバン・トムキンスならびにアントニオ・ダマシオに代表される神経科学や脳科学の最新の研究成果に基づくものであり、後者はジル・ドゥルーズのスピノザ主義的な生物学的行動学に依拠し、先行研究をより展開したとの位置づけがなされている。第二は、この二つの論考が起点となり、情動研究が人文社会科学の枠を超えて、情報工学や認知科学や生命工学といった多様な分野にまで広がったことである。より直截に述べるならば、脳科学、認知心理学の知見が人工知能やロボティックスといった研究と密接に結びつく一方で、われわれを取り巻くメディア環境や文化と政治の問題とも深いかかわりをもつことになった。

情動とはなにか。ダマシオの見解によれば、外界の刺激が、神経系（信号）と血管（ホルモン）を通じて脳の扁桃体に感応され、前帯状回に届くことで、その刺激がなんであるかを知らないまま、また意識しないまま生起する現象、それが情動である。「意識上の宣言的あるいは外示的記憶は、海馬と関連する皮質領域によってつくられる。他方、様々な意識下のあるいは内示的な記憶は、これとは異なるシステムでつくられる。内示的記憶システムの一部は情動（恐怖）記憶システムであって、扁桃体と関連領域が関与している。心に傷を負うような状況では、内示的記憶システムと外示的記憶システムがともに並行して働いている。後になって、その傷害時に起こった刺激に出会うと、両方のシステムが再び賦活される。海馬システムによって、その時誰といたか、何をやっていたかを思い出すとともに、客観的な事実としてその状況が恐ろしいものであったことを思い出す。扁桃体システムによって、その刺激は筋を緊張させ、血圧や心拍数を変化させ、ホルモンを分泌させて、身体や脳の反応を引き起こすこれらのシステムは同じ刺激で賦活され、同時に働くために、この二種類の記憶システムは一つの統合された記憶システムの部分のようにも見られよう」（Damasio 1999＝二〇〇三、二四〇頁）。

ある危険な状況に遭遇したとき、人はそれが何か意識することなく、意識する前に、咄嗟に身をひるがえして、その危険から逃れようとする。その瞬時の生と死の分かれ道は扁桃体が握っている。それと同時に、海馬システムを通じてその経験は記憶され、同じような状況が起きる可能性に直面した際には、その記憶がよみがえり、再び極度の緊張、心臓の高鳴りに見舞われるだろう。あるいは、サッカーの試合で劇的なゴールシーンを見たとき、全身に電流が走り思わず立ち上がり歓声を上げるだろう。つまり、怖い、嬉しい、といった感情が表出される手前で、つまり意識する以前の段階で生起する現象が情動現象なのである。

ここで以下の諸点について言及しておく必要がある。第一は、情動が感情とは異なるという点である。マッスミはこの差異を「経験の内容」と「経験の強度」という表現で指示する。嬉しい、怖い、悲しいという「経験の内容」として感知される感情が生起する前で、あくまで「強度（intensity）」として経験されるのが情動である。第二は、情動が感情と結びつけられて論じられる場合が多いとはいえ、それは従来の理性と感情といった二項対立の図式に回収されるような現象ではないということだ。情動は感情を生起する。しかし、上記の「咄嗟に危険を回避する」という事例が明確に指示するように、情動は高度な知覚の様態でもある。それはドゥルーズが「ミクロ知覚」と概念化した知覚の様態である。

ドゥルーズがスピノザはもちろんのことホワイトヘッドの「抱握（prehension）」概念の検討を経て執筆した『スピノザ』や『襞』で論じたのはそのことであった。彼の考察に従うならば、情動とはaffectioとaffectusから生起する。後者は、何かが耳に聞こえてくるとき、それが何の音か不明なまま感受する（feeling）、そして感受という身体的な痕跡が発現するとき、胸に詰まるほどの圧迫感や、逆に言葉では表現できないほどの高揚感といった心身の強度を伴った持続的な変容が生ずるさまを指示している。それに対して、前者は、感受という身体的な痕跡が、瞬時の、意識化する前のミクロ知覚へと導き、「小鳥のさえずり」「風が吹きすさぶ音」といった知覚の像へと結晶化する動態を指している。(10) ミクロ知覚は正しい知覚を導くときもあれば、まったく誤った知覚を帰結するときもある。マッスミは、ミクロ知覚の様態が、パースが主張した「アブダクション」という推論過程にほぼ重なり合うと指摘しているが、いずれにしても情動が知覚と結びついていることが確認できる。

第三は、情動が理性と感情の対立図式から逃れでる現象であると述べたが、それとともにそれが能動と受動という対立図式をも超えた現象であるという点である。それは、意図して起きる現象ではない。また何かに強いられて、何かに抑圧されて起きる現象でもない。むしろ、意識されていない水準において作用し、何事かをなしてしまう積極的な力である。それは「生命が躍動している世界の細孔に自らを貫入する創発的力を刺激し、それに向かう肯定的な力である」(Massumi 2015b: vii-viii)。マッスミはこの力＝権力を「存在権力（ontopower）」と呼ぶ。ドゥルーズが述べたように、喜びは生きるエネルギーを高めてくれる力であり、悲しみは生のエネルギーを弱める力である。喜びと悲しみの状態の継続的な変異と強度の変化に耐えながら、持続的にはたらくこの力の現れが情動である。キム・イェーランはこの過程を「喜びと悲しみが掛け合って起こる力の増減運動が、すなわち情動なのである。このように、肯定的－否定的、能動的－受動的な次元が交錯し、多様なレベルの高低差を運動しながら現れる力が情動なのである」(Kim 2018＝二〇一八、三四頁）と的確に論じている。

第四は、ダマシオからの引用にあるように、情動が身体に根差したメカニズムであり、また、恐れや悲しみや喜びの経験が記憶され、その記憶がふたたび呼び起こされるなかでも生成する、という意味で身体的に学習される。だがそれは他者の発言や政治的な出来事に直面する過程で、喜びや歓喜として現働化する身体の高揚、怒りや嫌悪として生起する身体の圧迫感として、極度の情動が発露することからも了解できるように、情動は身体的な運動であるとともに、文化的・社会的な性格を有している。このことも看過してはならない。

階級によって規定された食事や肌の「匂い」の差異や肌の色の違いに対する身体的反応としての嫌悪の情動の生起、あるいは性的マイノリティを嫌悪すること、人種差別を嫌悪する情動や感情など、そのいずれもけっして自然的に人間に備わったものではなく、あくまで社会的・政治的な文脈におかれた諸権力の力動的関係のなかで歴史的な厚みをもって構成される。レイモンド・ウィリアムズが「感情の構造（structure of feeling）」と述べた事柄である。換言すれば、ホワイトヘッドが指摘したように、真理に出合うことになる舞台を拓く情動的な力、新たな政治的局面を拓く情動的な力、あるいは逆に真理の探究を忌避し、憎しみや嫌悪から他者を排除する情動的な力、これらは身体的な力であるとともに、文化的・社会的な文脈のもとで発露される集合的な力でもあるということだ。

情動を触媒するソーシャルメディアと政治的権力

この節の冒頭で述べた問いに立ち戻ろう。ディーンが言及した、現代のデジタルネットワークが情動的ネットワークであるとはいかなる意味か、という問いである。いま、なぜ、情動に照準する必要があるのか。その理由は、生命の躍動という人間の存在の基底に生成する情動が、デジタルネットワーク化されたメディア情報環境のなかで、ハイジャックされる事態が生起しているからである。マッスミが「情動のハイジャック（hijack of affection）」と述べる事態である。つまり「存在権力」が権力行使の照準点となるということだ。

この事態を考察するためには、情動現象を生成ないし触媒するソーシャルメディアの特性を、メディアの物質性にかかわるレベルと記号の性質にかかわるレベルという二つのレベルに分けて考えることが必要だろう。

まず考慮されるべきは、スマートフォンに代表されるデジタルメディアがパーソナライズされたメディアであるという特徴である。リビングで家族と見るテレビ、個室で一人で見るテレビ、そしてウォークマンで一人で音楽を聴く経験からケータイによる情報通信へと、メディアの個人化が進展してきた。その延長線上で、コンピュータの高性能化と小型化に合わせて、メディアの個人化が一層すすみ、二四時間つねに携帯し情報にアクセスし、情報を発信する日常的な環境が形成された。この個人化の過程で追求されたのは、身体的に「快」と感じられるようなマテリアルな特性の重視である。スマートフォンの形状や重さや薄さそして光沢やなめらかさ、さらにスムーズな反応といった高機能の追求である。それは、すでに言及した神経生理学や脳科学分野の情動に関する研究が応用され、店舗の設計や商品開発など様々な分野で、身体的に「快」と感じられるような情動を組織しようとする試みの一例に過ぎないともいえる。

また、ソーシャルメディアがモバイルメディアであるという特性も看過されてはならない。それは、移動中、仕事の合間、講義の前、といった「すき間」の時間に活用することが前提とされるメディアである。したがって、このメディアと接合された身体に求められる技法ないし技術は、瞬時の反応であり、瞬時のチェックとなる。タイムラインに沿って次々に流れる情報をチェックし、短時間で迅速に対応することだ。

こうした身体的技法が、机に向かいペンで文字を書くことと思考のスピードの相互性、そしてそこに内在した反省することの時間性、あるいはある種のイメージを浮かべながら文字を読み進める読書の経験の時間性とは異なるし、オフィスでパソコンに向かい、自宅でパソコンを開いて情報をチェックする経験の時間性や空間性とも異なる、異質な時空間性のなかでの経験であること、このことを強調しておこう。情報受容・発信の際の時間的・空間的特性が異なること、それが情動を触発する、あるいは触媒するネットワークの特性と深く結びついているからである。情報をつねにチェックし発信する日常の営みに組み込まれた行為は、きわめて低位ではあるが更新される情報のリズムに反応する情動のリズムや強度を作りだし、自ら能動的に行う行為でもなく、また誰かに強いられた行為ですらない、いつの間にかそのスマートフォンのスクリーンをスクロールしていく、そうした行為として構築される。しかもそれはたしかにユーザーが「楽しい」からこそ、つねに反復され再帰的に行われるのである。

第二の論点である記号の問題に目を向けよう。情動化するネットワークという特徴を説明する際にディーンがもっとも重視するのは以下の問題、つまり記号の「象徴的能力の低下（the decline of "symbolic efficiency"）」という事態である (Dean 2018)。

すでに述べたように、投稿されたメッセージや写真や動画のヒットやランキングの測定結果を表示する情報が再帰的に循環するネットワークの空間では「何がいわれているか」ということより「いわれている数（の多さ）」へ人々の関心を集めるように機能する。何かを参照し、物語る、ナラティブの次元より、「何かがいわれている」という遂行的な次元とその多数性こそが焦点化されてしまう。そこでは投稿者もまた「何を述べるか」よりも「何がインパクトをより与えるか」に力点をシフトしていくだろう。ディーンは、その典型的な事例として、ソーシャルメディアがすでに浸透したなかで行われた二〇〇八年の米国大統領選挙で、選挙戦を争ったマケインとオバマの最初の公開討論会の発言を挙げて、説明を加えている。討論会でマケインは、know, spend, got という単語を、オバマは、think, make, going という単語を多用したという。すなわち、両者ともにストーリーやナラティブで競い合ったわけではなく、「語の頻度や近接関係、他の語句と一緒にどの語句が現出するか、これらの要素のコンビネーションが規定する強度」（Dean 2010: 89）が重視され、それが言葉の「意味」に取って代わったというのだ。ディーンの言葉を引用すれば、「言語としての言語が、言語として自身を表す言語が、イメージのスペクタクルな形態となる、というアイロニーがここでは生じた」（Dean 2010: 89）のである。

ではそこで、何が失われたのか。それは、「論争的なスピーチと主導権を確保するためのスピーチとの間の差異を区別する能力（the ability to distinguish between contestatory and hegemonic speech）」（Dean 2010: 89）である。言葉が編む意味や論理から、語句と語句の連接が作る強度やリズムへの転換、「一つ一つの言葉がイメージとなり、イメージとなった言葉が感情刺激的となる」（Dean 2010: 90）。この事態が記号や言語の「象徴性の低下」という事態の核心である。

引用した公開討論における候補者二人のスピーチは一過性の、単なる一つの事例と思われるかもしれない。しかし、二つの点でそう判断してはならないだろう。というのも、第一に、マッスミが論及したように（Massumi 2002、伊藤 二〇一三）、すでに変化の兆候はレーガン大統領の時代から繰り返しメディアのなかに現れていたと考えることもできるからである。また、日本の文脈でも、敵対勢力を構築して過激な批判を加えて高支持率を集めた小泉政権や、同様にテレビ出演で人気を集め、辛辣な言葉を浴びせることでメディアからの注目度を集める手法に徹して政治的勝利を得た橋下元大阪府知事のパフォーマンスにも同じ事態を見て取れる。さらに第二に、上述のような、メッセージの意味や論理よりも、情動や感情を刺激するコミュニケーション戦略がこれまで以上に組織化されていると想定できるからである。

具体的には、ハドウィックが「ハイブリッド・メディアシステム」と呼ぶような、メッセージを効果的に多数の諸力を使って循環させる戦略――ブログ、Twitter、Facebook、そしてテレビの連動――であり、通常は使用しない激烈な挑発的な語句の反復によって情動や感情を刺激するメッセージの力を強化する戦略として行使されるだろう。

絶え間なく流れる情報の渦のなかで繰り返される「取るに足らないツイート、コメント、転送される些細なイメージや哀願は、ごく小さな情動の塊を、そして過剰な快楽を、さらにそれに付随したほんの少しの注意を派生する」(Dean 2010: 95)。そして時には、衝動的に発せられた、差別的な、憎悪をむき出しにした言葉を循環させることもある。

こうした事態を考えるうえで、「政治・社会系ニュースへのコメント分析」を行った木村忠正の知見は注目に値する。彼によれば、「過激な言説は一%程度の投稿者が生み出す二割程度のコメントの中に顕著であり、残り九九%の投稿者による八割のコメントにはほとんど見られない」という。だがその一方で、「排外主義的な言説は、ごく一部のアカウント(数百程度)が、繰り返し投稿することで、存在感を高めている」ことに注視すべきであり、さらに「ネット世論が「正しさ」を巡る争い」であり、そこでは「従来のリベラル的マイノリティに対する強い違和感が生じ、別の「正しさ」「公正さ」を求める情動がコメント表出に結びついている」と指摘している。言い換えれば、ネット世論における「何が正しいか」「何が公平か」という道徳的判断が「合理的な推論ではなく、いくつかの生得的で直観的な情動基盤に基づいている」というのである(11)。

これら国内外の研究から得られた知見は、既存のメディアとりわけテレビも含めて、デジタル化したネットワークの環境全体が「象徴性の低下」ないし「象徴性の劣化」を帰結し、情動的なネットワークとして作動していることを十分に示唆している。

公共の言説空間において、その前提とされた証拠、参照、議論、説得、さらにその結果として生じる反応の形式との間のリニアな関係性を期待できる――つまり確固たる証拠を提示し、自らの主張の根拠を参照させ、合理的な議論を行うならば、おのずから大衆の支持を獲得できるという期待――という想定は十分なものではない。また人々の意見や主張の表明と深く結びついた感情を批判することでもすまない。それとは別の次元で、感情が表出される一歩手前の、「知覚的刺激が、確実な内容を伝え、そのための形式を再生産するよりも、むしろ身体の感応性を直接活性化させる」(伊藤 二〇一三、一五八頁) 文化的・社会的状況がデジタルメディア環境のなかで広がりつつある。それが、資本主義や政治権力と結びつき、人々の政治的判断や行動に作用しているのである。そのことが真剣に問われねばならない局面に直面しているのだ。

5　デジタル時代の主観性の構築と集合性

個体化の原理の変容

「象徴性の低下」という論点はディーンに特有のものではない。すでに論及したスティグレールもまた別の視点から「象徴性の喪失」について分析を加えているからである。

ジルベール・シモンドンの議論に依拠しながら、スティグレールは「個体化」の過程を「前‐個体的なるもの」とのかかわりから論ずることの重要性を主張する。「個体化」はあくまで都市、集団、技術といった「前‐個体的なるもの」との関係のなかで進行する。そのなかでも彼が重視するのは、「過去把持の装置」と呼ぶテクノロジー、つまり記号化の装置である。「過去把持の装置」を、彼はシルヴァン・オルーの議論を参照しながら、第一の段階である記号化つまり文字化のプロセス、第二の段階の印刷物の登場、そして第三の段階として情報テクノロジーの普及、という三つの段階から把握するのだが、もちろん彼が注視するのは「ハイパーインダストリアル時代」と呼ぶ第三段階である（Stiegler 2004＝二〇〇六、一一八―一三六頁）。

記号化とはそもそも過去把持の装置に、何が記憶されるべきかにかかわる選別化の基準を充填するものであり、象徴的な聖なる時空間を共有するというプロセスへの参加を促し、集団の形成に寄与する。スティグレールが「シンクロニゼーション（synchronisation）」と呼ぶ過程である。しかし一方で記号化は「前‐個体的なるもの」を独自の特異なかたちで自己のものとすることを通じて個体の「特異化」を導出する「ディアクロニゼーション（diachronisation）」の過程でもある。この「シンクロニゼーション」と「ディアクロニゼーション」という二つのプロセスが「共立」するとき「心的であると同時に集団的でもある」個体化が十全に行われる。

ところが、メディアの個人化が進み、全面的に市場化されたデジタルメディア環境では、「過去把持の装置」を介して映像を共に見る、情報を共有するというプロセスは、ただ単に同じ映像を視聴した、同じサイトにアクセスしたという関係性しか生み出さない。つまり、そこでは、象徴的な時空間を共有することで成立する「私」と「われわれ」の関係は成立せず、フラットな「私」と「みんな（on）」との関係しか生まれない。クレーリーの言葉を借りれば、「経験の共有領域が情動やシンボルからなる微小世界に細分化し断片化」され、フィルタリングとカスタム化の無限の可能性を通して構成されたこれらの微小世界が「明らかに異なるコンテンツにもかかわらず、それらの時間的パターンや分節において単調な同質性を呈する」（Crary 2014＝二〇一五、五三、六九―七〇頁）事態の成立である。

「私」と「みんな」という関係性では、十全な個体化のプロセスは起動しないまま、「個体化」の衰退が生じる。象徴の貧困と個体化の衰退の同時進行、これがいま起きている事態である。そうスティグレールは指摘する。

スーザン・バック＝モースの議論を参照しつつ、歴史を振り返れば、ラジオは指導者の声を、テレビは家庭の空間を占有して、ネーションの構成員としての聴取者・視聴者に呼びかける象徴的な機能を果たしてきたといえる（Buck-Morss 2000＝二〇〇八）。

それに対して、ブログやソーシャルメディアでは、ユーザーが重なり、交差することがあっても、それぞれのユーザーのネットワークは異なるのであり、集合性を担保する「象徴的なアイデンティティ（symbolic identities）」を構築し、共有することはほとんどない。実際、ソーシャルメディアを介したコミュニティ内の「私」と「みんな」の関係は、相互の関心の変化に応じてつねに更新されるだろうし、空間内部の同調圧力が強い場合には、いつでも離脱可能な、流動的で一時的な性格を有している。

では、そこで生成する主観性はどのような特徴をもつのか。スティグレールによれば「分割可能（dividuels）」な存在としての主観性、ディーンによれば「想像的なアイデンティティ（imaginary identities）」が突出したかたちで現れる主観性である。(12)

欲望から欲動へ

「象徴性の低下」と相関した「分人化」のプロセスが、ある種のファンタジーに支えられているとディーンはみなしている。それは「私は、私のネットワークで、彼ら彼女らと友人になっている。それゆえに秘密は守られ安全だ」というファンタジーである。あるいは「多くの人たちを友人にできる（私を見て！　私は多くの友人をもっているし、私は彼らが好きだし、彼らも私を好きなの！）」という願望やファンタジーである（Dean 2010: 65）。本章の2節で指摘したが、Facebookが典型的に示すように、年齢、誕生日、趣味、居住地、職業、学歴、性的嗜好、政治的経歴といった個人データが第三者にアクセス可能になっているにもかかわらずに、自己呈示をためらわない。それは、他者による承認を求める、あるいは自己肯定感を満たしてくれる他者からの応答を求める自己呈示への欲求があるからこそ、である。

しかし、そのファンタジーがいつまでつづくのか、いつ破れてしまうか、誰にも予測できないという点で、ネットユーザーは、傷つきやすい、バルネラブルな存在でもある。フォロワー数が減少する、「いいね！」のカウント数が減少する、自己表現や演出が他者からどう評価されるか、といった不安や危惧をつねに抱える存在でもある。

そして、そうであるからこそ、逆に、制御社会のなかですでにその意義を半ば失った「象徴的アイデンティティ」の代わりに、「楽しめ（enjoy）という指令によって、過剰な享楽（excess jouissance）に支えられた想像的アイデンティティ」が前景化しているとディーンは指摘するのである。上述のように、「多くの人たちから好かれる〈わたし〉」という想像界の審級に支えられ、流動的で、ハイブリッドな、そして可動性をそなえた主観性である。ディーンはこのようにネットワーク上に成立する主観性を位置づけたうえで、二つの重要な仮説を付け加える。

その一つは、「想像的アイデンティティ」が迫り出すなかで、欲望（desire）が欲動（drive）へと転位しているという仮説である。「多くの人と友人になりたい」「自分に合ったアイテムを探したい、検索したい」「関心のあるニュースをチェックしたい」という欲望が、その行為そのものに、再帰的に反復される行為そのものに喜びを見出してしまう欲動へと転位するということだ。ところで、欲望から欲動への転位をジジェクは次のように例示していた。

「欲望と欲動のギャップも、パララックスの性質をもっている。なんらかの単純な肉体労働――たとえば自分の手を逃れつづける対象をつかむこと――を実行している個人を思い浮かべてみよう。かれが態度をかえた瞬間、対象をつかもうとしては幾度となく失敗し、うまくいかない作業を反復するのに喜びをおぼえはじめた瞬間、かれは、欲望から欲動へと移行したのである」（Zizek 2006＝二〇一〇、七、二〇頁）と。さらにジジェクは次のように文章をつないでいく。

「われわれは、ここで、欲動の目的と欲動の目標についてのラカンの周知の区別を心にとめおくべきである。目標は、その周囲を欲動が循環する対象である。これにたいし、欲動の〈真〉の目的は、この循環そのものの際限のない継続である」と(13)(Zizek 2006＝二〇一〇、六一、一一四頁)。

われわれはソーシャルメディア上で主体的にアクションを起動させ、様々な選択を行う。「ある事柄を検索する」「ある事柄を調べる」「愉快な映像を見る」「自分が素敵だと思う写真や動画をアップする」等々の行為である。目標に到達するときもある。失敗することもある。しかしそれが繰り返されるとき、その行為自体に「没入」してしまう。反復することに快楽を感じる主体が生まれる。しかもそれはジジェクが指摘するように「資本の欲動」との相関でもある。

もう一つの仮説は、こうしたネットワークへの参加は極度に「個人化」された形態を呈しているという点である。Facebook、Twitter、といったソーシャルメディアはあくまで「個人化された参加のメディア(personalized "participatory" media)」として把握されるべきだという仮説である。

ディーンは次のように説明する。「(声を発したいと願う人々の)それぞれの声は聴かれなければならない。しかしそれはコーラス(chorus)とは結びつかない。(「いいね!」のクリックに典型的に見られる)それぞれの投票はカウントされねばならない。しかしそれは流行以上のものを作り出すことはできない。一人ひとり、人は見られる存在でなければならない。しかしそこにわれわれは集団(group)を見ることはできない」(Dean 2010: 82)のだと。そこにはコミットメントが欠如し、集合性が築かれることはない。

そしてそのこと以上に問われるべきは、「個人化した参加」という形態のもとでは、「われわれが参加するということで得られるもっと、より以上のことがらが差し止められてしまう」ということだ。では何が失われているのか。それは共同統治のための継続的な連帯や連携に支えられた集団性である。それが決定的に排除されるのではないか。彼女はそう指摘する。徹底した個人主義批判である。

特異性と〈コモン(the common)〉の共生関係の創出に向けて

個人が多様な他者との関係のうちにつねに自身の特異性を生成変化させながら――また他者もまた同時に自らの特異

性を生成変化させながら――、ともに〈共〉の生産を可能とするような共生関係は、主観性と集合性の複雑化した関係性の内部からいかに生成するのか。ディーンの議論の検討を経たいま、二つの方途が展望されるように思われる。

一つは、アガンベンの『到来する共同体』で論じられた「なんであれかまわないもろもろの単独者（whateverbeing）」に依拠しながら、ソーシャルメディアが拓く主観性と集合性の「ゆるやかな関係性」を肯定的に評価する方向である。たとえば、ドミニク・ペットマンは、アガンベンとほぼ同じ視点から、エスニシティやレイスやジェンダーや他の所属の標識に基づくアイデンティティの登録が解除されることで期待できるような、新しいパーソナリティの形、新しいコミュニティの形態を、「なんであれかまわないもろもろの単独者」が指示すると示唆する。そのうえで、ペットマンは「なんであれかまわないもろもろの単独者」に、上述のように、ネットワークを介してつながる「個人化された参加」の様態を重ね合わせていく。特定の集団に強い所属意識をもつことなく、匿名性の強い諸個人が相互にゆるやかにつながる、という独自の様態である。オンラインであれ、オフラインであれ、多様な他者やネットワークと接続し、複数のキャラクターをゆるやかに統合した、いわば分裂病的な生、ディヴィデュアルな生を〈生きる〉主体である。

繰り返し論じてきたように、メディアの多様化とそれぞれのメディアへのアクセスが多元化した現在のメディアの生態系において、国民や階級といった単一の統合的な集合的主体が継続的に成立することはもはや困難であるといえるだろうし、それと比較すればディヴィデュアルな生を〈生きる〉主体ははるかに現実との親和性が高いように考えられる。また、アガンベンが述べた「なんであれかまわないもろもろの単独者」は、国家や集団による抑圧や暴力に対する原理的な敵対者でありうるという見方も可能かもしれない。

しかしこの主張には強い反論が予測できる。というのも、一切の権力関係から離脱した「真空」状態にある「単独者」など、成立しえないと考えられるからである。[14]

ここでもう一つの方途として参照したいのはバトラーの議論である。ジェンダーは社会的に構築されたものであるが性的差異は自然的なものであるとする従来のフェミニズムの考え方に強く異議を唱え、「女性」という性別化された身体すらも自然なものではなく、つねに日常的に遂行され、不断に生産と再生産を繰り返していると主張したバトラーは、そうであるが故に、「男性」「女性」という「性」の境界線すらわれわれのパフォーマンスの仕方を変えることで、それらの社会的リアリティを覆して、新しい社会形態を創出することができると指摘する。そのことが示唆するように、政治的・経済的な権力関係の網の目から超越することによってではなく、社会的制約や暴力に向き合い、人種や性やジェンダーや階級という境界線を揺るがし無効化するパフォーマティブな過程にこそ、「単独者」の成立の根拠があるのではないだろうか。誰も重力から逃れられないように、「制約を避けることではなく、制約とともにプレイすることの重要性である」（伊藤、二〇一七、二三七頁）。しかも、その行為は個人主義的な「個」の営みではありえず、つねに権力関係との闘争や対抗のプロセスにおいて、それぞれの特異性を生きる自己と他者との共同と連帯に支えられた〈共〉の生産との共生関係によってはじめて展望できるものなのではないだろうか。

しかもそれは、未来という時間軸上で実現できる希望や展望ではない、といわねばならない。「分裂病」的な〈生〉、「分裂病」的なシステムを生きる〈生〉であるからこそ、逆にそれを生の充溢と豊饒な複数の〈共〉の生産関係とを接合する道が〈現在〉という時制に、つねに拓かれているからである。

コミュニケーション資本主義による諸主体の感情や主張の表出が資本蓄積のために活用されるだけでなく、発話の主体が「データ化された私」や「未来を予測された私」に還元されることのない回路を創造する契機は、いま・ここ、に存在し、われわれに拓かれているのだ。アーレントの言葉に幾重にも重なり合う響きをもったディーンの言葉をパラフレーズするならば、それぞれの異なる声がコーラスとなり、他者への応答から生まれる一人ひとりの主張が共同の統治のための連帯と連携の力となり、一人ひとりの顔が特異性の輝きを放つような「コモン」の創出は未来の希望ではなく、いま・ここにある。

6　むすびにかえて

本章では、第一にソーシャルメディアの登場によって、個人を含めた多様な社会的エージェントが生産する情報の生産と循環の回路が巨大なプラットホームによって組織されたこと、第二にこのプラットホームの組織化によって、従来の公共的な言説空間のマテリアルな構造ないし骨格そのものが変容したこと、第三にその変容には「公開性」の原理の展開に象徴されるような、新自由主義による政治的・法的・経済的な関係全体に対する市場原理の埋め込みが連結していること、第四にマテリアルな機構の変化に伴う言説空間のビジネス化、マーケティング化のもとで、日常のミクロなコミュニケーション・モードも、記号、論理、議論を重視するコミュニケーションから、感情や情動を触発するコミュニケーションへ変化していることを明らかにした。

このような変化を前にして、グロスバーグは「現代の政治情勢における情動の複雑さを理解するための批判的なツールをどう手にするか、それを考え始めないと、わたしたちは現代の凋落した状況から抜け出す方法を見つけることはできない」と主張している（Grossberg 2018: 58）。

歴史的変化といわざるを得ない今日の状況のなかにあって、ジャーナリストの専門性を高めること、メディア諸機関の自己改革が必須のことがらであることはいうまでもない。とはいえ、個別の処方箋の提起のみによって、新たな展望の道が切り開かれることはないだろう。

「ポストメディア社会」を展望したガタリの思想に立ち返るならば、情動なり情動的道徳基盤が機能しているさまを自覚し、それを反省する能力を高め、情動のうちに含まれる価値や期待が妥当性をもちうるのかを判断する過程を横断的に編み上げるという、長期にわたる個別具体的な、われわれ自身のコミュニケーションの実践が要請されているのだと思う。

付記

本章は『思想』二〇一九年四月号（岩波書店）掲載の論文を大幅に加筆修正したものである。

注

（1）ドゥルーズのコントロール社会（les societies controle）という概念についてはすでに「管理社会」という訳語が定着しているが、北野（二〇一四）や水嶋（二〇一四）の指摘を踏まえて「制御社会」という訳語を用いる。

(2) この問題に関しては、Hayles（2009＝二〇一五）が先駆的な議論を展開している。
(3) 企業の収益や評価に直接かかわる検索結果の表示に関して、Googleは人為的操作は一切ないとの立場を表明してきたが、通販などの自社サービスが有利になるよう検索結果を表示させ、同業他社を市場から締め出す疑いがあるとして、EUの欧州委員会が二〇一五年四月に異議告知書を提出、これに対してGoogle側は「競争は阻害していない」との声明を提出したものの、二〇一七年九月欧州委員会は欧州連合競争法違反だとして制裁金を科した。Google側はこれに反発して欧州司法裁判所に提訴した（『朝日新聞』二〇一五年四月一七日朝刊）。さらに、米国政府がテロ対策の目的でApple, Google, Facebook, AT&Tなどから一般市民の膨大な会話やメール等のデータを収集していたことや、二〇一八年には一六年の米国大統領選挙でユーザーの個人情報が英国コンサルタント会社に不正流出し、トランプ陣営に使われたとする疑惑が持ち上がり、Facebookのザッカーバーグ最高責任者が謝罪したことも記憶されるべき事項である。
(4) BuzzFeed Newsによる報道で明らかになった。以下のサイトを参照。https://www.buzzfeed.com/jp/sakimizoroki/fake-news-on-sns-and-democracy?utm_term=.eqypyp5bjd#.snZYeYdPzW
(5) ロイターによるオンラインニュース・ユーザー五万人を対象にした二六カ国の国際比較調査が行われている。日本の特徴について簡潔に指摘しておくならば、第一にオリジナルニュースを制作してこなかったポータルの『Yahoo! ニュース』が圧倒的なシェアを占めていること。第二に「どのニューストピックに関心があるか」という項目に関して、「国際、政治、ビジネス／経済、健康／教育」といった「硬派ニュース」と「エンターテインメント、セレブ、ライフスタイル、アート／カルチャー」といった「軟派ニュース」を比較した場合、前者が四九パーセント、後者が三四パーセントで、二六カ国中もっとも「硬派ニュース」が低い割合であること、とくに一八歳〜二四歳の若者層では「軟派ニュース」がスペインで一八パーセント、ドイツが一八パーセント、米国が二三パーセント、英国が一七パーセント、イタリアが二九パーセントであるのに対して、日本は五八パーセントともっとも高いこと、第三にオンラインニュースへ接触するチャンネルを、「ダイレクトエントリー」「検索エンジン」「ソーシャルメディア」「アグリゲータ」「電子メール」「モバイル・アラート」という六項目で見ると、日本は「アグリゲータ」の割合が四三パーセントと他の国より圧倒的に高く（米国九パーセント、英国六パーセント、ドイツ六パーセント）、「ダイレクトエントリー」が低いことである。具体的には以下のサイトを参照されたい。https://www.huffingtonpost.jp/zenichiro-tanaka/japan-media_b_10583476.html
(6) 資料として『平成28年度情報通信メディア利用時間と情報行動に関する調査』（平成二九年七月　総務省情報通信政策研究所）を参照。それによれば、ニュースに接触する際のメディアとして、二〇歳代で、「新聞紙」二八・六パーセント、「新聞の有料サイト」三・七パーセント、「新聞の無料サイト」一〇・六パーセント、「ポータルサイト」七一・〇パーセント、「ソーシャルメディア」五九・〇パーセント、三〇歳代では、同様に、四三・四パーセント、一・九パーセント、七・一パーセント、七七・五パーセント、四七・二パーセント、である。ちなみに全世代の平均では、五六・三パーセント、二・八パーセント、八・五パーセント、六〇・四パーセント、三二・五パーセントである。平均で見ても、「新聞紙」よりも「ポータルサイト」が上回り、二〇歳代と三〇歳代では圧倒的に「ポータルサイト」と「ソーシャルメディア」によるニュース接触が多い。調査の概略版については以下のサイトを参照。http://www.soumu.go.jp/main_content/000492876.pdf

(7) 言説をここでは「文書、会話、記録等の書かれたこと、いわれたことの総体」という一般的な意味で用いる。これまで「公共」に関する議論では有識者の発言や論考による表現活用という意味合いで使われる「言論」という概念が用いられることが多かったが、今日の一般の市民が「公共」の空間に情報発信できる状況を踏まえて、言説という概念を用いた。

(8) スノーデンの告発に関しては、『朝日新聞』二〇一三年六月一一日朝刊の記事を参照。さらに、小笠原みどり『スノーデン、監視社会の恐怖を語る　独占インタビュー全記録』(毎日新聞出版、二〇一六)も詳細に事の経緯を明らかにしている。

(9) たとえば、日本「政府によるオープンデータの進捗状況」に関する資料は、以下を参照。https://www.kantei.go.jp/jp/singi/it2/senmon_bunka/data_ryutsuseibi/opendata_wg_dai5/siryou1.pdf

(10) 持続と一瞬という異なる時間の複合体として情動を考えることもできる。

(11) 木村は、「マジョリティ」ではあるが、「マジョリティ」として満たされていないと感じている人々を「非マイノリティ」と概念化したうえで、彼らが「従来のリベラル的マイノリティポリテックスに対して強烈な批判的、嘲笑的視線を投げかけ、その人たちなりの公平さを積極的に求める」動向を「非マイノリティポリテックス」と位置付けている。また、「情動的道徳基盤と政治的態度・志向性との関連性」について議論する「道徳基盤理論」を援用しながら、ケア、公正、内集団、権威、神聖、自由(生活様式)、自由(経済)という七つの指標で、「保守」では「内集団」「権威」「神聖」という指標が道徳的判断基準として強く働くことも指摘されている。きわめて興味深い知見である(木村 二〇一八)。

(12) スティグレールは「分割可能(dividuels)」とは「ドゥルーズとガタリが言うところの、個(individus)が分割可能(dividuels)となる脱個体化(desindividuation)であり、それによって、ナルシズム的な能力が激化」すると述べる。本文で述べたディーンの「想像的アイデンティティ」と重なる議論と言える。

(13) ジジェクは、こうした欲動の規定に関して以下のように述べて、従来の解釈の再検討を主張する。「「欲望」とよばれる不気味な運動は、失われた対象に向かう「到達不可能な」追求によってつき動かされてはいない。欲動は「喪失」――ギャップ、切断、距離——そのものを直接に成立させる圧力である。こうして、ここでは、二重の区別が画定されるべきである。このポスト幻想的な地位における対象aとポスト幻想的な地位における対象aの区別が画定されるだけでなく、このポスト幻想的な領域そのものの内部で、欲望の失われた対象-原因と、欲望の対象-喪失が画定させなければならない」（Zizek 2006＝二〇一〇、六一、一一五頁）。

（14）ディーンはアガンベンの議論に理解を示しつつ、彼の「到来する共同体」の主体が「批判も闘争もなく、共-在（co-belonging）する」主体像、「政治を超えた政治的なもの」の議論であるとして批判を加えている。それに対して、ディーンが提起する一つの方向が、個々人の特異性を損なうことなく、カネッティが述べた群衆の「平等主義的な絶対性」を継承する「パーティー＝〈党〉」である（Dean 2016）。

参照文献

Agamben, G.（2001）*The Coming Community* translated by Michael Hardt, Minneapolis.（アガンベン、ジョルジュ（二〇一二）上村忠男訳『到来する共同体』月曜社）

Allmer, T.（2015）*Critical Theory and Social Media: Between Emancipation and Commodification*, Routledge.

Arent, H.（1958）*The Human Condition*, University of Chicago Press.（アレント、ハンナ（一九九四）志水速雄訳『人間の条件』ちくま学芸文庫）

Brown, W.（2015）*Undoing the Neoliberalism's Stealth Revolution*, Zone Books.（ブラウン、ウェンディ（二〇一七）中井亜佐子訳『いかにして民主主義は失われていくのか——新自由主義の見えざる攻撃』みすず書房）

Buck-Morss, Susan（2000）*Dream World and Catastrophe: The Passing of Mass Utopia in East and West*, The MIT Press.（バック＝モース、スーザン（二〇〇八）堀江則男訳『夢の世界とカタストロフィ——東西における大衆ユートピアの消滅』岩波書店）

Chadwick, A.（2013）*The Hybrid Media System: Politics and Power*, Oxford University Press.

Clough, P. T. and Halley, J.（2007）*The Affective Turn*, Duke University Press.

Crary, J.（1992）*Techniques of the Observer: On Vision and Modernity in the Nineteenth Century*, MIT Press.（クレーリー、ジョナサン（一九九七）遠藤知巳訳『観察者の系譜——視覚空間の変容とモダニティ』十月社）

Crary, J.（2014）*24/7 Late Capitalism and the Ends of Sleep*, Verso.（クレーリー、ジョナサン（二〇一五）岡田温司監訳・石谷治寛訳『24/7 眠らない社会』NTT出版）

Dahlberg, L.（2011）"Re-constructing digital democracy: an outline of four positions," *New Media & Society* 13(6), 855-872.

Damasio, A. R.（1999）*The Feeling of What Happens: Body and Emotion in the Making of Consciousness*, Harcourt Brace and Company.（ダマシオ、アントニオ・R（二〇〇三）田中三彦訳『無意識の脳　自己意識の脳――新タウト情動と感情の神秘』講談社）

Damasio, A. R.（2005）*Descartes' Error: Emotion, Reason and the Human Brain*, Penguin.（ダマシオ、アントニオ・R（二〇一〇）田中三彦訳『デカルトの誤り――情動、理性、人間の脳』ちくま学芸文庫）

Dean, J.（2002）*Publicity's Secret: How Technoculture Capitalizes on Democracy*, Cornell University Press.

Dean, J.（2009）*Democracy and Other Neoliberal Fantasies: Communicative Capitalism and Left Politics*, Duke University Press.

Dean, J.（2010）*Blog Theory: Feedback and Capture in the Circuits of Drive*, Polity.

Dean, J.（2016）*Crowds and Party*, Verso.

Dean, J.（2018）Peak Affect: Communicative Capitalism and the Lure of Outrage, the draft of a speech for Cultural Typhoon 2018.

Deleuze, G.（1981）*Spinoza: Philosophie Pratique*, Éditions de Minuit.（ドゥルーズ、ジル（一九九四）鈴木雅大訳『スピノザ――実践の哲学』平凡社）

Deleuze, G.（1990）*Pourparlers, Les Éditions de Minuit.=Negotiations/1972-1990* translated by Martin Joughin, Columbia University Press, 1995.（ドゥルーズ、ジル（二〇〇七）宮林寛訳『記号と事件――1972-1990年の対話』河出文庫）

Galloway, A. R.（2004）*Protocol: How Control Exists after Decentrization*, The MIT Press.（ギャロウェイ、アレクサンダー・R（二〇一七）北野圭介訳『プロトコル――脱中心化以降のコントロールはいかに作動するのか』人文書院）

Guattari, F.（2013）*Qu'est-ce que l'Écosophie?, Textes presentes et agences par Stéphane Nadaud*, Ligne/Imec.（ガタリ、フェリックス（二〇一五）杉村昌昭訳『エコゾフィーとは何か――ガタリが遺したもの』青土社）

Gregg, M. & Seigworth, G. J.（2010）*The Affect Theory Reader*, Duke University Press.

Grossberg, L.（2018）"You've lost that（loving）feeling: discourse, power, and affect"（グロスバーグ、ローレンス（二〇一八）挽地康彦訳「ふられた気持ち――言説、権力、情動」『年報カルチュラル・スタディーズ』第六号）

Hardt, M. & Negri, A.（2000）*Empire*, Harvard University Press.（ネグリ、アントニオ、ハート、マイケル（二〇〇三）水嶋一憲・酒井隆史・浜邦彦・吉田俊実訳『〈帝国〉――グローバル化の世界秩序とマルチチュードの可能性』以文社）

Hardt, M. & Negri, A.（2004）*Multitude: War and Democracy in the Age of Empire*, Penguin Press.（ネグリ、アントニオ、ハート、マイケル（二〇〇五）幾島幸子訳、水嶋一憲・市田良彦監修『マルチチュード――〈帝国〉時代の戦争と民主主義（上）（下）』ＮＨＫ

ブックス）

Hayles, N. K. (2009) "RFID: Agency and Meaning in Information-Intnsive Environmennts,"（ヘイルズ、キャサリン・N（二〇一五）御園生涼子訳「リアリティ・マイニング、ＲＦＩＤ、無限のデータの恐怖」、石田英敬・吉見俊哉・マイク・フェザーストーン編『デジタル・スタディーズ１　メディア哲学』東京大学出版会）

伊藤守（二〇一三）『情動の権力——メディアと共振する身体』せりか書房

伊藤守・毛利嘉孝編（二〇一四）『アフター・テレビジョン・スタディーズ』せりか書房

伊藤守（二〇一七）『情動の社会学——ポストメディア時代における〝ミクロ知覚〟の探求』青土社

伊藤守（二〇一八）「カルチュラル・スタディーズとしての情動論——『感情の構造』から『動物的政治』へ」『年報カルチュラル・スタディーズ』第六号

Kim, Y. (2018) "The Ethics of Happiness,"（金艾瓓（二〇一八）優希訳「幸せの倫理学」『年報カルチュラル・スタディーズ』第六号）

木村忠正（二〇一八）「『ネット世論』で保守に叩かれる理由」『中央公論』二〇一八年一月号

北野圭介（二〇一四）『制御と社会——欲望と権力のテクノロジー』人文書院

Krause, S. R. (2008) *Moral Sentiment and Democratic Deliberation*, Princeton University Press.

Lyon, D. (2007) *Surveillance Studies: An Overview*, Polity Press.（ライアン、デイヴィッド（二〇一一）田島泰彦・小笠原みどり訳『監視スタディーズ——「見ること」「見られること」の社会理論』岩波書店）

Massumi, B. (2002) *Parables for the Virtual: Movement, Affect, Sensation*, Duke University Press.

Massumi, B. (2005) "Fear (the Spectrum said)," *Position*, Volume 13. no. 1, pp. 31-48.（マッスミ、ブライアン（二〇一三）伊藤守訳「恐れ（スペクトルは語る）」、伊藤守・毛利嘉孝編『アフター・テレビジョン・スタディーズ』せりか書房）

Massumi, B. (2014) *What Animals Teach Us About Politics*, Duke University Press.

Massumi, B. (2015a) *Politics of Affect*, Polity.

Massumi, B. (2015b) *Ontopower: War, Powers, and the State of Perception*, Duke University Press.

水嶋一憲（二〇一四）「ネットワーク文化の政治経済学」、伊藤守・毛利嘉孝編『アフター・テレビジョン・スタディーズ』せりか書房

Murthy, D. (2013) *Twitter: Social Communication in the Twitter Age*, Polity.

Stiegler, B. (1996) *La technique et le temps 2. La desorientation*, Galilée.（スティグレール、ベルナール（二〇一〇）石田英敬監訳、西兼志訳『技術と時間2　方向喪失－ディスオリエンテーション』法政大学出版局）

Stiegler, B. (2004) *De la misère symbolique : Tome 1. L'époque hyperindustrielle*, Galilée.（スティグレール、ベルナール（二〇〇六）ガブリエル・メランベルジュ、メランベルジュ眞紀訳『象徴の貧困1　ハイパーインダストリアル時代』新評論）

Wetherell, M. (2012) *Affect and Emotion: A New Social Science Understanding*, Sage.

Whitehead, A. N. (1921) *Process and Reality: An Essay in Cosmology*, Macmillan.（ホワイトヘッド、アルフレッド、ノース（一九八四）山本誠作訳『ホワイトヘッド著作集第10巻　過程と実在（上）』松籟社）

Whitehead, A. N. (1921) *Process and Reality: An Essay in Cosmology*, Macmillan.（ホワイトヘッド、アルフレッド、ノース（一九八五）山本誠作訳『ホワイトヘッド著作集第11巻　過程と実在（下）』松籟社）

Whitehead, A. N. (1938) *Mode of Thought*, Macmillan.（ホワイトヘッド、アルフレッド、ノース（一九八〇）藤川吉美・伊藤重行訳『ホワイトヘッド著作集第13巻　思考の諸様態』松籟社）

Zizek, S. (2006) *The Parallax View*, The MIT Press.（ジジェク、スラヴォイ（二〇一〇）山本耕一訳『パララックス・ヴュー』作品社）

第2章　コミュニケーション資本主義における個人と集団の変容

水嶋一憲

1　繁茂するトランプと悪のメディア

ガタリの予見的洞察とトランプのメディア戦略

ドナルド・トランプの米大統領選勝利や、ブレグジット（英国の欧州連合離脱）を選択した英国国民投票で大きな役割を演じたとされるデータ分析会社、ケンブリッジ・アナリティカが、昨年（二〇一八年）、フェイスブックから数千万人分に上る個人情報を不正に収集し、その分析結果を流用した疑惑で告発され、廃業に追い込まれた。二〇一六年の米大統領選中にケンブリッジ・アナリティカが稼働させた、「兵器化されたＡＩ宣伝活動《プロパガンダ》マシーン」については後述するが、世界中から大きな注目を集めたこのスキャンダラスな事件があらためて思い起こさせるのは、私たちがすでに「メタデータ社会」のなかで生きているという事実だ。

今日、資本と権力が重視している戦略の一つは、企業や国家のデータセンターに蓄積されたビッグデータを源泉とし、そこに収集されたデータのメタ分析を通じて、諸種の行動や動きのパターンやトレンドをマッピングしたり、それらの傾向を予測したりすることである。このような「情報に関する情報」にもとづくメタデータ社会という概念は、これまで情報の水平的な交換やフローという面がもっぱら強調されてきた「ネットワーク社会」が、じっさいには、クラウド上のメタデータという情報の垂直的な蓄積形態と一体になって作動する社会にほかならないという実態を明らかにするものでもあろう(1)。

あえて図式的に示すなら、産業資本主義（と放送メディア）の時代に、消費者として商品を購入していた私たちは、ポスト産業資本主義（とソーシャルメディア）の時代に、商品開発やコンテンツ生産に携わる消費者、すなわち生産消費者《プロシューマー》となり、そしていまやビッグデータやアルゴリズムによる統治を組み込んだメタデータ社会のなかで、私たち自身が経済的に価値のあるデータを生成するオブジェクトになっているともいえようか。むろん、これはごく粗い見取り図にすぎないが、いずれにしても、私たちが日々、意識的・無意識的に生産する情報は、それらを収集・蓄積・占有しながらその流れを制御するとともにそこからメタデータを抽出・分析する新たな「支配階級」(2)との非対称的な関係性のうちにあり、そのような傾向がますます強まりつつあるという点はたしかだろう。

本章は、そうした事態や今回のフェイスブックのデータ流出事件がその一端を指し示す、メディア・技術・資本主義の新たな布置を描き出し、そこにおける個人と集団の変容を明確に指し示すことを目指している。またそのさい、探究を進める上で一つの指針となるのは、かつてフェリックス・ガタリが（ジル・ドゥルーズとともに）創案した「機械」や「機械状」という概念である。ここでは、それらの概念が、技術的機械同士の連結や人間と機械の社会的な相互構成に着目するものであるばかりか、あらゆる種類の人間的および非人間的な要素や特異性を同じ存在論的平面上に置きながら、それらのダイナミックな合成や動的編成に着目するものでもあったことに留意しておきたい(3)。

私たちは本章で、このようにつねに動的編成をなす、機械状のものに焦点を合わせ、メディア・技術・資本主義の新たな連関を解明する作業に取り組む。まず本節では、ガタリが機械という概念を捉え直したのと同時期にトランプについて示した予見的な洞察から出発して、その約三〇年後の大統領選キャンペーン中に繰り広げられたトランプのメディア戦略の諸相を「悪のメディア」という概念を軸に分析することを通じ、今日のメディア空間や政治空間の変容を浮き彫りにするとともに、対抗メディア化の可能性の一端にもふれておきたい。

トランプがまだ大統領候補として選挙キャンペーンを繰り広げていたとき、一九八〇年代末に書かれたガタリ『三つのエコロジー』の次の一節がにわかに注目を集め、反トランプ派の人びとを中心に嬉々として引用されるようになった。

「突然変異的で怪物《モンスター》のような藻類がヴェネツィアの干潟《ラグーン》に侵入し、繁茂しているのと同じように、テレビ・スクリーンは〈退廃した〉イメージや言表の群れであふれかえっている。さらに社会的エコロジーの領域に目を向ければ、これとは別種の藻類が、ドナルド・トランプのような人びとの意のままに野放図に増殖している。トランプはニューヨークやアトランティック・シティ等の街区全体を占領しながら、「再開発」を口実に家賃を上げて、幾万もの貧困家庭を退去させ、その大半を「ホームレス」の状態に追いやった――これは環境エコロジーの領域でいえば死んだ魚に相当するものである」(4)。

選挙期間中、この一節が喜ばしい（再）発見として――ガタリの先見性への驚きとともに――オンラインで流通したのは、「ヴェネツィアの干潟《ラグーン》に侵入し、繁茂している」「突然変異的で怪物《モンスター》のような藻類」や「別種の藻類」にトランプをなぞらえる、そうした奇怪で痛快な比喩を含むパッセージとしてそれが受容され、伝達されていったからだろう。トランプが矢継ぎ早に吐き出しつづける、人種差別的・性差別的・外国人嫌悪的な汚物の類に辟易し、憤慨していた多くの人びとは、「怪物《モンスター》のような藻類」が「野放図に増殖している」というグロテスクなイメージをトランプにまとわせる比喩効果をそこに見出し、いくらか胸のすく思いがしたものと推察される。

けれども、ガタリの洞察の先見性は、そうした戯画的な比喩やイメージにのみ求められるものではないだろう。トランプを藻類に見立てながら、その不動産資産の途方もない増大を、「テレビ・スクリーン」上で繁茂している「〈退廃した〉イメージや言表の群れ」と重ね合わせることを通じ、ガタリは今日の私たちに、トランプの不動産開発業者としての八〇年代における戦略――利用価値のある不動産を買い上げて「再開発」し、地価や賃貸料を上げるといったやり口で、以前からそこに住んでいた貧困層の居住者や近隣住民を排除し、さらには「死んだ魚」として廃棄していくという、いわゆるジェントリフィケーション戦略――が、約三〇年後の大統領選で共和党候補者指名と大統領職を勝ち取るためのメディア戦略の雛型としても役立つことになるという点を予示していたと思われるのだ。

じっさい、たんなる比喩やメタファーを超えて、私たちはトランプをメディア空間の新たな不動産開発業者として捉えることができるだろう。選挙期間中、トランプは印刷メディア・テレビメディア・ネットワークメディアを「再開発」すべき不動産資産として扱いながら、新聞やニュース番組のヘッドラインからツイッターを始めとするソーシャルメディアにいたるまで、メディア全体の空間的な「街区」や時間的な区画を捕獲し、占領することを通じ、比較的小さな資本投資で莫大な金額に相当するメディア報道を生み出すというレバレッジ効果を活用するとともに、増殖する藻が他の水生種を追い出すような仕方で、伝統的な政党組織やメディア環境、対立候補を「死んだ魚」へと追いやっていったのである。

したがって、トランプの勝利について考えるためには、そのメッセージの内容のみならず、その視聴覚的なイメージが藻のように繁殖していったメディア化［mediation］と再メディア化［remediation］の増殖過程じたいにも注目する必要がある。メディア研究者のリチャード・グルーシンが的確に指摘しているように、小さな投資で大きな個人的・政治的な収益を獲得することを目指すトランプのメディア戦略の主要例としてあげられるのは、わずかな文字数のツイートのその独特な用い方だろう。トランプ本人による（とくに選挙期間中の）ツイートの多くが、自分がいま観ているテレビ番組に対する反応、それもたいていはFOXニュースの報道に対する直接的なレスポンスであるということは、大勢のメディア・ウォッチャーたちによって明らかに示されているところだ。つまりトランプは多くの場合、自分のテレビ視聴をライヴでツイートしているわけである。だが同時に、そうした彼のライヴツイートの数々は、「他のソーシャルメディアのユーザーたちによってリツイートされ、メンションを送られ、気に入られたりシェアされたりしながら、再メディア化されることになる。さらにまたトランプのライヴツイーティングは、公式・非公式メディア——ブログやその他の印刷・テレビ・ネットワークニュース（とフェイクニュース）のアウトレット——によってもう一度、再メディア化されていく」。そして、そのような仕方でトランプのツイートは、「再メディア化のカスケードを通じて自己複製する」ことになるわけだ(5)。

トランプのツイートが引き起こした、こうした累乗的かつ横断的な——いうならばメディアの干潟《ラグーン》で藻が繁茂していくような——再メディア化のプロセスは、伊藤守が「デジタルメディア時代における言論空間」の「劇的変化」に着目しつつ、明確に浮き彫りにした、以下のような「ダイナミックなプロセス」と強く響き合うものだろう。伊藤は言う、「今日の言論空間の特徴は、マスメディアが独占的に構築してきた言論空間という段階を離脱し、無数の大小さまざまな言論空間から構成されているということだ。そこでは、情動や感情を喚起するような、しかし一瞬で消え去る言表や言説が立ち上がったり、あるいは一部の人びとの間でしか共有されていなかった事象や話題が一気に拡大し、時間的に継続され、これまでマスメディアに依拠して構築された公共的な言論空間にまで影響を及ぼすほどの力を発揮したり、そうした公共的な言論空間からの情報がミクロな空間に飛び火して、格好のネタとして消費されるなど、情報が大小さまざまな空間に影響を及ぼす、ダイナミックなプロセスが展開する空間として構築されているということだ」[6]、と。私たちは伊藤のこうした明晰なマッピングを踏まえながら、トランプのメディア化と再メディア化のプロセスに的を絞り、その特徴をさらに明確に把握するために、グルーシンとともに「悪のメディア」という概念を導入することにしよう。

〈トランプの悪のメディア化〉の諸相

そもそも「悪のメディア［evil media］」とは、マシュー・フラーとアンドリュー・ゴフィーによって新造された概念であり、彼らはそれを、かつてグーグルが自己の行動規範として掲げていた「悪に染まるな［don't be evil］」といった標語とは対立する、「道徳の領域外の《エクストラモラル》」意味を帯びた用語として提示している[7]。「悪のメディア」とは、道徳的・社会的・政治的な悪を指示する――そしてその場合、メディアはそうした悪を手助けする道具として捉えられることになる――ものではなく、メディアじたいに組み込まれている破壊的な行為主体性《エイジェンシー》を指示する概念なのである。ゆえにまたそれは、「表象」としてのメディア化の内容に照準するのではなく、メディア化そのものの下部構造《インフラ》的な働き、いいかえれば、「意味やシンボリズムによって御することのできない」メディアの「物質性」に照準するように私たちを促す概念でもある、ということになる[8]。フラーとゴフィーの基本的な立場は次のように要約されるだろう。「私たちはメディアを、それが関係をもつ目的についての中立的な手段とはみなさない。それどころか、私たちはメディアとメディア化を、それら自身が一部をなす諸関係のただなかにおいて厄介な不透明性と厚みを創り出すものとみなす。しかもその場合、メディアとメディア化には、接触する事物や人びとを成型したり、操作したりする、それら特有のアクティヴな能力が備わっていることに注意を払う[9]」。

グルーシンは、フラーとゴフィーのこうした立場と概念を引き継ぎ、「トランプの悪のメディア化［evil mediation］」について――その「アクティヴな能力」に焦点を合わせつつ――重要な分析を展開している。そのさい、まず指摘されるのは、印刷メディア・テレビメディア・ネットワークメディアがトランプの選挙キャンペーンを絶え間なく報道・伝達することを通じ、その政策や立ち位置を伝えるだけではなく、もしトランプが大統領に就任すればどうなるかといった推測を繰り返し行うことにより、まるでトランプの大統領就任が避けることのできない未来であるかのような集団的ムードを、身体化された情動的インパクトとして発生させた、という点である。一言でいうとそこでは、起こりうる未来をそれが到来する前に、予めメディア化してしまうという、事前メディア化［premediation］のメカニズムが間断なく作動していたのだ。別の例をあげると、選挙期間中、CNNやFOX等の主要ケーブルネットワークは視聴者を引きつけ、引きとめる目的で、テレビ画面の片隅に小さな窓をはめ込み、そこに全米各地で開かれたトランプの選挙集会の現場映像を映し出していたが、トランプが姿を現すまで一時間以上もからっぽのステージの様子がそのままライヴ中継されることも多く、そうした事前メディア化の作用によってトランプへの期待が醸成され、増強されていったのである。[10]

先にも見たように、こうした事前メディア化（プリメディエーション）の機制は、「意味やシンボリズムによって御することのできない」メディアの下部構造《インフラ》の「物質性」と連動して働くものであり、トランプの視聴覚イメージやツイートはこうした物質性を占領し「再開発」することによって繁茂し、再メディア化（リメディエーション）の累乗的かつ横断的な過程を通じて自己複製していくことになった。グルーシンは、事前メディア化と再メディア化がもつれ合いながら進行していく、かかる複合的かつ力動的な作用と過程や、「接触する事物や人びとを成型したり、操作したりする」その「アクティヴな能力」のことを総称して、「トランプの悪のメディア化」と呼んでいる。そのさい、あわせて強調されるのは、表象としてのメディア化の内容よりもメディア化そのものの下部構造《インフラ》的な働きに着目する視点の重要性、つまりは、メディア［media］そのものの直接性＝無媒介性［immediacy］に着目する視点の重要性である。別の言い方をすれば、そこで重視されているのは、表象やコミュニケーションの象徴的ないしはイデオロギー的なシステムとしてメディアとメディア化を主に捉えるのではなく、諸々の身体と情動を制御・調整・動員する諸力や出来事としてそれらを主に捉えようとする視点ないしは方法論なのである。

トランプによるツイートの独特な用い方とそのメディア環境全体への波及効果について分析しておいたように、「トランプの悪のメディア化」は、ソーシャル・デジタルメディアの下部構造《インフラ》の「物質性」との相互作用をその不可欠の構成要素としている。このことをより露骨に示すのは、トランプの選挙戦を後押しするために英国のデータ分析会社ケンブリッジ・アナリティカが駆使した技術的な戦術である。それは「兵器化されたＡＩ宣伝活動《プロパガンダ》マシーン」とも評される戦術であり、個々の投票者がユーザーや顧客としてオンライン上で活動しながら確実に残していく、その多種多様な動きや興味を表示するデータ（フェイスブックの「いいね！」や雑誌購読の履歴、ショッピング習慣を含めて）を追跡し、それらのデータから心理統計学的《サイコメトリック》手法で割り出し、分類した「パーソナリティ」のモデルに照準しつつ、それに応じたネット広告やボット、フェイクニュース、フェイスブックのダークポスト等々を巧妙に用いることで、個々の投票行動を変化させようと仕掛けるものである。[11] その戦術がどれだけ功を奏したかという点は措くとしても、ケンブリッジ・アナリティカが投票者を操作するために「兵器化された」宣伝活動《プロパガンダ》戦術を駆使したという事実は、その後明らかになったフェイスブックからの情報流出スキャンダルとともに、トランプの選挙キャンペーンにおいて「悪のメディア化」が果たした中心的役割への注意を喚起するものであると思われる。

〈必要ないかなるメディア化を用いても〉

私たちはこれまで主にグルーシンの分析によりながら、「トランプの悪のメディア化」の諸相にアプローチしてきた。それらを踏まえた上で、ここで提起されなければならないのは、そうした「悪のメディア化」の働きに対抗することのできる別のメディア化の形式をいかにして構成するのか、という喫緊の問題であろう。もちろん、メディア化に対してメディア化をもって戦うという、この問題設定は、あらゆる種類・レヴェル・規模の直接行動——たとえば、近年の「オキュパイ・ウォール・ストリート（ウォール街を占拠せよ）」や「ブラック・ライヴズ・マター（黒人の命も大切だ）」といった大きな注目を集めた運動から、世界各地の小さな集会にいたるまで——に反対するものではまったくない。また、もう一方でそれは、直接行動の方をメディア化よりもリアルで物質的とみなすような立場をとるものでもない。この点に関してグルーシンは、ヴァルター・ベンヤミンの古典的論文「技術的複製可能性の時代の芸術作品」における「テストパフォーマンス［Testleistung］」の考えを、「ソーシャルメディア化されたニュースメディア」時代の今日においてアップデートしながら、「対抗メディア化のテストパフォーマンス」という視点を提供している。

ベンヤミンによれば、「舞台俳優のアートパフォーマンス＝演技［Kunstleistung］は、最終的には、その俳優自身によって観客に示される。それに対して、映画俳優のアートパフォーマンス＝演技は、器械装置を通じて観客に示されることになる」[12]。このようにベンヤミンは、新たな複製技術の導入によって、映画俳優の演技が舞台俳優の演技から区別されるようになったという見解を提示しているのである[13]。

グルーシンは、ベンヤミンのこうした着想を二一世紀のポストインターネット／デジタルメディア時代に接続して、押し広げようと試みながら、「トランプの悪のメディア化」の働きに対抗するための別のメディア化の構想を次のように素描する。「大衆的なデモと抗議行動を対抗メディア化のテストパフォーマンスとして考える私の目的は、そうした直接行動の数々がソーシャルネットワーク化された公式・非公式のニュースメディア時代にどのように機能するのか、またそれらの行動を悪のメディア化に対抗するためにどのように使用することができるのか、その方法を理解すべく試みることと似ている。集団的な抵抗行動の数々はストリートや公共空間において生起するばかりではなく、私たちのもつ［スマホやタブレット、PC等の］スクリーン上でも、より強力かつより広々としたかたちで生起する。もっと精確にいいかえるなら、二一世紀の今日、すべての政治的行為はメディア化の行為にほかならないわけだから、私たちが身につけなければならないのは、必要ないかなるメディア化を用いても、ドナルド・トランプのような独裁者《ワンマン》やファシストたちによる悪のメディア化と不正な政治行動に対抗する術なのである[14]」。

いうまでもなく、右の引用文中の「必要ないかなるメディア化を用いても［by any mediations necessary］」というフレーズは、かつて六〇年代にマルコムXが黒人解放闘争の渦中で発した有名なパンチライン「必要ないかなる手段を用いても［by any means necessary］」を、今日のメディア環境のなかでアップデート・リミックスしたものである。メディア化に対してメディア化をもって戦うという立場や戦略は、たしかに不可欠な重要性をもつ。とはいえ、グルーシンが思い描くような、「必要ないかなるメディア化を用いても」遂行されなければならない「対抗メディア化のテストパフォーマンス」の可能性をさらに踏み込んで探るためには、〈トランプ〉という繁茂する藻によって覆い尽くされた喧騒の領域をいったん離れて、コミュニケーションじたいを支配的な生産形態とするような新しい資本主義――すなわち、コミュニケーション資本主義と呼ばれるもの――の場へと降りていき、その生産様式やそこに含まれている諸問題等について節を改めて検討しておく必要があるだろう。

2　コミュニケーション資本主義とスマートフォン

コミュニケーション資本主義の生産様式とその諸問題

政治学者のジョディ・ディーンは、「トランプを生み出したのはコミュニケーション資本主義とその極端な経済的不平等にほかならない」、と端的に述べている。(15) 二一世紀に入るころから、ディーンはコミュニケーション資本主義という概念の創出に取り組み、以来一貫して、ポストインターネット時代の刻々と変移する状況下で、この概念を練り上げようと努めてきた。(16) 以下ではまず、コミュニケーション資本主義の生産様式とそこに含まれている諸問題を要約的に記述しながら、この概念が有するアクチュアルな意義と射程について考察しておきたい。

周知のように、現代の資本主義はグローバルな遠隔通信《テレコミュニケーション》ネットワークに依拠している。経済特区への工業生産の集中化にもとづく貿易システムを支える複合物流から、生産を規格化・加速化する一方で、人間の労働力の必要性を減じる、生産過程の自動化・情報化や、金融市場におけるアルゴリズム取引・リスク回避・裁定取引を可能にする高速ネットワーク、あるいはまた、私たちの社会的生の再生産に関わる諸活動を捕獲することのできる、資本の新たな能力にいたるまで、資本主義は今日、コミュニケーションじたいを資本制的生産にとっての支配的形態とするようになっているのである。

ディーンはそのような編成のことを、コミュニケーション資本主義と呼ぶ。図式的にいうなら、「産業資本主義が労働力の搾取にもとづいていたのと同じように、コミュニケーション資本主義はコミュニケーションの搾取にもとづいているのだ」。(17) 対人ケアのような情動労働というかたちであれ、共有《シェア》と表現の動員というかたちであれ、遍在するメディア回路へのさまざまな寄与——それらを通じてユーザーからますます多くのデータとメタデータが提供されることになり、またそうして得られたデータをメディア回路は保存・蓄積し、採掘し、販売することになる——というかたちであれ、いずれの場合にも、コミュニケーションが資本に奉仕しているという点に変わりはない。いまや資本主義はコミュニケーション過程を包摂しており、またそれに伴い、コミュニケーションはもはや批判的な外部や「道具的理性」に対するオルタナティヴを構成するものではなくなっている、と考えたほうが適切だろう。

こうした観点からすると、現在支配的なコミュニケーション資本主義のデジタルネットワーク内でなされるコミュニケーション的発話が、かつてユルゲン・ハーバーマスが示唆したような、「コミュニケーション的理性」による「合意」への到達を志向する行為とは大きく異なっているという点は明らかである。[18] 別の言い方をすれば、ハーバーマスの提示した「コミュニケーション的行為」のモデルにおいては、そのような志向性に即して伝達される発話の使用価値（しかるべき意味を伝える「メッセージ」）こそが重要であったのに対し、現在のコミュニケーション資本主義においては、情報や情動の流れ《フロー》・流通《サーキュレイション》＝循環・貯蔵《プール》に寄与すること、つまりは発話の交換価値（ともかくも何か――意見・判断・理論・冗談・幻想・事実・嘘、これらはすべてコミュニケーション資本主義の見地からすると等価なので、何であろうと構わない――を付け加える「寄与」）のほうが、その使用価値よりも重視されるのである。

そのためそこでは、投稿されたメッセージが嘘かどうかはたいしたことではない、といった事態が常態となってしまう。クリック誘導目的の記事のように、扇情的な見出しをつけたフェイクニュースのほうが事実よりも容易く、またより素早く流通＝循環するケースはごく頻繁に見られる（また同じく主流ジャーナリズムじたいもそうした循環力を重視しており、ウェブ上の記事のクリック数やシェア数を増やすために、見出しやキャプションを変えている）。情報と情動のコミュニケーション回路内のニュースや発話の価値は、その内容によってというよりも、閲覧者数や検索ヒット・被リンクの数などによって計られるのだ。と同時に、メッセージという使用価値から寄与という交換価値へのこの移行は、後にもふれるように、「大文字の〈他者〉は、もはや存在していない」というラカンの明察を受け継いだ「象徴的（象徴界の）効力の衰退」（スラヴォイ・ジジェク）に伴って今日生じている、「想像的なもの（想像界）」と「現実的なもの（現実界）」の収斂に対応するものとしても捉えることが可能だろう。

ブログやツイッター・LINE・フェイスブック・YouTube等々をとおして間断なく流通し、循環しつづける、さまざまな寄与――ツイートやショートメッセージ、絵文字やミーム、写真や動画、音楽やサウンド、ゲームやヴィデオ、コードやウィルス、ボットやクローラー、等々――は、必ずしも自分が理解されることを必要とはしていない。むしろ、それらが是が非でも必要としているのは、反復され、複製され、転送されるという、サーキュレイションのプロセスそのものなのである（またそこには、写真から自撮り《セルフィー》への変移が示すように、かつてベンヤミンが明示した「展示価値」が「循環価値」とでも呼ぶべきものに移り変わりつつある過程も含まれている）。[19] つまり、それらさまざまなマイクロな寄与は、作成され、アップロードされ、サンプリングされ、解体されながら、リンクからリンクへと転送されたり、コメントを付け加えられたり、保存・蓄積されたりするわけだが、そうしたプロセスのなかでそれらが望んでいるのは、メッセージの内容が理解されたり、応答が返されたりすることであるというよりも、それらの寄与がよりいっそう流通し、循環しつづけていくという絶え間ない運動状態それじたいなのである。このように、コミュニケーション資本主義における情報と情動のフローは、いまや終わりのない、果てしなくつづくループをかたちづくっている、と考えるべきだろう。

　このようなかたちで流通＝循環する交換価値に重きを置く、コミュニケーション資本主義の論理が、いわゆる「勝者（ほぼ）総取り方式」や「80対20の法則」の適用される「べき乗分布」（たとえばツイッターのフォロワー数の違い等々に顕著に見られるように、複合的ネットワークの上位項と下位項のあいだにはリンク数の巨大な格差が存在するけれども、下位項間にはほとんどその差がないという、べき乗則に従った分布）に帰着するのは、当然の成り行きでもある。ある意味では皮肉なことに、ネットワーク化されたコミュニケーションは、理想的なコミュニケーション的行為を通じた民主主義的平等ではなく、上位の〈一者〉や〈少数者〉と下位の〈多数者〉のあいだの巨大な格差からなる位階秩序《ヒエラルキー》を強固に打ちたてることになるのだ。しかも、コミュニケーション資本主義は、現在ますますその力を強めているプラットフォーム資本主義（多くのユーザーを引き寄せ、膨大なデータを収集・採掘・占有することのできる巨大プラットフォームの所有者が富を独占するようになる編成を指す）と連動している。[20] かつてフェイスブックの掲げていた「世界をもっとオープンに、もっとつながったものにする」という使命は、ソーシャルメディアの拡大とともに〈99パーセント〉の多数者による社会的諸関係の生産が、フェイスブックの共同創業者にしてCEOのマーク・ザッカーバーグら〈1パーセント〉の資本家たちによって領有されるようになっているという顕然とした事実と表裏一体の関係にあることに目を塞いではならないだろう。

　要するに、コミュニケーション資本主義は不平等をその本質的な特色としているわけである。それゆえディーンが確言するように、「もし私たちが正直ならば、ソーシャルメディア［＝民主主義的平等を促進する社会的メディア］のようなものはじっさいには存在しないということを認めなければならない。デジタルメディアは階級メディアにほかならない[21]」。

ここまで見てきたように、コミュニケーション資本主義とは、参加と包摂という従来の民主主義的理念が、流通・凝集・略奪・蓄積のプロセスからなる資本主義のダイナミクスと合体しつつ、その動態を加速するシステムのことであり、①〈発話の使用価値（「メッセージ」）から交換価値（「寄与」）への移行〉、②〈象徴的（象徴界の）効力の衰退〉、③〈不平等の増幅と拡大〉の三つをその特性としている。そしてそこでは、私たちにとって基本的なコミュニケーション活動が資本主義的蓄積のための原材料としてその回路内に囲い込まれてしまっている。私たちが日々、提供しつづける、フェイスブック更新・グーグル検索・GPS位置情報といったデータの数々は、保存・蓄積され、採掘され、販売され、貨幣化されるのであり、裏返していえば、私たちが資本主義のための生産を回避することはほぼ不可能になっているのだ。

スマホまたは服従化と隷属化の装置

コミュニケーション資本主義の生産様式とその諸問題についてもっと具体的に掘り下げ、またそこにおける個人と集団の変容について分析するために、現在、その生産様式にとってもっとも効力を発揮し、かつますます普及が進んでいる、スマートフォン（以下、スマホと略記）という機器《デバイス》＝装置を取り上げてみよう。

まず一方でスマホは、それぞれのユーザーがダウンロードした各種アプリケーション等の使用を通じて、個人化またはパーソナル化を強力に推し進める。各人の有するスマホは少しずつ異なる仕方でカスタマイズされており、また各種アプリ等を通じて収集されたデータはその個人に特化した新たな情報（「おすすめ商品」や「おすすめユーザー」等々）としてフィードバックされるというように、スマホは個人のユニークさを強化し、際立たせる機能を有しているのである。

スマホが拍車をかける、そうした個人化の例をいくつかあげておこう。たとえばまず、Pandora や Spotify といった音楽ストリーミングサービス用のアプリケーションは——かつてラジオが聴取者間の同期的なつながりからなる一種の「想像の共同体」（ベネディクト・アンダーソン）を構築したのとは対照的に——、その嗜好や選好をサーヴィスプロヴァイダによって入念にモニターされ、貨幣化《マネタイズ》される「私的自己」を構築する手助けをしている。そのようにしてスマホは諸個人が公共空間を私的領域に作り変えることを助長するわけだが、外部の騒音を遮断するノイズキャンセリングヘッドフォンの装着により、そうした改変はさらに徹底化されることになるだろう。同じく、とくにiPad用に開発された教育アプリは、生徒の個人学習を促進し、その体験をパーソナルなものにすることを目指しており、そのような教育のパーソナル化を通じて生徒たちは、自身をクラスの一員とみなすよりも、ユニークな欲求と才能を備えた個人とみなすよう求められる。またそれと並行して教育のパーソナル化は、教育が本来担うべき集団的責任を、個々人の自己責任に転嫁する働きをするだろう。さらにスマホは、メールやSNSによる呼び出しに応じて必要なときにはいつでも働けるような待機状態に労働者を置くことにより、労働時間を実質的に延長したり、健康アプリを用いて日常の生活行動をモニターすることにより、健康リスクを計測したりというように、教育・労働・健康等々にまつわる責任を組織から個人にダウンロードする役割を果たしている。

ドゥルーズ＝ガタリの用語を踏まえていえば、スマホは「社会的服従」と「機械状隷属」の交点に位置する機器であり、しかも両者を推進する装置として把捉することができる。[22] 見てきたように、一方においてスマホは、個人化またはパーソナル化を強力に推し進め、人びとに個人という形態を強制的に押し付けている――各人は自己創造的で自己責任的な主体であると同時に「自分自身の起業家」（フーコー）であり、資本の波に乗りつづけるサーファーであり、借金を負わされたまま不安定労働に従事しながら、自分ひとりを頼りに行動する新自由主義のサヴァイヴァーである、といったかたちで。だが、いうまでもなく、今日のコミュニケーション資本主義の下で個人化を促進しているテクノロジー――スマホ・タブレット・ラップトップといった――や、個人化を奨励しているプラットフォームとアプリ――ツイッター・LINE・フェイスブック・Tumblr・インスタグラムといった――は、他者とのつながりやある種の集団性を同時に提供ないしは強制してもいる。

スマホと密接に関連する個人化（ないしは孤独や孤立）と脱個人化（ないしはシェアやつながり）について考えるために、コメディアンのルイ・C・K（二〇一七年、複数の女性からセクシュアルハラスメント被害を受けたと告発された）が深夜のトーク番組で話した内容を参照することにしよう（YouTubeにアップされているその動画の再生回数は、一三〇〇万回を優に超えている）。彼はそこで、スマホと孤独の関係についてこう語っている。「自分ひとりきりのときに何もせずにいることができる力を、つちかう必要がある。それはスマホが奪おうとしているものだ。ただじっと座っていられる能力。それこそが、ひとりの人間として存在することなんだ。……そしてときおり、いろんなことが片づいて警戒心を解き、自分の車の中にいるときなんかに、ふと思いはじめる。ああ、ひとりになるときが来た、ちょうどこの悲しみのように、そのときが訪れはじめるようだぞ、と。人生はとてつもなく悲しい。……だからつい、運転しながらメールしてしまう。百パーセントと言っていいほどたくさんの人が、運転中にメールしている。そうやって互いに、車で殺し合いをしているわけだ。けれど、人がそうやって自分の命を危険にさらし、他人の人生をめちゃめちゃにしようとしているのも、ほんのわずかのあいだでもひとりになりたくないからだ[23]」。

ここで独特のユーモアと悲哀を込めて語られている、「運転（ドライヴ）」中のメールをめぐるエピソードは、ラカン的な意味での「欲動（ドライヴ）」と直結させて考えることができるだろう。ルイ・C・Kが巧みな話術で描き出しているのは、まさにラカンの基本的な論点、すなわち、〈「欲望」とともに私たちは、けっして達成することも到達することもできない享楽を追い求めるのに対し、「欲動」とともに私たちは、削除することも消去することもできない享楽の小さなシミに行き着き、それをループにとらわれるようにして際限なく反復する〉、というポイントなのである。スマホを手にした私たちは、絶えずメッセージをチェックしたり、自撮り写真《セルフィー》やミームをシェアしたり、ゲームをプレイしたり、ツイートとリツイートを繰り返したり、というように、タッチスクリーン上の指を自在に滑らせながら、あるアプリケーションを閉じては別のアプリを開くという動作をひっきりなしに繰り返しているわけだが、そのとき欲動も享楽の小さなシミを反復しながら、ネット上をぐるぐると流通＝循環しつづけているのだ[24]。メディア理論家のマッケンジー・ウォークが――ジョディ・ディーンの考察を参照しつつ――端的に指摘するように、「それは法と侵犯の世界ではなく、反復と欲動の世界なのである。……阻まれた欲望は部分的な欲動として増殖し、急ごしらえのループを作り、ネットのなかに消え失せていく[25]」。このような視点から私たちは、ソーシャルメディアのマトリクスのなかやスマホのタッチスクリーン上を駆けめぐっているものは、ラカン的な意味での「欲望」（けっして到達することのない失われた対象の探求）ではなくて「欲動」（享楽の小さなシミの無際限の反復ループ）であると考える。

ところで、臨床心理学者のシェリー・タークルもルイ・C・Kの話《トーク》を高く評価しているが、それはラカン派精神分析の視点からスマホ（およびそのアプリケーション）と欲動の連関について考究するためではなく、主として発達心理学の視点からスマホが危機にさらしている「孤独の効用」について説き直すためである。タークルは言う、「このごろの私たちは、ネット上にいる時間を孤独と勘違いしているのかもしれない。それは間違いだ。それどころか、自分の内部ではなく画面に目を向ける習慣に孤独が脅かされている。ソーシャルメディアとともに育った人びとがそのうち、本来の自分ではないような気がするとたびたび言うようになるだろう。いや、投稿したりメッセージやメールをやりとりしていないと自分だと感じられないことにもなりそうだ。人は、考えたり感じたりするためにはその思考や感情をシェアしなくてはならないと、よく言う。「われシェアする、ゆえにわれあり」という感性。言い方を変えれば、「私は感情をもちたい。（だから）メールを送信しなければ」である」[26]、と。

こうした観点からタークルがルイ・C・Kの話《トーク》にまず見出すのは、「孤独の必要性、特に子供たちにとっての必要性」である。その上で彼女が警戒を促すのは、「孤独（ソリチュード）の喜び」を奪い取り、「孤立（ロンリネス）の恐怖」を吹き込みつつ、本来ならば「対面会話」の積み重ねを通じてじっくりと育まれていくべき「共感」を欠いた、ネット上の「つながり《コネクティング》」や「共有《シェア》」へと人びとを性急に駆り立てていく、スマホの危険な力である[27]。タークルにとって、自らの境界を越えて拡張し、つながりを求める自己は、「孤立」に陥るリスクを抱えた、未成熟な自己でしかない。そうした脆弱な自己にとって何よりも必要なのは、「孤独」と向き合いながら個人になるための段階を踏み、徐々にかけがえのないアイデンティティを形成していくことである。にもかかわらず、現在のネットワーク技術は個人という重要な形態を脅かしている——これがタークルの議論の出発点をなす、基本的な考え方である。

しかしながら、私たちはディーンとともに、タークルのこうした視座を反転させるべきだと考える。すなわち、今日、「脅威にさらされているのは個人という形態ではなく、まさに個人という形態こそが脅威である」にもかかわらず、タークルはそれを保護の必要な脆弱なものと捉えており、個人という形態そのものが問題であるとは認識していない、と。ディーンによるタークル批判の根底にあるのは、第二波フェミニズム運動の「個人的なことは政治的なこと」という挑発的な問題提起が、コミュニケーション資本主義の下で「政治的なことは個人的なこと」というねじれたかたちで回収されてしまい、個人主義を基盤にしたアイデンティティ政治の隆盛によって集団性の探究が後退させられ、縮減されてしまっている、という現状認識である。[28] そのためディーンの立場からすると、タークルによるスマホやソーシャルメディアの批判的検討には、本来批判すべき個人という形態の擁護論は含まれていても、アクチュアルな政治的課題として追求すべき集団性の問いは予め排除されている、ということになる。[29]

先ほど短くふれたように、スマホは社会的服従と機械状隷属の交点に位置する機器であり、両者をともに推進する装置である。まず一方で私たちは、社会的服従を通じて個人として呼びかけられ、もう一方で私たちは、機械状隷属を通じて分人として制御されながら、データの集積としての分人集合体を形成する。前者についてはすでに見てきたので、後者について論述しておこう。

ドゥルーズ＝ガタリは『千のプラトー』（一九八〇年）で、社会的服従と機械状隷属を区別しつつ、後者を通じて人びとは人間‐機械の動的編成へと組み込まれると分析していた。さらにドゥルーズはこれを発展させ、その「制御社会」論（一九九〇年）で――早くもインターネットの草創期に――「分人」概念を提示しながら、機械状隷属を通じて「［分割不可能だった］個人が［可分性としての］分人となる一方で、マス（＝多数の人びと、大衆）のほうはサンプルかデータ、あるいはマーケットか「データバンク」になる」[30] と予示していたが、まさに今日のアルゴリズム的メディア社会における資本の眼差しは、諸個人をデータという商品としての「分人たち（“dividuels”）」へと分割しながら、それら分人たちの残すデジタルな足跡を収集して「分人集合体（“condividuels”）」のメタデータを抽出し、そこから集団的パターンを引き出すことに注がれているといえるだろう。またそれと連携して、ビッグデータの採掘やメタデータの抽出にもとづく制御と監視が急速に進行しているという事態にも大きな注意を払わなければなるまい。

しかも、アルゴリズム的ソーシャルメディアとともに稼働する今日の機械状隷属は、諸個人を「生産消費者《プロシューマー》」（コンテンツ生産等に携わる消費者）やユーザーという新商品としての「分人たち」へと分割しながら、それら分人たちをコミュニケーションと欲動の終わりなきループのなかに呼び入れ、享楽と労働（データという価値を生み出すデジタル労働を含めて）を結びつける働きをしている。だが、いうまでもなく、そのようにして生み出された価値は、プラットフォームの所有者たちによって取り立てられ、より一般的には、資本家階級によって領有されてしまうことになる。つまり、近年のデジタルメディア環境の急激な変化に伴い、格段の進化／深化を遂げている今日のポストインターネット制御社会においては、「消費」と「生産」が合体しているばかりか、「享楽」と「労働」、「剰余享楽」（ラカン）と「剰余価値」（マルクス）が重なり合う傾向にあるわけである。(31)

このような仕方で、目下支配的なコミュニケーション資本主義においては、まず一方で社会的服従を通じて個人化が推進され、もう一方で機械状隷属を通じて分人化が推進される。そして、社会的服従と機械状隷属の交点に位置するスマホという機器《デバイス》=装置は、そうしたコミュニケーション資本主義の三つの基本的特徴――〈発話の使用価値から交換価値への移行〉、〈象徴的（象徴界の）効力の衰退〉、〈不平等の増幅と拡大〉――を強化しながら、享楽と欲動の無際限の反復ループのなかで剰余享楽と剰余価値を重ね合わせ、個人化と分人化をともに推し進めていくのである。

3　個体性と集団性の新たな関係を求めて

トランプまたは享楽のイメージと資本のリアルとの結合

大統領就任後も、相変わらずトランプはスマホを使って活発かつ頻繁にツイートしているが、第1節の分析でも示唆しておいたように、彼のメディア戦略がコミュニケーション資本主義の三つの基本的特徴を備えたものであることは、改めて詳述するまでもないだろう。トランプによるメディア環境の「再開発」と連動して注目されるようになった、いわゆるフェイクニュースが、ネットワーク化されたコミュニケーションにおける交換価値の重視や意味の下落に対応した現象であることは明らかである。また、@realDonaldTrumpの本人アカウントをもつトランプのフォロワー数は五六〇〇万人を超えるほど膨大であり（二〇一八年一二月現在）、彼自身が「べき乗分布」の最上位に位置する少数のセレブリティの一人であるため、そのツイートの循環力はますます増大していくばかりだ。トランプがしょっちゅう爆発させる怒りや憤慨のパフォーマンスも、効果的な政治的スペクタクルとして拡散・流通している。しかも、コミュニケーション資本主義はトランプを批判から免れさせる働きをする。ニュースの真偽やコンテンツの内容よりも、それらの循環力こそが注目される状況下で、トランプの主張は虚偽だとする指摘がさほど大きなインパクトを残さないのも、半ば当然の帰結であるといえるだろう。彼はただ、そうした批判は主流メディア等が流しているフェイクだとか、不明瞭かつ不確かで信頼できない情報にすぎないとか言い張って争点をはぐらかし、批判をそらしておけばよいのである。要するに、ディーンが的確に指摘しているように、「トランプは政治的に強力な〈釣り〉として理解されるべきだ。その力は、世間の注目を引き、人びとを取り乱させ、気散じへと駆り立てる度合いによって定まる。トランプは私たちの感情の強度をその糧としているのである。そして、コミュニケーション資本主義の情動的ネットワークは、そうした力を発生させ、配送するのにこの上なく適した乗り物にほかならない[32]」。

たしかに、このようなかたちで遂行される「トランプの悪のメディア化」に対しては、「必要ないかなるメディア化を用いても」対抗して戦う立場と戦略が必要だが、しかしそれらは、ディーンが鋭く指摘する、次のようなコミュニケーション資本主義の罠に易々と捕獲されるものであってはならないだろう。「左派とリベラルの多くは、こうした「トランプという政治的に強力な〈釣り〉が掻き立てる感情の」強度をそこそこ享楽している。彼らは、圧倒的な破滅感を口実にして、システムを変えるために必要な政治的措置を自らは講じていないという窮地を逃れているにもかかわらず、トランプの示す憤慨のおかげで、自分たちのツイートが重要だという感情を抱くことができる。その結果、彼らは極右の力を過大評価する（またそれに伴い、その力を強める）ことになってしまい、資本主義経済を控えめに扱い、その続行をむざむざと放置することになってしまう。ラカンの用語でいえば、象徴界（象徴的なもの）の衰退は、想像界（想像的なもの）と現実界（現実的なもの）の収斂に帰着するのである。私たちがトランプ——享楽の猥雑な形象としての——について抱くイメージは、大文字の資本——ほんの小さな抵抗でさえも捻じ曲げ、打ち負かしながら、どんどんと進んでいくシステムとしての——のリアルと結びついているのだ[33]」。

こうした「左派とリベラルの多く」に向けたディーンの痛烈な批判に引きつけていうなら、トランプという「政治的に強力な〈釣り〉」に立ち向かう「対抗メディア化のテストパフォーマンス」は、デジタルメディアのプラットフォーム上で当意即妙の答えや機知に富んだコメントを交わすことから得られる享楽に耽るものであってはならないし、注目・動揺・憤慨・気散じ等々が混在する「私たちの感情の強度」を「発生させ、配送する」「コミュニケーション資本主義の情動的ネットワーク」に絡め取られてしまうものであってもならない。そのような罠に陥るのを避けるためにも、「トランプの悪のメディア化」に抗する立場と戦略は、享楽のイメージと資本のリアルが合体したスペクタクルから距離を置き、際限なく反復され循環しつづける欲動のループに亀裂を入れながら、ますます大きな不平等を生み出すばかりの資本制システムそのものに根本的な変化をもたらすことを目指さなければならないのだ。またそのさい、同時に探究されなければならないのは、コミュニケーション資本主義の内部にある〈私たち〉（換言すれば、〈個人〉・〈分人〉・〈分人集合体〉からなる構成体）の個体性と集団性のあり方や両者のあいだの関係を新たに組み替え、それらを再構成しようとする試みである。

プラットフォーム資本主義とグローバル共同体

トランプの大統領選勝利後、シリコンヴァレーの企業の多くは（ペイパルの創業者ピーター・ティールらを除き）、反トランプの立場を打ち出し、アメリカのリベラルな価値観とグローバル化の支持者として自らを提示した。とりわけ、その月間利用者数がすでに二〇億人を突破しているフェイスブックのCEOマーク・ザッカーバーグは、「グローバル共同体《コミュニティ》を築く」という題の公開書簡を発表し、トランプ当選に絡めて厳しく批判されてきた、自社プラットフォームの二つの働きへの対応を表明するとともに、英国離脱やトランプ現象に代表されるナショナリズム的な閉鎖の動きに改めて反対したのだった[34]。

すなわち、まず一方でザッカーバーグは、そのフェイスブック・ノート上の手紙というかたちで発せられた長文メッセージのなかで、「視点の多様性」を排除する「フィルターバブル」と「扇情主義や両極化」を招来する「フェイクニュース」がフェイスブックによって生み出され、しかも、それら二つの働きが原因でトランプの勝利がもたらされたという批判を意識しつつ、今後の対策として、ユーザーのフィードの多様性を増大させるようにアルゴリズムを微調整すること、ニュースの真偽を識別する能力を備えた人工知能プログラム開発への投資を増額することの二つを約束したのである。そして、もう一方で彼は、ナショナリズム的閉鎖に抗する「グローバル共同体《コミュニティ》」の構想について熱く語りながら、「フェイスブックはたんなるテクノロジーやメディアではなくて人びとの共同体であり」、その使命は「グローバル共同体を築く力を人びとにあたえる社会インフラ［＝社会的インフラストラクチャー］を開発すること」にある、と明言したのだった。イタリアのポストオペライズモ（労働者主義）の流れを汲むメディア理論家ティツィアナ・テッラノーヴァが明敏に察知しているように、ザッカーバーグの掲げるこうした構想と使命には、「グローバルな情報社会生活を統治するという先例のない立場」をフェイスブックに課すことを通じ、「トランスナショナルな（ポスト）市民社会の下部構造《インフラ》」を構築し、領有するという明白な目的が含まれている、といえるだろう。(35)

ザッカーバーグのこの書簡にはほかにも興味深い論点が多く見出されるが、ここでは二点に絞って言及しておきたい。一つは、極端なナショナリズム的閉鎖性に対置されるグローバル共同体の構築という代案じたいが、今日の〈プラットフォーム資本主義〉の境界内にしっかりと留まりつづけるものであるという点だ。(36) ここでいうプラットフォームとは、さまざまな集団（ユーザー、顧客、広告者、サーヴィス提供者、生産者等々といった）を寄せ集めることのできる中間的な媒介物、いいかえれば、それらの集団を媒介することのできる基礎的《ベーシック》な下部構造《インフラ》を意味する。しかも、あるプラットフォーム上で相互作用するユーザーの数が多くなればなるほど、そのプラットフォーム全体が有する価値はより大きくなっていく（ネットワーク効果）。それゆえ、フェイスブック・グーグル・アマゾン・Uber（ウーバー）・AirBnB（エアビーアンドビー）のように、多くのユーザーを引き寄せ、媒介するのに成功しているプラットフォーム企業には、独占へと向かう傾向が備わっているわけである。

このように多くの集団を媒介するための基礎的《ベーシック》な下部構造《インフラ》にあたるプラットフォームは、そこに記録された膨大な量のデータを独占・抽出・分析・使用することのできる機能を有しており、そしてまさにこの機能こそがプラットフォームをして、データを主原料とする二一世紀のデジタル経済にもっとも適したビジネス・モデルたらしめているものなのである。いまやプラットフォームは、産業を主導し、統制する手段として立ち現われており、またそのためプラットフォームを領有する企業は、たんに情報の所有者であるばかりか、社会の基礎的《ベーシック》な下部構造《インフラ》の所有者となりつつある、といえるだろう。そして、いうまでもなくフェイスブックは、そのようなプラットフォーム資本主義と先に見たコミュニケーション資本主義が一体となった流れを加速することを目指しており、グローバル共同体の構築というそのヴィジョンも、そうした流れや新たな資本制システムの動態に即したものにほかならない、と指摘することができる。

ザッカーバーグのグローバル共同体構想に関して注視すべきもう一つの点は、それがインターパーソナルなネットワーク（従来の「友達」や「家族」）よりも、「さまざまな〈とても有意義な〉グループ」（「すでにフェイスブック上の一〇億人以上の人びとがその一員である」ような）を重視しているという点だ。つまり、フェイスブックの志向する〈社会的なもの《ソーシャル》〉は、つながりを強いられ、利潤追求企業体の所有するプラットフォームに誘引された諸個人（タークルの言い回しを使えば、「つながっているのに孤独」な諸個人）を、さらに多様なグループやサブグループに組み込むことからなるのである。

ザッカーバーグはこうした考えをさらに推し進め、公開書簡から四カ月後に初めて開かれた「コミュニティサミット」において、そこに集まった数百の「有意義なグループ」の管理者たちを前にして、フェイスブックの企業ミッションを、従来の「世界をもっとオープンに、もっとつながったものにする」から「世界をともに身近なものにする」へと変更し、グループの管理者をサポートするための新機能を追加する、と発表した[37]。このことからも予測されるように、グローバル共同体を構成する多様なグループないしコミュニティは、それぞれの管理者とメンバーたちとのあいだの親密な関係性と技術的な統治性にもとづいて運営されることになり、またそれらのグループはプラットフォーム資本主義の枠内でフェイスブックが私的に所有し、分配し、制御するデジタル空間に包摂されることになるだろう[38]。

横断個体性の政治に向けて

本章ではこれまで、メディア・技術・資本主義の新たな連関を探るために、トランプの悪のメディア化の諸相や、コミュニケーション資本主義とその諸問題、服従と隷属の装置としてのスマホ等々をめぐり、さまざまな視角から分析を試みてきた。それらを通じて浮かび上がってくるのは、個体性と集団性をつなぐ新しい政治はいかにして可能なのか、という共通の問いであろう。

すでに見たように、私たちが四六時中、もち歩き、使用しているスマホは、言葉やイメージの循環と流通、情報や行動の監視と制御、遊びと労働の融合や服従と隷属の複合といった多重的な仕組みと機能を有している。かつてマルクスは機械装置を固定資本として把握・分析したが、スマホに集約的に表されているように、いまや固定資本は工場の壁を越えてスマートデバイスやスマートシティへと移動して広がり、データ分析やアルゴリズムによる統治と絡み合いつつ環境化している、と想定することもできるだろう。だが、そのとき同時に私たちは、機械に関するマルクスの分析を固定資本という経済学的範疇を超えて再概念化する必要に迫られることになる。そして、その作業に取り組むためには、ジルベール・シモンドンの仕事をぜひとも参照しなければならない。

シモンドンは「労働者と生産手段の関係」をめぐるマルクス主義的分析を批判し、人間と機械を同じ存在論的平面に属する存在として把握しながら、「人間個体と技術個体のあいだの連続性や、これら二つの存在間の非連続性という、より深くて本質的な関係」に着目するよう、私たちを促す[39]。また、そのようにして彼は、人間と機械を、両者が協働して構成する社会的現実性の一部をなすものと捉え直した上で、機械を通じて、また機械とともに生起するプロセスを指示するために「横断個体性（transindividualité）」や「横断個体化（transindividuation）」の概念を提示する。シモンドンは言う、「技術対象の媒介を通して、人と人のあいだの関係が創出されることになるが、これが横断個体性のモデルである[40]」、と。

ここで注意したいのは、横断個体性や横断個体化の概念が、〈個体的かつ集団的な個体化のダイナミクスは、いかなる仕方で技術対象に媒介されるのか〉という問いと密接に結びついたものであるという点だ。横断個体化とは、個体と集団のあいだの相互構成からなる展開プロセスを指すとともに、そのプロセスが機械を含めた技術対象によっていかにして生み出され、媒介され、変容させられるかを把握するための概念なのである。

よく知られているように、シモンドンの思考は、個体ではなく個体化から出発する[41]。というのも、個体はけっして安定的な状態にあるのではなくてむしろ準安定的な状態にあるため、恒常的な個体化のプロセスのただなかにあるからだ。しかも個体は集団の尺度ではなく、集団に先立って個体が存在するわけでもない。シモンドンにとって重要なのは、相互個体的な関係性ではなく、横断個体的な関係性にほかならない。そして、個体化された状態に保留され、「前個体的」（préindividuel）な潜勢力が妨げられているときに、そうした状態から脱して新たな個体化を生じさせるための条件となるのが、「横断個体的な脱個体化」の運動なのである[42]。またそのさい、技術対象はそれ自身のうちに個体的なものと集団的なものを横切る、横断個体的な諸関係を有しているとみなされる。こうした視角からすると、現在のアルゴリズム的ソーシャルメディアへの抵抗も、たとえばスマホという機械を通じて物質化される個体性と集団性の諸関係を変容させる試みとして捕捉されることになろう。

さらに、シモンドンを踏まえつつ許煜《ホイ・ユク》らが示唆するように、ポスト資本主義の未来を構想するためには、技術の「目的の再設定」では不十分であり、「諸々の機械と横断個体的なもののあいだの内的共鳴の探求」にもとづく技術の「再領有化」にまで踏み込まなければならない。[43] そのようなかたちで技術の再領有化を目指す横断個体性の政治は、服従化（個人化）と隷属化（分人化および分人集合体の形成）の交点に介入し、またそれを超出しつつ、個体と集団のあいだの新たな相互構成からなる展開プロセスを現出させるだろう。[44]

今後ますますその広がりと強度を増していくに相違ないコミュニケーション資本主義のただなかで対抗メディア化の可能性を探るためには、強制された個人という形態や不断に調整される分人という形態の集合体でもなければ、私的所有にもとづくプラットフォームに包摂された多様なグループとそれらのグローバルなつながりからなる共同体とも異なるような、個体性と集団性の新たな関係、いいかえれば、横断個体性のプロセスを探究する共同プロジェクトがぜひとも推進される必要があるだろう。[45]

注

（1）Matteo Pasquinelli, "Metadata Society," in Rosi Braidotti and Maria Hlavajova, eds., *Posthuman Glossary*, Bloomsbury Academic, 2018, pp. 253-256 を参照。

（2）かつてメディア理論家のマッケンジー・ウォークは『ハッカー宣言』（金田智之訳、河出書房新社、二〇〇五年）において、これを「ベクトル階級」と名付けたが、この概念はいよいよ現実的な重要性を増してきている、といえよう。

（3）フェリックス・ガタリ「〈機械〉という概念をめぐって」、『エコゾフィーとは何か』杉村昌昭訳、青土社、二〇一五年、一〇三―一二〇頁を参照。このテクストは一九九〇年に行われた講演を改めて書き起こしたものである。

（4）フェリックス・ガタリ『三つのエコロジー』杉村昌昭訳、平凡社ライブラリー、二〇〇八年、三一―三二頁。

（5）Richard A. Grusin, "Donald Trump's Evil Mediation," *Theory & Event* 20(1) Supplement, 2017, Johns Hopkins University, p. 93.

（6）伊藤守「デジタルメディア時代における言論空間――理論的探求の対象としての制御、情動、時間」、『マス・コミュニケーション研究』第八九号、日本マス・コミュニケーション学会、二〇一六年、三五頁［引用の都合上、一部語句を入れ替えた］。なお、この論文は少し手を入れられた上で、伊藤守『情動の社会学――ポストメディア時代における〝ミクロ知覚〟の探求』青土社、二〇一七年に第一章として収録されているが、本章では初出論文から引用した。

（7）「悪のメディア」の概念の詳細については、Matthew Fuller & Andrew Goffey, "Toward an Evil Media Studies," in Jussi Parikka & Tony D. Sampson, eds., *The Spam Book: On Viruses, Porn and Other Anomalies from the Dark Side of Digital Culture*, Hampton Press, 2009, pp. 141-159 および、Fuller & Goffey, *Evil Media*, The MIT Press, 2012 を参照。

（8）Fuller & Goffey, "Toward an Evil Media Studies," op. cit., pp. 141-142.

（9）Fuller & Goffey, *Evil Media*, op. cit., p. 5.

（10）Grusin, op. cit., pp. 86-92.

（11）ケンブリッジ・アナリティカの巧妙な戦術や仕掛けとそれらの効果等をめぐる分析はオンライン上にも多数存在するが、さしあたり、Berit Anderson & Brett Horvath, "The Rise of the Weaponized AI Propaganda Machine," *Scout*, February 10, 2017（https://www.scout.ai/story/the-rise-of-the-weaponized-ai-propaganda-machine）［二〇一八年一一月アクセス確認］を参照。

（12）ヴァルター・ベンヤミン「技術的複製可能性の時代の芸術作品」、『ベンヤミン・アンソロジー』山口裕之編訳、河出文庫、河出書房新社、二〇一一年、三一四頁。

（13）同書、三四五頁。

（14）Grusin, op. cit., p. 97.

（15）Jodi Dean, "Not Him, Us (and we aren't populists)," *Theory & Event* 20(1) Supplement, 2017, Johns Hopkins University, p. 39.

（16）Jodi Dean, *Publicity's Secret: How Technoculture Capitalizes on Democracy*, Cornell University Press, 2002 から *Democracy and other neoliberal fantasies*, Duke University Press, 2009 や *Blog Theory*, Polity Press, 2010 を経て、*The Communist Horizon*, Verso, 2013 や *Crowds and Party*, Verso, 2016 等へといたる、一連の著書や論文を参照。

（17）Dean, *Blog Theory*, op. cit., p. 4.

（18）ユルゲン・ハーバーマス『コミュニケイション的行為の理論』（上）（中）（下）平井・藤沢・丸山ほか訳、未來社、一九八五—一九八七年を参照。

（19）Dean, "Faces as Commons: The Secondary Visuality of Communicative Capitalism," open!, 2016（https://www.onlineopen.org/faces-as-commons）［二〇一八年一一月アクセス確認］を参照。

（20）Nick Srnicek, *Platform Capitalism*, Polity Press, 2017 を参照。

（21）Dean, "Introduction: The Manifesto of the Communist Party for Us," in Karl Marx & Friedrich Engels, *The Communist Manifesto*, Pluto Press, 2017, p. 20.

(22) ジル・ドゥルーズ、フェリックス・ガタリ『千のプラトー』（下）宇野邦一ほか訳、河出文庫、河出書房新社、二〇一〇年、二一五―二一九頁を参照。

(23) シェリー・タークル『一緒にいてもスマホ――SNSとFTF』日暮雅道訳、青土社、二〇一七年、八二―八三頁。

(24) ラカンの欲動概念と、スマホやそのアプリとの連関に関しては、Dean, "Apps and Drive," in A. Herman, J. Hadlaw & T. Swiss, eds., *Theories of the Mobile Internet: Materialities and Imaginaries*, Routledge, 2015, pp. 232-247を参照。

(25) McKenzie Wark, *General Intellects: Twenty-One Thinkers for the Twenty-First Century*, Verso, 2017, p. 153.

(26) タークル、前掲書、八四頁。

(27) 同書、八一頁、八九頁ほか。

(28) 付言するなら、このように個人という形態が政治的主体性の構想を支配する現状に対して批判的な介入を行うためには、アルチュセールの有名な定式「イデオロギーは個人に呼びかけて主体にする」を「主体に呼びかけて個人にする」へと反転させる必要があるという認識もそこには含まれている。この点についての詳細な分析は、Dean, *Crowds and Party*, Verso, 2016, pp. 73-114を参照。

(29) Ibid., pp. 57-64等を参照。

(30) ジル・ドゥルーズ「追伸――管理［制御］社会について」、『記号と事件』宮林寛訳、河出文庫、河出書房新社、二〇〇七年、三六一頁。

(31) 松本卓也『享楽社会論――現代ラカン派の展開』人文書院、二〇一八年を参照。

(32) Dean, "Not Him, Us (and we aren't populists)," op. cit., p. 41.

(33) Ibid., p. 41.

(34) Mark Zuckerberg, "Building Global Community" (https://www.facebook.com/notes/mark-zuckerberg/building-global-community/10154544292806634/)［二〇一八年一二月にアクセス］を参照。

(35) Tiziana Terranova, "Platform Capitalism and the Government of the Social. Facebook's 'Global Community'" (http://www.technoculture.it/en/2017/02/21/platform-capitalism-and-the-government-of-the-social/)［二〇一八年一二月アクセス確認］を参照。

(36) ニック・スルニチェクは『プラットフォーム資本主義』のなかで、今日支配的なビジネス・モデルの特徴と傾向についてこう述べている。「二一世紀においてデータは、デジタル技術の変化を基盤にして、企業および企業と労働者・顧客・他の資本家たちとが織りなす諸関係にとって、ますます中心的な位置を占めるようになっている。またそれに伴い、膨大な量のデータを抽出し、制御することのできるプラットフォームが、新たなビジネス・モデルとして現出しており、しかもそうした転換と軌を一にするかたちで、巨大独占企業が勃興するのを私たちは見ている」（Nick Srnicek, *Platform Capitalism*, op. cit., p. 6）。

（37）　但し、その公開書簡であげられていた政治的優先課題が「テロリズム」「気候変動」「パンデミック」等の抑止に限られ、雇用や労働の不安定性・債務・搾取・強制移民・人種差別的な蓄積体制といった問題への取り組みはそのリストに含まれていなかったのと同様に、サミットに招かれたグループには、「ブラック・ライヴズ・マター［警官による黒人の殺害を始めとする一連の警察暴力に抗して、黒人の命も大切だ、と訴える反人種差別運動］」やオキュパイ運動等の抗議運動に関わるものは含まれていなかったという事実を付け加えておく。

（38）　Tiziana Terranova, "Un populismo di piattaforma? Sul Facebook Community Summit di Chicago"（http://www.technoculture.it/en/2017/07/03/un-populismo-di-piattaforma-sul-facebook-community-summit-di-chicago/）［二〇一八年一二月アクセス確認］を参照。

（39）　Gilbert Simondon, *Du mode d'existence des objets techniques*, Aubier, 2012, p. 165.

（40）　Ibid., p. 336.

（41）　ジルベール・シモンドン『個体化の哲学――形相と情報の概念を手がかりに』藤井千佳世監訳、法政大学出版局、二〇一八年を参照。

（42）　Muriel Combes, *Gilbert Simondon and the Philosophy of the Transindividual*, translated, with preface and afterword by Thomas LaMarre, The MIT Press, 2013, p. 38 を参照。

（43）　Yuk Hui & Louis Morelle, "A Politics of Intensity: Some Aspects of Acceleration in Simondon & Deleuze," *Deleuze Studies*, 11.4, Edinburgh University Press, 2017, pp. 498-517 や、Hui, "On Automation and Free Time," e-flux Superhumanity, 2018.（https://www.e-flux.com/architecture/superhumanity/179224/on-automation-and-free-time/）［二〇一八年一二月アクセス確認］を参照。

（44）　横断個体性の政治については、Jason Read, *The Politics of Transindividuality*, Brill, 2015 も参照。

（45）　その一つの試みとして、拙稿「コミュニケーション資本主義と加速主義を超えて――横断個体性の政治のために」、『現代思想』第四七巻第一号、青土社、二〇一九年、一七一―一八二頁を参照されたい。

付記　日本語訳からの引用については、文脈に応じて適宜訳文を変更させていただいたことをお断りしておく。

第3章　ソーシャルメディアはポピュリズムの夢を見るか？
――コミュニケーション資本主義の条件

阿部　潔

1　プロローグ――ポピュリズム台頭の世界的な衝撃

二〇一六年から二〇一七年にかけて、世界は主要先進国における「ポピュリズムの衝撃」とも呼ぶべき一連の事態を目の当たりにした。一六年六月二三日に実施された国民投票の結果、英国はEUからの離脱を選択した。長年にわたり重要な位置を占めてきた英国のEUからの離脱（いわゆるBrexit）は、ヨーロッパ諸国のみならず日本をはじめ世界各国に大きな衝撃を与えた。それから半年あまり後に実施されたアメリカ合衆国大統領選挙では、事前の予想を覆すかたちで共和党候補の不動産王ドナルド・トランプが、選挙戦当初から本命と目されていた民主党候補ヒラリー・クリントンを僅差で破り、第四五代アメリカ合衆国大統領に選出された。NBCの人気リアリティ番組『アプレンティス』のホストとして広く知られてはいても政治経験は皆無に等しかった人物の大統領就任は、全世界に戸惑いと不安を巻き起こした。翌一七年のフランス大統領選挙では、極右政党の国民戦線を率いるマリーヌ・ル・ペンが第一回選挙を二位の得票率で勝ち残る一方、これまで左派勢力の象徴としてフランス政界に君臨してきた社会党推薦の候補は惨敗を期した。決選投票の結果、金融ビジネスでの経験がある新鋭として期待を集めたエマニュエル・マクロンがル・ペンに圧勝した。伝統政党の候補者以外が競い合った仏大統領選の最終結果は、フランス本土のみならず全世界に驚きの目をもって迎えられた。

こうした世界政治の動きを捉えメディアと専門家はこぞって、ポピュリズムの台頭を指摘した。ここでの「ポピュリズム」とは、人民／国民の圧倒的な支持を得るべく、人気獲得のために扇動的な発言や行為をあえて繰り広げ、たとえ実現可能性は乏しくとも庶民に受け入れられそうな政策を掲げることで、支持を広げようとする政治手法を指している。ポピュリズムは時に大衆迎合との誹りを受けるが、ひとたび大衆からの支持を手に入れると、既存政党を凌駕する影響力を発揮する。例えば、英国での国民投票に際して「離脱派」の政治家たちは、EUを去ることの経済・社会的なメリットを声高に喧伝し、他方でとどまることに伴うコストを過大に見積もった。そうした偏ったメッセージを人々に訴えることで、EUの官僚組織が押しつける政治・経済政策に英国が歩調を合わせねばならない現状に嫌気がさしていた国民の心情に巧妙につけ入ったのである。その戦略は功を奏して、当初不利が予想されていた「離脱派」はものの見事に形成逆転を成し遂げた。フランスで国民戦線が支持を広げてきた背景にも、移民問題をはじめとして国民のあいだにくすぶる既成政治への不満や鬱屈に寄り添い、自分たちこそが「人民の利益」を代表する政党であるとセンセーショナルに訴える極右の政治スタイルが成功を収めている様が見て取れる。

こうした各国での選挙結果を通して明らかになったのは、さまざまなポピュリズムが先進諸国で有権者の支持を得ているとの厳然たる事実である。この政治的地殻変動が報じられるとき、選挙キャンペーンなどで発揮されたソーシャルメディアの威力がしばしばセンセーショナルに取り上げられる。フェイスブック、ツイッターなど広く普及したSNS(social networking service)を介して政治的コミュニケーションが交わされることで、従来と比較して政治家や政党はメッセージをより直接に有権者に伝えることができるようになった。と同時に、一般人であっても自らの主張を発信し、多くの相手と共有することが格段に容易になった。デジタル技術の発展と普及により、政治に関する情報発信・共有・拡散の回路が多様化したのである。その結果、ポピュリズム的な手法が頻繁に援用され、これまでになく政治的効果を発揮する土壌が整ったと考えられる。だが容易に想像できるように、ポピュリズムとソーシャルメディアの密接な関わりに対するジャーナリストや専門家の見解や評価は両義的である。なぜなら、一方でそれは政治と有権者との距離を近づけたが、他方で人々の支持を取り付けるために大衆迎合や偏見・差別の助長を引き起こしたと分析されるからである。

先進諸国を震撼させた一連の政治的事件を目の当たりにして、人々はソーシャルメディアと政治との関係について危惧や憂慮を深めたように思われる。従来の新聞・雑誌・テレビが一方向的な情報伝達手段であったのに対して、SNSは双方向のやり取りを介して、より多くの情報を瞬時に拡散する。こうして社会に広く普及した新たなメディアは、私たちの政治をどのように変えていくのだろうか。民主主義社会にとって、どんな可能性と危険が潜んでいるのだろうか。政治とメディアをめぐる喫緊の問いが、ポピュリズムの波に曝された現代世界に立ち現れつつある。

本章では、近年のポピュリズムの隆盛とソーシャルメディアの発展との密接な関係を議論の出発点として、ネット・ポピュリズムを生み出した政治／経済／技術的な背景について、関連する先行研究の知見を参照しながら考えていく。今日的なポピュリズムをもたらした政治とメディアのロジックを探究する本章での議論は、ソーシャルメディア時代を迎えた現在のコミュニケーション資本主義の条件を読み解く試みにほかならない。

2　ネット時代のメディアと政治——革新的理想から保守的現実へ

(1) SNS前／後の断絶——「インターネットの夢」の残滓

一九九〇年代初頭以降、インターネットは瞬く間に世界へと広がった。デジタルテクノロジーの発展により電子ネットワークでグローバルにつながることで、人々の生活は大きな変貌を遂げた。それはまさに「革命」と呼べるものであった。とりわけティム・オライリーらによってWeb2・0と命名された二〇〇〇年代半ばの技術革新は、その後今日まで続くメディアの変遷を方向づけた。二〇〇四年にフェイスブックが、〇六年にはツイッターがそれぞれ独自のSNSを開始すると、多くのネットユーザーが情報の発信・共有・拡散に興じる姿が日常の一部となっていった。ソーシャルメディアの登場と普及は、従来とは質的にも量的にも異なるコミュニケーション文化をもたらしたのである。その意味で、SNS前／後というおおまかな時代区分のもとでインターネットを語ることは妥当であろう。この時代区分を念頭において、ネット文化、とりわけそこでの「政治とメディア」に注目する学術研究がどのようなテーマについて、どのような観点から議論を展開してきたのかを以下で概括する。その作業を通して、一連の研究動向に見て取れる「インターネットの夢」に規定された分析枠組みは日々刻々と変化を遂げるネット世界のどこに光を当て、同時になにを見落としてきたかを明らかにする。

九〇年代半ば以降にインターネットが社会に導入されると、それが政治や社会運動にどのようなインパクトをもたらすのかに注目が集まった。これまでのマスメディアとは異なる「新たなメディア」はどのような「新たな政治」を生み出すのか。そのことが研究テーマに据えられたのである。L・ラングマン（Langman 2005）は、インターネットを用いた社会運動の可能性を積極的に評価した。ラングマンは、九九年にシアトルで繰り広げられた反WTO運動の成功を事例にしつつ「インターネットで結ばれた社会運動」が「サイバーアクティヴィズム」を通して大きな政治的影響力を発揮している事実を指摘する。インターネットが可能にしたグローバルな広がりを持つ「ヴァーチャルな公共圏」は、既存の支配体制に対抗するうえで有効なアクティヴィズムを生み出している、と評価されたのだ。R・カーンとD・ケルナー（Kahn & Kellner 2004）も同様に「シアトルでの戦い」の意義に触れたうえで、かつてギー・ドゥボールがシチュアシオニストの立場から展開したスペクタクル社会批判に言及しながら、今日のネットでつながった人々が織りなす「フラッシュモブ」の実践に潜む政治・文化的な可能性を示唆した。さらにJ・ウィマー（Wimmer 2005）は、電子ネットワークに媒介されることでAttacのようなグローバルな社会運動は大きな盛り上がりを見せ、そこでの対抗的公共圏（counter-public sphere）はヨーロッパ公共圏を再興しつつあると期待を表明した。これらの研究から浮かび上がるのは、九〇年代後半から二〇〇〇年代前半にかけての期間、社会運動との関連でインターネット文化に多大な期待が寄せられていた様子である。ネットは新聞やテレビなど従来からのマスメディアとは異なるオルタナティブなメディアとして、さまざまな社会運動で積極的に用いられた。反グローバリゼーションに見て取れるような国家単位に限定されない地球規模での運動／連帯がウェブ上で形成され、それは今や世界を変えつつある。こうしたいささか楽観的な現状分析と将来への見通しが、ネットと政治を取り上げた二〇〇〇年代前半の研究動向で示された。

こうした一連の研究における問題関心とテーマを規定していたのは「インターネットの夢」への拘泥と、その実現に対する過剰なまでの期待である。広く知られているように当初は冷戦体制下での軍事戦略の一環として開発されたインターネット技術は、学術研究者の意見交換のための道具として活用されるようになり、さらに自由な表現や意見を表明する文化実践の媒体として用いられるようになった。情報通信技術の発展と当時の対抗文化の盛り上がりとの密接な関わり合いの中で生まれたインターネット文化には、なんら制限なしに平等な立場で人々が情報をやり取りすることを通じて、支配や抑圧を打破し自由で創造的な社会を作り上げるという崇高な理想が託されてきた。こうした夢に照らして九〇年代以降の社会運動とインターネットとの関係を眺めることで、現実社会に見て取れる新たな動きは夢の具体化／現実化として肯定的に評価されたのである。

（2）「オルタナティブ」の理想と現実——人民＝People の逆襲？

だが容易に想像できるように、インターネットを用いた政治活動は革新的な社会・文化運動に限定されるものではない。保守や極右と呼ばれる政治勢力も、この時期から積極的にネットを活用し始めていた。C・アトン（Atton 2006）は極右と称される英国国民党（BNP: British National Party）によるネット利用の実態を分析している。九〇年代に台頭したＢＮＰは、ウェブ上で党の政治的見解や政策を表明していた。その点でＢＮＰにとってインターネットは、既存メディアでは伝えられないメッセージを伝えるオルタナティブなメディアとして機能している。だが、党首であるニック・グリフィンからの呼びかけを主な内容とするＢＮＰによるウェブを用いた情報のやり取りは権威主義的であり、ユーザ一／支持者の姿勢は受動的なものにとどまる。もっぱら党や指導者が自らの思想やイデオロギーを支持者に伝えることが目指されるため、ネットの特性を活かした「民主化された創造性（democratized creativity）」はそこに見て取れない、とアトンは否定的な評価を下す。

J・ダニエルズ（Daniels 2009）は白人至上主義グループが自らの素性を隠して運営するインターネット上のサイトを「偽装ウェブサイト（cloaked websites）」と命名し、そこで繰り広げられる「サイバー人種差別主義（cyber racism）」を分析している。注目すべき点は、白人至上主義者たちが運営するサイトでは人種差別的な言動だけでなく虚偽がはびこっている事実を、この時点ですでにダニエルズは鋭く指摘していたことである。しかも、ネット上に嘘が溢れるのは極右サイトにのみ特有な傾向ではない。ダニエルズは、虚偽の情報がやり取りされるネットでの現象を「デジタル時代の認識論」として分析する必要があると主張する。今日的なメディア環境下で「「真実であること（truth）」は「真実であってほしいこと（truthiness）」に取って代わられつつある」（p. 676）とのダニエルズの分析は、その後二〇一六年にポストトゥルース（post-truth）がオックスフォード英語事典によって「今年の言葉」に選ばれたことを思い起こすならば、ネットにおける真実のゆくえにいち早く警鐘を鳴らした貴重な言葉として評価できる。(1)

保守・右派的な勢力によるネット利用の実態とその政治・社会的な帰結を分析する研究は、ネットでの民族的ユーモアや冗談（ethnic humor）に注目してきた。L・ボクスマン＝シャブタイとL・シフマン（Boxman-Shabtai & Shifman 2015）は、イスラエル社会を事例として「黒人」や「アジア人」といった自国民に比較的馴染みがない民族集団に関するイメージがネット映像を介してどのように形成されているかを考察した。そこで明らかにされたのは、特定の民族集団に対する単にステレオタイプ化された像だけでなく、より多義的で多声的なイメージがネット文化において成立する可能性である。他方、R・トピンカ（Topinka 2017）は、さまざまな映像をユーザーが自由に投稿するサイトであるredditを事例として、そこでの移民に対するユーモアと差別の関連を具体的に分析した。シリア難民をめぐる悲劇として広く知られるようになった溺死した少年が海辺の波打ち際に横たわっている姿を捉えた写真への投稿者による映像加工を分析対象として、トピンカはどのような「ユーモア」がそこに見て取れるかを検討した。本来であれば深刻な政治問題として取り上げるべき事件／写真は、実際にはネットにおいてさまざまな加工を施され、笑いや冷やかしのネタにされていた。「死者の写真」はそれを目にした者のあいだに共感や哀悼を引き起こす、とこれまでの研究は想定してきた。だが現在のネット世界では、それと「逆の反応」が引き起こされているとトピンカは指摘する。さらに、悲劇を嗤いのネタにすることにはヘイトスピーチの契機すら見て取ることができる。つまり、シリア難民少年の亡骸を写した画像をユーモアを交えて加工し、その悲劇を茶化すようなコメントを付すネット上での言論が表しているのは、実のところ難民や移民一般に対する憎悪にほかならない。そうしたユーモアの名を借りた民族差別が盛り上がる背景に「政治的正しさ（political correctness）」に対する抵抗感がある、とトピンカは見て取る。テレビや新聞などマスメディアにおいて遵守することが求められる「政治的な正しさ」に対して日頃から潜在的な不満や鬱屈を抱いている人にとって、ネットで交わされる民族的ユーモアは格好のはけ口を与えてくれる。redditなどの投稿サイトでは、ユーモアや冗談にかこつけて普段は許されない憎悪表現が臆面もなく繰り広げられる。そこでのインターネットは、民族差別を表現／助長／正当化するオルタナティブなメディアとして力を発揮しているのだ。

保守・右派によるネット利用の実態を分析した研究から見えてくることは、デジタル技術の発展が生み出したオルタナティブなメディアは、かつて抱かれた「インターネットの夢」を実現する道具としては必ずしも利用されていない、という厳然たる事実である。むしろ反対に、他者に対する誹謗中傷や差別を公然と表明し、それを自己正当化するヘイトスピーチが繰り広げられる言論空間として、ユーザーが積極的に参加する投稿サイトは成り立っている。二〇〇〇年代半ば以降にさまざまなSNSが開発され、より多くの人々がユーザーとなった。それは一方で、だれもが表現者となり自らの意見や主張を多くの他者に伝え、共有し拡散する自由をもたらした。だが他方で、いわれなき差別や虚偽に満ちた情報が瞬く間に流布することで、人々のあいだに根深い対立と分断を引き起こしてもいる。ここに見て取れるのは、かつてテクノロジーの革新に託された崇高な理想と、オルタナティブが身近になった現在の卑近な現実との大きな落差である。

(3) ハイブリッド・メディアシステムの現在——マーケティングの遍在

ここまで検討してきたネット時代のメディアと政治に関する先行研究の推移がなにを意味しているのかは、SNS前／後という時代区分をそこに重ねることでより理解しやすくなるだろう。二〇〇〇年代中頃以前、ネットでの情報発信はブログや掲示板が中心であった。その後SNSが普及して、だれもが簡便に発信・投稿できる時代を迎えた。こうしたSNS前／後の変化のもとで、ネットにおける政治のあり方も大きく変わったと考えられる。ここで検討してきた先行研究の動向は、時代とともに変わりゆくメディア／政治の関係を物語っている。だが注意すべきことは、かつての革新派の社会運動を担い手としたネット・アクティヴィズムから近年の保守・右派集団による人種・民族差別的な活動への研究焦点の移行は、現実のネット世界において政治の主役が革新から保守へ、あるいは左派から右派へと単純に推移したことを意味するわけではない、という点である。むしろここに見て取るべき論点は、従来の研究枠組みを規定していた「インターネットの夢」が現実によって裏切られたことにともない、より広範なテーマに関して多角的な視点から問題関心が抱かれるようになったという学術研究における動向変化である。そこから浮かび上がるのは、SNS後の段階に多様性と複雑性をさらに増していったネット世界の実際の姿にほかならない。

以下では、きわめて複雑な様相を呈する二〇〇〇年代後半以降のメディアと政治の関係を考えるうえで有効だと思われるA・チャドウィック（Chadwick 2013）が提唱する「ハイブリッド・メディアシステム（the hybrid media system）」を概括することを通して、ネットにおける政治的コミュニケーションが置かれた今日的な条件について検討する。

チャドウィックのハイブリッド・メディアシステムという視座の特徴は、現在のメディア環境を考えるうえで旧来からのマスメディアと近年台頭したソーシャルメディアをそれぞれ別個の存在として捉えるのではなく、互いに密接に依存／関連したものと位置づける点にある。チャドウィックによれば、現実社会で機能するさまざまなメディアは、相互に影響しあいながら総体＝システムとして成り立っている。その結果、メディアを介した情報のやり取りは、さまざまな媒体の要素が互いに混ざり合った異種混淆的（ハイブリッド）な様態のもとで交わされることになる。そうであれば、最新のソーシャルメディアが生み出す政治的コミュニケーションについて検討する際にも、政治に関するテレビのニュース報道や新聞記事など以前から存在するほかのメディアの動向との関連を視野に入れた分析が求められる。チャドウィックは *The Hybrid Media System* の第二版（2017）刊行に際し新たに書き加えられた第一〇章 'Donald Trump, The 2016 U. S. Presidential Campaign, and the Intensification of the Hybrid Media System' で、二〇一六年の大統領選挙でのトランプ陣営のメディア戦略の巧妙さと的確さを、対立候補であったクリントン陣営と比較しつつ分析している（pp. 240-284）。

共和党の候補者となる以前からテレビ番組のホストとして人気を博し、セレブリティ資本をすでに十分有していたトランプは、CNNやワシントン・ポストなど伝統的なマスメディアが視聴者・読者に伝える自らに不利な報道を「フェイクニュース」と名指して攻撃しながら、実のところほかの候補者に比べ自らがマスメディアで頻繁に取り上げられるよう巧妙に仕向けていた。他方、ネットではツイッターを用いてクリントンに対する挑発や攻撃的な発言を繰り返し、フェイスブックの政治広告に選挙資金をつぎ込んだ。こうした一連のメディア対策は、マスメディアとソーシャルメディアの今日的な混淆状況を的確に見極めたうえで、それを有効活用しようとした選挙キャンペーンの展開にほかならない。当初の下馬評で圧倒的な不利が伝えられていたトランプは、本命と目されていたクリントンに土壇場で逆転勝利した。その背景には、ハイブリッド化したメディア状況を巧みに利用して自身への人々の関心と支持を取り付けると同時に、ことさらにスキャンダル（国務長官在任時の私用メール問題）をあげつらうことでクリントンに対する潜在的支持層を彼女から引きはがす狡猾な戦略が見て取れるのである。

ここで注目すべきことは、ハイブリッド化したメディアを用いた選挙キャンペーンは、実のところイデオロギーや政策を中心軸として展開されるのではなく、広い意味でビジネスとして繰り広げられる点である。より多くの人々の関心を引き付け、自らへのポジティヴ・イメージ／相手へのネガティヴ・イメージを作り上げることが、キャンペーン戦略では徹底的に追求される。だからこそ、それを果たすべく高額報償を受け取るコンサルタント会社やデータ分析企業が華やかな選挙活動の表舞台の裏で暗躍する。また、ウェブ上でのアクセス数が増え多額の広告収入を獲得できるのであれば、サイト運営者は政治的立場など関係なく、いかなる情報内容であれ記事・意見として掲載する。その結果、たとえ虚偽であったとしても、それを見た／読んだユーザーたちが思い描く「真実であってほしいこと（truthiness）」に適うならば、フェイクニュースは瞬く間にネット世界に拡散していく。こうしたビジネスとしての政治キャンペーンがソーシャルメディアを介して全面的に展開されたのが、二〇一六年の大統領選挙であった。だとすれば、その最終的な勝者が、政治経験は皆無に等しいにもかかわらずビジネス／メディア界での名声を掲げて自らのブランド化を推し進めた人物であったことは、ある意味当然の帰結だったのかもしれない。

ハイブリッド・メディアシステムという視座から今日的なメディアと政治との関係を捉えることで、ソーシャルメディア時代における政治的コミュニケーションが置かれた条件の特徴が浮かび上がる。それは単に技術革新に規定されるのでも、敵対するイデオロギーや政治的党派性のあいだの力関係によって決まるのでもない。さまざまなメディアとそれぞれの関係者たちが織りなす複雑な相互の依存と連関を通して、きわめて偶有的な条件のもとに政治的コミュニケーションは成り立っている。チャドウィックによる二〇一六年大統領選のキャンペーン分析が示唆するように、そこでは膨大な個人情報の分析によって有権者／コミュニケーションのマーケティングが企てられる(2)。その意味でメディアと政治の関係は、現代では常にすでに資本主義の論理に曝されているのだ。異種混淆的なシステムのもとであらゆる情報は「資本」の対象となり、同時にユーザーたちのアクセス、呟き、投稿などあらゆるコミュニケーションは利潤を生み出す「労働」と位置づけられる。それはまさに、今日的なコミュニケーション資本主義の生産様式にほかならない。

本節ではメディアと政治に関する研究動向を跡づけるとともに、ハイブリッド・メディアシステムの今日的な特徴を明らかにした。次節では、現在のメディアシステム環境が生み出したコミュニケーション生態系の特徴について、ソーシャルメディアに関する研究動向を踏まえながら考えていく。

3　ソーシャルメディアの日常化——新たなコミュニケーション生態系

（1）マスメディアへの不信——ソーシャルメディア・ブームの背景

今日、ソーシャルメディアは広く社会一般に普及し、その利用はごく日常化している。だが、こうしたメディア環境が成立したのは比較的近年になってのことである。どうして瞬く間にSNSは、人々のあいだで受け入れられたのだろうか。その背景に、既存マスメディアとのどのような関係が見て取れるのだろうか。以下ではメディアへの信頼という観点から、そのことを考えていく。

社会において人々がメディアを自ら主体的に使おうとするとき、そこには信頼が不可欠である。メディアを信じるからこそ、人はそこから送られる情報を受信・利用し、メディアを使って他者とコミュニケーションを交わす。逆にいえば、メディアを信じなければそもそも利用しないだろうし、たとえ余儀なく使うとしても半信半疑で情報を受け取るに違いない。その意味で、メディアが広く社会に受け入れられ、日常的に活用されるうえでメディアへの信頼は必要不可欠である。こうしたメディアとの信頼関係を念頭において近年のマスメディアを眺めると、そこには深刻な問題が見て取れる。多くの研究が指摘するように（林 二〇一七）、度重なる誤報や虚偽報道といったスキャンダルを背景として、マスメディアへの不信感が近年とみに高まっている。国や地域ごとに差はあるものの、それは先進諸国に共通した傾向といえよう。こうしたマスメディア不信の広がりは、ソーシャルメディアの急速な普及と影響力の高まりを大きく規定していると判断される。なぜなら、メディアシステム全体として考えた場合、メディアAへの信頼が低くメディアBへの信頼が高い状況が生じれば、人々のメディア利用がAからBへと移行するであろうことは容易に予期されるからである。

G・エンリとL・T・ローゼンバーグ（Enli & Rosenberg 2018）は、ノルウェー社会を対象として政治家とメディアとの関係に対して抱かれる有権者の信頼を調査した。彼らは、政治家への信頼を「正直さ（honesty）」と「信憑性（authenticity）」に操作化したうえで、政治家によるトークショー番組、インタヴュー、宣伝ビラといった従来からのメディアを用いた訴えかけと、ソーシャルメディアでの情報発信それぞれに対する人々の信頼／不信の度合いを計量的に測定している。その調査結果は、旧来メディアを用いた政治活動と比較してソーシャルメディアによる政治家の発言に対して、人々はより高い信頼／より低い不信を抱いていることを示した。テレビ番組やインタヴューでの政治家は、有権者／視聴者の視線を意識して自己イメージ操作をしがちである。そのため一般の人々にとって、マスメディアを介して伝えられる政治家の姿勢や発言は信頼し難い。それと比較して、自らの意見を自由かつ正直に述べていると受けとめられがちなソーシャルメディアへの投稿は、ある程度信頼に値する。政治家とメディアとの関係をこのように捉えるノルウェーの有権者の姿が、エンリとローゼンバーグの調査結果を通して浮かび上がる。もちろん、特定の社会を対象に実施された政治家／メディアの信頼度調査の結果を一般化することはできない。だが、既存のメディアのなかで目にする政治家と比較して、本人自身の想いや本音が見え隠れするソーシャルメディアを介して触れる政治家の姿に有権者が身近さと親しみを抱き、それが翻って信頼を高める（不信を減らす）という傾向は、政治家にかぎらずさまざまなセレブリティがSNSを介して知名度・人気・支持を高めている昨今の状況を思い起こせば、十分に納得できるものであろう。

このようにマスメディアへの不信と比較してソーシャルメディアに対して相対的に高い信頼が持たれる要因の一つは、相手との直接的なやり取りを可能にする、別言すれば第三者による仲介や編集が入らない情報授受の様式にある。テレビインタヴューや政治番組であれば、たとえ本人が話している場面だとしても、それは都合よく一部だけを選び出し編集したものではないかとの疑念を拭い切れない。誤報や改竄など不祥事が後を絶たない近年の実情を鑑みれば、マスメディアというフィルターに対して人々が不信を募らせるのも理解できよう。それと対照的にソーシャルメディアでは、当事者本人と直接コミュニケーションを図ることが可能である。だからこそマスメディアへの不信感を強める人々は、それへの対抗／代償としてソーシャルメディアに信を置くのであろう。

だが、ここでひとつ疑問が生じる。ソーシャルメディアを用いて相手と直接やり取りすることで成り立つ関係は、はたしてどれほど信頼に値するのだろうか。J・ジョーンズ（Jones 2007）は「信頼のブランド化（branding trust）」という視点から、メディアを介した相互のやり取りを通して体感される信頼を批判的に分析している。リアリティ番組への視聴者参加（それは以前のテレビ番組と比較して、より相互的であることで人気を博した）を題材とした彼女の分析が明らかにするのは、メディアを介した相互性のもとで視聴者からの信頼の買い付け（buy trust）が為されており、それは番組制作者とスポンサーの利潤拡大を目指したものである、というメディア現場の実態である。情報提供側にとってメディアへの信頼とは、自らの地位を高めより多くの利益を得るために獲得すべきブランドにほかならない。ジョーンズはソーシャルメディアを分析対象とはしていないが、メディアを介した相互作用が感じさせる信頼に潜む問題（人為性とコマーシャル化）への鋭い指摘は、SNSに対して利用者が抱きがちな信頼の内実を考えるうえで示唆に富む。身近で親しみの持てる相手とのやり取りを通じて成立しているのは、実のところ信頼の根拠というよりは、その感覚であることが少なくない。

伝統的なマスメディアに対する根深い不信を背景に、より信頼できるメディアとしてソーシャルメディアに期待が寄せられた。そして実際にユーザーの多くは、身近で親しみやすいソーシャルメディアでの関係に信頼を感じ取っている。だが、ネットワーク技術が可能にした新たな相互性のもとに成り立つ信頼は実際には巧妙に作り上げられたものであり、利益獲得を目指すビジネスの論理がそこに色濃く影を落としている。その点でメディアへの信頼とは、常にすでにポリティカルな問いなのである。

（2）境界失効のポリティクス――コミュニケーション生態系の変容

信頼という観点からマスメディアとソーシャルメディアの異同と連関を考えると、そもそもメディアのなに／どこに信を置くのかが、ハイブリッド化した現在のメディアシステムのもとで変化しつつあることが分かる。かつて伝統的マスメディアは専門家によって担われた報道実践であることを根拠に、たとえ読者や視聴者にとって縁遠い存在であったとしても一定の権威を保持してきた。だが今では、ユーザー自身と同じ目線に立つ非専門家を担い手として自由に楽しく情報発信を繰り広げるソーシャルメディアによって、その地位を脅かされている。ここに見て取れるのは、メディア実践を評価する際の基準の変化であろう。メディアを介してやり取りされる情報内容の客観性や専門性よりも、そこに感じられる身近さ／誠実さ／真性さを基準として、人々はメディアに信を置いているかに見受けられる。だからこそ権威ある専門家が訳知り顔で論じる政局解説と比較して、政治家本人や市井の者たちが本音で語る政治現場の生の声は、ネットユーザーたちの支持と共感を得やすいのだろう。ここには、専門家／非専門家、客観性／主観性、分析／自己主張といった境界の揺らぎが見て取れる。ソーシャルメディアを介して膨大な情報がやり取りされるようになった結果、人々とメディアとの関係を規定してきたこれまでの境界は効力を失っていったのである。

こうした境界失効は、今ではさまざまな領域に及んでいると思われる。政治家がインタヴューやテレビ番組などパブリックな場だけでなく、個人アカウントを用いてネット上で自らのプライバシーも含め自由に情報発信することで、従来のパブリック／プライベート、フォーマル／インフォーマルの境界は揺らいでいく。そもそもオンラインで繰り広げられるSNSでの他者とのやり取りの多くは日常での対人関係と切り離されたものであるどころか、その延長／拡張／濃密化として交わされている。そこではインターネット黎明期を特徴づけたオフラインとは質的に異なるネット独自の関係の探求ではなく、オン／オフが相互に絡まり合いどこまでも循環していくような複雑な対人関係の構築と維持が目指されている。ソーシャルメディアが日常化した現在、ヴァーチャル／リアルという二項対立のもとでインターネット文化を分析することは、もはや現実状況に照らして有効ではないだろう。さまざまなSNSの急速な普及はオンラインのコミュニケーションを活性化しただけでなく、日常の対人関係それ自体をより複雑なものへと変え、さらにマスメディアとソーシャルメディアの相互融合／浸透を後押しした。J・ポスティル（Postill 2018）は、この状況を「二重のハイブリッド性（dual hybridity）」として捉える。なぜならそこでは、メディアを介したコミュニケーションにおいてマス／ソーシャル、オン／オフそれぞれが独自の仕方で融合し合い、混淆様態を示しているからである。

このようにしてソーシャルメディアは、対人関係を規定していたさまざまな境界を失効させることで新たな社会状況を作り出しつつある。別の言葉でいえば、デジタル・テクノロジーが引き起こしたハイブリッドなメディアシステムのもとで、以前と異なるコミュニケーションの様態が生まれつつあるのだ。これまでの社会のあり方を根底から規定していた制度的な境界が揺らぎ、その社会的効力が失効していくなかでコミュニケーションの新たな生態系が立ち現れているのだとすれば、そこに潜む独自性を的確に捉えることがＳＮＳが日常化した現代社会の深層を理解するうえで不可欠であろう。

（3）文脈崩壊の常態化——「情動」を介したつながりの帰結

従来からの境界の失効という点からソーシャルメディアが社会にもたらした影響を理解すると、これまで先行研究で指摘されてきた「文脈崩壊（context collapse）」の政治・社会的な帰結をよりよく把握できるだろう。ソーシャルメディアを介したコミュニケーションの特性として度々取り上げられてきた文脈崩壊とは、Ａ・Ｅ・マーウィックとＤ・ボイド（Marwick & boyd 2010）が言及するように、対面状況という同じ時空間では関わり合うことのない多様な相手たちと同時にやり取りすることがＳＮＳでは日常化するため、そこでどんな他者と／どのような関係性のもとでコミュニケーションを図るのかが、発話者自身のコントロールを越える（発話コンテクストが崩壊する）事態を指している。つまり、たとえ特定の人物を想定してＳＮＳ上で発信したとしても、実際にそのメッセージは転送／拡散されていく過程で当人の意図しなかった相手とのコミュニケーションを引き起こす。その結果、ＳＮＳを介したコミュニケーションにおいて空間的なコンテクストは崩壊しがちになる。さらに、Ｐ・Ｂ・ブラッドゼイグとＭ・ルューダース（Brabdzaeg & Lüders 2018）は時間軸での文脈崩壊を検討しており、ここでの議論にとって大変に興味深い。ＳＮＳ上で交わされた過去のやり取りは、所謂「タイムライン」として画面に表示・記録される。だがテクノロジーによって再構成された「時の流れ」は、日常の対面コミュニケーションでの時間経験とは大きく異なる。なぜならＳＮＳでは、現時点へと過去を参照する／呼び戻すことが技術的に容易にできるからだ。例えば、何年も前の不用意なつぶやきは「あの時」の思い出／記録としてタイムライン上のログとして残されているかぎり、その発言の真意や責任を「いま」の時点で問われかねない。政治家やセレブリティが過去のネットでの言動をネタにスキャンダルに曝されることは、今では日常茶飯事である。対面状況であれば「あの時」と「いま」は不可逆的な時間経過のもとで明確に異なるコンテクストとして生きられるので、それが融合することはありえない。だがＳＮＳでのコミュニケーションでは、別様の時間（過去と現在）を隔てる境界はしばしば融合／崩壊してしまう。ここに見て取れるのは、空間のみならず時間における文脈崩壊にほかならない。

このようにソーシャルメディアを介したコミュニケーションの特性として、そこでは頻繁に文脈が崩壊する。その結果、さまざまな境界はかつて有していた社会的な効力を失う。日常生活のただ中でそうした深淵な変容を引き起こすからこそ、近年のソーシャルメディアの台頭は一方で便利さや楽しさを実感させながらも、他方でなにかしら得体の知れぬ脅威として受けとめられる。なぜなら、他者とコミュニケーションを交わすうえでこれまで慣れ親しんできた時間・空間的な文脈が崩壊することは、社会的制約からの解放や自由をもたらすと同時に深い当惑や不安を引き起こさずにおかないからである。かつて想定しえなかったほどに多様で多彩な相手を前にして、互いに矛盾や対立を引き起こすことなくやり取りを可能にさせる新たな文脈を構築するという喫緊の課題が、ソーシャルメディアが日常化した時代を生きる人々に突きつけられている。

ソーシャルメディアによって引き起こされる文脈崩壊と境界失効を念頭におくと、近年ネットでの政治や文化を語る際に「情動（affect）」が鍵概念とされることの理由が分かるだろう（Grusin 2010; Papacharissi 2017; Thrift 2004; 伊藤 二〇一三、二〇一七）。従来の境界設定によって秩序づけられていた社会的文脈が崩壊しがちなコミュニケーション状況下で、デジタルネットワークでつながれた匿名で互いに見知らぬ多様なユーザーを集め／結びつけ／糾合するうえで、なにかしらの情動に訴えかけることは有効な手段だと思われる。なぜなら情動をひとつの共通項とすることで、潜在的な差異や矛盾を内包した多種多彩な人々からなる集合体のなかで有機的／組織的にコミュニケーションを成立させることができるからだ。Z・パパチァリシ（Papacharissi 2016）は「アラブの春」や「オキュパイ・ウォールストリート」など近年の社会運動でのツイッター利用を題材として、そこでの動員メカニズムを検討した。SNSを介して多くの人々を巻き込んでいった大衆運動の発生・展開・終息のプロセスを「物事を語る構造（structure of storytelling）」という視点から分析することで、パパチァリシはそこに「情動的公衆（affective publics）」が立ち現れている事実を明らかにする。パパチァリシによれば、情動（affect）は感情（emotion）とは異なり、その特徴は強度・強烈さ（intensity）にある。そうした強度にもとづき、従来とは異なる語りを政治的出来事に対して行なうのが、ここでいわれる情動的公衆である。情動的公衆が「ツイッターのようなプラットフォームにおいて互いに共同しながら物語を紡ぐ」ことで、政治的な出来事は「（いまだしっかりと形を成すには至っていないが）展開していく」（p. 316）とされる。ここには、ソーシャルメディアによる情動の動員によって政治や社会の変革主体が作り上げられていく様が垣間見える。また、K・デヴリング、A・A・ハージュ、D・ゾマー（Döveling, Harju & Sommer 2018）は、テロ事件が発生した際にネット上で匿名の人々のあいだに生じる悲嘆（grief）を例に挙げて、「デジタル情動文化（digital affect cultures）」について論じている。その主たる論点は、インターネットでグローバルにつながった公衆のあいだに言説／連合／帰属を作りあげるうえで、ネットを介した情動が大きな位置を占めているという事実である。そこで問われているのは、最先端のメディア・テクノロジーと前理性的な情動との結びつきが生み出す、現代特有のコミュニケーション文化にほかならない。

これらの研究から確認されるのは、現在のネット世界において多くの人々を巻き込んだ政治・社会的な運動を引き起こすうえで、ネットユーザーの情動に働きかけることは必要不可欠だという点である。日常生活場面で用いられる既存の規範的な社会的文脈が崩壊しがちなソーシャルメディアを介したコミュニケーション状況では、具体的な感情や情緒が個人の内面に抱かれる前段階での強度としての集合的な情動は、デジタルネットワークを用いて公衆＝パブリックを動員するうえで有効な資源になりうる。たしかに情動への訴えかけは、先行研究で言及される諸事例からも分かるようにネット時代に特有のグローバルなつながりや連帯の契機になりうるだろう。だがここでさらに考えたいのは、情動に根ざした動員がネット世界において日常化することで、どのような政治・社会的な帰結がもたらされるのかという問いである。

J・ハーシン（Harsin 2018）はフランスでの反ジェンダー理論運動の広まりを検討するなかで、そこに見て取れる「情－真理（emo-truth）」を指摘する。ハーシンによれば情－真理とは「感情によって推定されるような真理であり、［中略］長い時間をかけた推論によって得られるものではなく、（必ずしも意識化されないが）感じ取られるもの」（p. 45）だと定義される。反ジェンダー理論運動では情－真理が力を得ているので、たとえ第三者が客観的・科学的な証拠を示して反論を加えたとしても、それが当事者たちに届くことはない。なぜなら、この運動の担い手が重視するのは理性に根ざした検証と討論を経て目指される従来のような真理ではなく、「情緒的あるいは無意識裡の情動反応」によって体感される情－真理であり、それは「きわめて攻撃的なスタイル」と「人々が自ら体感する攻撃的で、怒りに満ち、憤慨させられた情動や感情の束」（pp. 45-46）によって特徴づけられるものだからである。

こうしたネット時代の政治における情動の利用がもたらす帰結を考えるうえで、インドでの政治とメディアの関係を題材として、ソーシャルメディアを積極的に用いた「情動動員（affective mobilization）」について検討したN・ゴヴィールとA・バイシャ（Govil & Baishya 2018）の研究は示唆に富む。ゴヴィールとバイシャは、インド大衆の支持を得ることに成功したモディ首相の政治手法の特徴を「ネットでのアクセス、情動の動員、政治活動というテクノロジーに関わる幻想を通じて、社会政治的な体験を一義的ではない仕方で組織化していく」点に見て取り、それを「右派ポピュリスト的なテクノ文化」（p. 69）と命名した。ツイッターや独自のアプリを用いたモディ陣営の選挙運動では、宗教的メッセージを盛り込みながら有権者の情動を引き付ける戦略が展開される。そこでのポピュリズムは「多様な声という見せかけの背後で一つの声だけをかくまい、そのことで気まぐれな過激主義が新たな政治的虚構としてカリスマ的な権威となる」（p. 80）ような事態を生み出しかねない。こうしたテクノ文化の危うさにゴヴィールとバイシャは警鐘を鳴らす。

これら先行研究から明らかになるのは、情動を資源／媒介とした動員がソーシャルメディアを介して為されることで、社会における分断や対立の危険が不可避的に高まるという事実である。ある集合体にとってアイデンティティの拠りどころが論理的言説や政治イデオロギーである以上に強度／激しさとしての情動であるならば、その集団は敵対する他者との熾烈な抗争を必然的に引き起こす。なぜならば、情動を資源とする運動／集合体が成り立つうえで、他者との論理以前の次元での対立は必要条件だからである。今日、既存の社会的文脈の崩壊をもたらすソーシャルメディアでのコミュニケーションにおいて、有効な文脈形成の資源／道具として集合的な情動が動員される。そのことはたしかに、これまでにない新たなつながりと結びつきを可能にする。だが同時に、ネットを駆使した情動動員には他者への攻撃や排除を内包した暴力の契機が見え隠れする。デジタル時代のメディアと政治に潜むこの危うさが鮮明なかたちで現れたのが、本章冒頭で取り上げた「ポピュリズムの衝撃」にほかならない。次節ではソーシャルメディアとポピュリズムの今日的な関係性について考えていく。

4　ネット・ポピュリズムが映し出す現代社会——資本化される言葉と情動

(1)「怒りと不満」の政治経済学——コミュニケーションのマーケティング

ソーシャルメディアとポピュリズムとの関係を論じるうえで、まずは「ポピュリズムとはなにか?」を明確にする必要がある。だが先行研究も指摘するように(水島 二〇一六)、政治におけるポピュリズムの歴史は古く、それは時代・地域ごとに多様な様相を示してきた。以下では、ソーシャルメディアとの関連を中心主題に据えて近年のポピュリズムの動向を検討した研究を参照しながら、両者の関連について考えていく。S・エンゲッサー、N・アーネスト、F・エッサー、F・ブーシェル(Engesser, Ernest, Esser & Buchel 2017)は、ヨーロッパ四カ国(オーストリア、イタリア、スイス、英国)でのポピュリスト政党によるフェイスブックとツイッターへの投稿を分析対象として、大規模な比較研究を行なった。その際にエンゲッサーたちは、ポピュリスト的なコミュニケーションの特徴として以下の五点を挙げている。①人民主権、②人民支持、③エリート批判、④他者排斥、⑤中心地(heartland)祈願(pp. 1111-1113)。この定義づけによればポピュリズムの真髄とは、一部のエリートや支配層ではなく一般民衆=人民の側に立ち、真の人民主権の実現を目指す点にある。だが同時に、エンゲッサーたちの比較分析結果が示しているように、ポピュリスト政党が実際に有権者に向けて発する具体的な政治メッセージは統一されたものではなく、個々バラバラに分断化された(fragmented)イデオロギーを呈している。

B・モフィットとS・トーミー(Moffitt & Tormey 2013)は、従来の研究がもっぱら「イデオロギー」、「論理」、「言説」、「戦略/組織」という観点からポピュリズムを分析してきた点を批判的に検討したうえで、それらに加えて「政治スタイル(political style)」としてポピュリズムを理解する必要を唱える。スタイルとしてのポピュリズムでは、人民に寄り添った政治であると有権者/支持者に感じさせるようなスタイル(見かけ)が、具体的なコンテンツ(政策内容)以上に重要だとされる。そうしたスタイル重視のパフォーマンスを通して民衆とのあいだに政治的関係を築きあげる点にポピュリズムの独自性がある、とモフィットとトーミーは分析する(pp. 387-388)。

これら近年の関連研究の知見から浮かび上がるのは、有権者から幅広い支持を得るべく特権的エリートや支配層への手厳しい攻撃を見世物的なパフォーマンスとして世間に見せつけることで、自らは人民＝民衆の側に立つことを積極的にアピールしようとする政治の姿である。こうしたポピュリズムを推し進める動因は、首尾一貫した信条や思想的イデオロギーではない。その時々の社会情勢を的確に見極めたうえで、どのような政治スタイルを採ることが自らの利益にかなうのかを瞬時に判断する狡知の有無が、ポピュリスト政治家の命運を握っている。

それでは、こうした現代のポピュリズムとソーシャルメディアはどのような関係にあるのだろうか。P・ジェルバード（Gerbaudo 2018）は、今日的なポピュリズムの台頭を二〇〇〇年代後半に新自由主義が引き起こした経済危機への反応／反動として捉えたうえで、それとソーシャルメディアとのあいだの「選択的親和性（elective affinity）」を指摘する。そもそも新たなメディア技術は破壊的なまでに個人主義的な指向性を持つものであり、かつて喧伝された新自由主義的な変革の推進役にほかならなかった。だが皮肉なことに二〇〇八年の世界金融危機以降、最新テクノロジーであるソーシャルメディアは、それまで「代表されてこなかった／見捨てられてきた」民衆層が自らの声を代表／表象するためのコミュニケーション・チャンネルとして積極的に用いられるようになった。その現象は、右派（アメリカでのトランプ）のみならず左派（アメリカでのサンダース、イギリスでのコービン）にも見て取れる（pp. 746-750）。ポピュリズムとソーシャルメディアとのこうした関係のなかにジェルバードは、当初からの必然でもあらかじめ意図されたものでもない「選択的な」親和性を見て取るのである。

だが、ジェルバードのように新自由主義政策の失敗（経済危機）を経た現在の視点から、現代資本主義における経済・政治・技術の相互関連のもとで生じた選択的親和性を指摘することは、記述として妥当であるとしても両者の密接な関連を十分に説明できているとは思えない。むしろここまで検討してきた先行研究の知見を踏まえて、政治スタイルとしてのポピュリズムが動員する情動とそれが生み出すコミュニケーション文化という問題関心から、ソーシャルメディアとの密接な関係を検討することが有効だろう。

K・ヴァール＝ヨルゲンセン（Wahl-Jorgensen 2018）は「感情の体制（emotional regime）」という概念に拠りつつ、オバマ前大統領とトランプ現大統領それぞれの就任演説において、どのような単語が頻繁に用いられたかを比較分析した。

その結果、トランプのスピーチでは「怒り（anger）」に関わる言葉とテーマが繰り返し語られており、それは二期にわたるオバマの就任演説の内容と対照的であった。この分析結果を踏まえヴァール－ヨルゲンセンは、トランプ大統領選出によって浮かび上がった現代アメリカの政治の姿を「怒れるポピュリズム（angry populism）」と名付ける（p. 771）。ここで興味深いのは、トランプ自身が発するツイッターでの過激な発言／攻撃によって表現されるさまざまな怒りは、支持者たちを引きつけ「怒れるポピュリズム」の基盤を成すものであるが、実のところその標的は必ずしも明確でない、とヴァール－ヨルゲンセンが分析している点である（p. 774）。トランプ的なポピュリズムでは怒りそれ自体が自己目的となっていて、なにかしらの「怒りと不満」を共有することは支持者たちのアイデンティティと世界観を形成している。だがいうまでもなく、ここに見て取れる具体的な対象を持たない怒りへの共感は、政治的に無害なわけではない。むしろ、それ自体が目的と化し本質化された怒りは、潜在的に敵対する集団との過激な衝突やマイノリティ集団の排除といった暴力を容易に引き起こす。その点で、トランプが煽る「怒れるポピュリズム」はきわめて危険な政治である、とヴァール－ヨルゲンセンは注意を促した（p. 776）。

実際、二〇一七年八月にバージニア州シャーロッツビルで極右集会「ユナイト・ザ・ライト・ラリー」が開催され、それに抗議する集団とのあいだで激しい衝突が生じ死者が出る事態となった。この事件を受けて当初トランプ大統領は「双方の集団に非がある（there is blame on both sides）」と発言し、まるで人種差別・白人至上主義を公然と掲げる極右集団を弁護するような物言いに批判が集中した。こうしたオルタナ右翼（alt-right）の活動を契機として生じる暴力沙汰が後を絶たない近年のアメリカ社会の状況を踏まえると、ヴァール－ヨルゲンセンの懸念はきわめて的を射ていたと評価される。

だが、ここで見落としてならないのは、トランプが具現する「怒れるポピュリズム」は単に民衆の行き場のない憤懣を政治の場に持ち込もうとするだけでなく、そこでは有権者の怒りを動員／操作すること自体がひとつのビジネスと化している点である。チャドウィックによる二〇一六年大統領選挙でのトランプ陣営のメディア戦略分析からも分かるように、これまでの政治に不満を抱き、政治エリート層から忘れられ／見捨てられた存在だと自認する人々のあいだに広がる憤懣に訴えかけようとするキャンペーン戦略は、政治的な建前として窮状に置かれた人々の救済を目指す以上に、これまでさほど注目されてこなかった票田を確実に押さえるための戦術としての意義がきわめて強い（Chadwick 2017）。だからこそ，有権者・支持者に向けて表明／煽動／共感されるスタイルとしての怒りは，具体的な問題解決に向かうことなく，それ自体を目的とするような漠然とした感情になりがちである。だが同時に，メディアセレブ特有の人心に訴えかける巧みなレトリックと有権者のソーシャルメディア利用に関する膨大なデータの分析を通して可視化される「民衆の怒りと不満」は，きわめて強烈な情動＝有効な資源として政治的動員に如何なく利用されるのである。

（2）「反権威」の両義性――オルタナティブの真意

トランプ政権を生み出した背景に「怒れるポピュリズム」があることを確認すると，近年のポピュリズムに見て取れる権威との複雑な関係への理解が深まるだろう。エンゲッサーらが指摘するように，ポピュリズム政治の特徴のひとつとして政治エリートや経済特権層への批判や攻撃が挙げられる。一見するとそれは，既存社会で優位な地位を占める支配階層への敵対という点で「反権威」とみなしうる。たしかにポピュリスト政治家たちが口にする言辞には，社会において圧倒的多数を占める民衆のことを顧みない一部の政治家・官僚・財界人への激しい攻撃が見て取れる。さしずめそこで用いられる自己宣伝のレトリックは「民衆の側に立ち，特権を貪る支配層に対して有権者と同じ視線と感覚で戦いを挑み，民衆から信頼されるポピュリスト政治家」といったものであろう。挑発的で煽動的な言葉を巧みに用いて繰り広げられる彼らのパフォーマンスに，権威への反発や拒否を見てとることはあながち間違いではない。だが，ポピュリズム政治における反権威はきわめて両義的なものである。

C・フックス（Fuchs 2018）は，『ビヒモス』の著者でフランクフルト学派の「どちらかと言えば忘れ去られた思想家」であるフランツ・ノイマンの研究を参照しつつ，今日の先進諸国での政治動向を権威主義（authoritarianism）の観点から分析している。フックスによれば，近年のポピュリストの台頭は権威主義の兆候として理解すべきであり，その動向を規定しているのは権威主義的資本主義である点に目を向ける必要がある。端的にフックスは，今日の資本主義社会の特徴を理解するための鍵概念はポピュリズムではなく権威主義だと断言する（p. 780）。ただ，フックスによる権威主義的ポピュリズム分析はいささか図式的で教条主義を感じさせるし，トランプの権威主義的ポピュリズムへの対抗策としてベルトルト・ブレヒトを引き合いに出しながら政治的ユーモアや風刺を示唆する姿勢（pp. 788-790）は、すでに極右勢力がユーモアの名のもとで人種・民族差別を助長する表現を繰り返している現状を踏まえれば、あまりにナイーブに過ぎる。だが、かつてワイマール共和国からナチズムが生み出された政治・経済的な要因とプロセスを解明したノイマンの研究を踏まえ、今日の資本主義社会を分析するうえで権威主義に注目するフックスの議論はきわめて示唆に富む。なぜなら、権威主義との関連でポピュリズムを捉えなおすことで、そこで標榜される反権威の両義性ならびに積極的に利用されるオルタナティブ・メディアの内実をより精確に理解する糸口がつかめるからである。

先に見たようにポピュリズムが政治スタイルとして成り立ち／受け入れられているならば、そこでの反権威もある種の見せかけとしての面を持つものと理解すべきであろう。つまり、特定の主義主張やイデオロギーに下支えされた理念にもとづき権威に対抗するのではなく、時々の政治情勢のもとでより多くの有権者の支持を期待できるかぎりにおいて、特定の権威を標的にして激しい非難と攻撃を加える。そうした政治戦略こそが、ポピュリズムにおける権威批判の内実だといえよう。そこで謳われる反権威には、皮肉なことに権威主義の影が色濃く見て取れる。例えば、難民や性的マイノリティの権利を保障する法律や政策（国家行政的な権威）はしばしば極右ポピュリズムによる恰好の攻撃の的になるが、合衆国憲法修正第二条が保障するとされる武器保有の権利とそれを担う制度化された圧力団体（NRA）は決して非難に曝されることはない。それどころか、度重なる銃による大量殺人事件を受けて銃規制への世論が高まると、圧倒的な政治力と財力を後ろ盾にそれに真っ向から反対する利害集団は、パトリオティズム／ナショナリズム（愛する国を守るために武装は不可欠）の名のもとでポピュリストによって称讃されがちである。こうした権威への距離の取り方における首尾一貫性のなさから浮かび上がるのは、ポピュリズムにとって権威を批判すること自体が目的ではないという厳然たる事実である。一方で自分たち自身の立場を脅かす可能性のある存在（自国民に対する移民、性的多数派に対する少数派）に加担する権威に対しては反権威を掲げて激しく非難し、他方で自らの優位を保障し正当化してくれる権威との関係では、きわめて順応的かつ迎合的な態度を示す。こうしたあからさまなダブルスタンダードが矛盾や躊躇なく実践されるのも、そもそもポピュリスト政治家が標榜する反権威が単なるスタイルに過ぎないからである。

このように反権威の両義性を理解すると、ポピュリズムとの選択的親和性を指摘されるソーシャルメディアが担う

「オルタナティブなもの」の内実も自ずと明らかになるだろう。そこで謳われるオルタナティブ（別のもうひとつ）の真意は、既存メディアの一面性や偏りへの批判を通して、より自由で多様な情報提供の実現を目指すものではない。むしろ、右派的オルタナティブ・メディアに託された使命は、自らの集団における経済・政治的な利益の獲得を確固たるものにすべく、既存メディアへの攻撃や誹謗中傷を止むことなく繰り広げることである。反権威という見せかけの裏で自らの独善的な権威主義を深めていくことが、ポピュリズムが標榜する「オルタナティブなもの」が果たす政治実践にほかならない。

（3）「ポストトゥルース」という問い――「言論空間」の窮状

ソーシャルメディアとの関連でポピュリズムが論じられるとき、しばしばフェイクニュースの問題が取り沙汰される。フェイクニュースとは文字通り「フェイク＝偽の」報道であり、以前はデマや虚偽報道と呼ばれていた。だが、最近話題に上るフェイクニュースは、これまでの虚報やデマとはどこか異なる社会情勢を物語っているように感じられる。その理由は第一に、Brexitやアメリカ大統領選を振り返る多くの言説において、フェイクニュースが選挙結果に少なからぬ影響を与えたと分析されるからである。それは単なる嘘にとどまらず、現実＝真に働きかけていると判断されるのだ。第二に、従来のメディアを介した虚報やデマが宣伝ビラ、ラジオ、テレビなどを用いた一方向の情報伝達だったのに対して、現在のフェイクニュースはSNSを主たる舞台として双方向でやり取りされ、瞬く間に拡散する。それはネットユーザーたちの積極的発信によって広まる点で、これまでに見られなかった虚偽コミュニケーションである。第三に、トランプ大統領がCNNなど既存メディアの報道を「おまえはフェイクニュースだ！」と揶揄したことが典型的に示すように、事実か虚偽かの単なる区分ではなく、自らの政治的党派性や立場との類似／差異を弁別する言葉として「フェイク」は用いられている。それは一部の突出したメディアや政治の世界だけに関わる話ではなく、ソーシャルメディア時代に特有の傾向となりつつある。夥しい量の情報が行き交うと同時に、情報の加工や改竄が技術的に容易なネット世界では、政治、学術、芸能などのような領域の情報であれ、それが伝える出来事や物事の真偽を判断することは容易ではない。なぜなら、ネットを介して拡散する情報は互いに矛盾する内容を往々にして含んでいるが、それら異なる立場や見解を架橋し「なにが本当のことなのか」を解明すべく討議し熟慮するようなコミュニケーションを成り立たせることは、それぞれの領域の専門家にとっても至難の業だからだ。その結果、それぞれに対立し矛盾する大量の情報が互いに関わり合うことなく社会のなかに増殖していくという状況が生じる。こうしたネット社会での真偽判定をめぐる困難を端的に表す言葉が、近年盛んに取り上げられる「ポストトゥルース（post-truth）」にほかならない（D'ancona 2017）。

二〇一六年にポストトゥルースを「今年の言葉」に選んだオックスフォード英語辞典の定義に拠れば、それは'relating to or denoting circumstances in which objective facts are less influential in shaping public opinion than appeals to emotion and personal belief'とされる。要するに、世論形成過程において客観的な事実よりも感情や個人の信条への訴えかけが大きく影響する状況を指し示す言葉として、ポストトゥルースは世間の注目を集めるようになったのである。

もちろん、政治の世界にポピュリズムが広まると必ず真実がないがしろにされるわけでもなければ、ソーシャルメディアが普及すると必然的にポストトゥルースの時代が訪れるわけでもない。昨今取り沙汰されるポストトゥルースは、経済・政治・社会・技術をとりまく複雑な関係のもとで生じているのであり、なにかひとつの事柄にその成立原因を帰属させることはできない。しかしながら、ポピュリズムとソーシャルメディアの選択的親和性のもとで真実の後／次の時代に向けて社会状況が一気に進んだことは、否定し難い事実であろう。その理由は、ここでの議論を振り返れば容易に理解できる。文脈崩壊を伴うソーシャルメディアを介したコミュニケーションでは、人々が結びつくうえで情動が重要な位置を占める。強度としての情動の広まりは、客観性や中立性を規準に真理を探究してきた近代科学の知的権威を揺るがしかねない。なぜなら、だれにとっても「真実である」事柄よりも、わたしにとって「真実と感じ／信じられる」情報が重視されるならば、科学的世界観は人々の認識と行動に対する影響力を減じていかざるをえないからだ。ネット内で多くの人々を引き付ける出来事やイベントに見て取れる独特な強烈さは、真実であることに必ずしもその根拠を持つのではない。むしろ、事実＝本当のことであればよい／楽しいと願う人々の情動と絶妙に響き合うことで、ソーシャルメディアを介した情報は一気に拡散していく。また、現在のポピュリズムは、政治的イデオロギーや論理よりも集合的な情動を梃子として大衆動員を果たす独自の政治スタイルを追い求めている。そうだとすれば、歴史としての現在において真実の追究や実現を図るような政治はもはや必要とされない。これまで政治的関係へと人々を引き寄せる手段として用いられてきた社会正義や歴史の真理への訴えかけよりも、怒りや不満を契機とする強度としての情動動員が今日的な政治において有効だと分かれば、狡猾な政治家たちはその戦略をこぞって採用するだろう。

ネット社会の発展につれてポストトゥルース的な状況が生まれつつあることは、すでにこれまで研究者によって指摘されてきた。例えば、デモクラシーとインターネットの関係を論じたキャス・サンスティーンは、ネットでの議論が極化しがちであることに注目し、その要因をサイバーカスケードに見出した(サンスティーン 二〇〇三)。イーライ・パリサーはフィルターバブルという概念を用いて、多様な情報に自由にアクセスできるはずのネット空間で、実際はあらかじめ選別/カスタマイズされた情報が個々のユーザーに向けて提供される結果、人々は制限された情報空間に生きることを自ら気づくことなく強いられている事実に注意を促した(パリサー 二〇一二)。これら先行研究が照準していたのは、「事実」の認識における大きな変化を引き起こしつつあったネット環境の特性にほかならない。さまざまな情報を客観的に判断・評価することで社会に生じる事件や出来事の真実に迫ろうとするのではなく、自分を心地よく感じさせてくれる都合のよい情報にだけ選択的に接触することを、インターネットを介したコミュニケーションは可能にしてくれる。そのお陰で、ネットユーザーたちは自分と異なる意見の持ち主に煩わされることも、関心のない事柄への関与を強要されることもなく、きわめて快適にネット世界を満喫できる。こうしたネット時代に特有のコミュニケーションの発展は、やがて真実それ自体を顧みない方向へとユーザーを誘っていった。ポピュリズムとソーシャルメディアの選択的親和性は、その傾向に拍車をかけたのである。

サンスティーンやパリサーによるインターネット社会の批判的検討はきわめて明快で、そこに潜む問題点を的確に指摘している。デモクラシーや表現の自由といった近代的な価値理念に照らして眺めたとき、一方でネット社会は情報環境を豊かなものにしたが、他方で異なる意見や見解を橋渡しするコミュニケーションを阻害しがちであることが浮かび上がる。日常的に接しているだけでは気づきにくいネット時代の陥穽を人々に告げ知らせる点で、これらの研究の意義は大きい。だがここでさらに考えたいことは、サンスティーンやパリサーによる批評を通して垣間見えてくる迫り来るポストトゥルースの時代それ自体を、どのように思想的に捉えることができるのかという問いである。この点に関して、彼らの議論はひとつの範例を示している。近代デモクラシーを価値理念に据え、本来は多様な情報提供によってその実現に寄与するはずのネットでのコミュニケーションが実際には逆方向に向かいつつある事実を検証する。つまり、テクノロジーがもたらすはずの自由で多様なコミュニケーションは必ずしも実現されていない現状に批判の目を向けるのである。こうした論旨展開の背後に、連綿と続く「インターネットの夢」の残滓を見て取ることは的外れではないだろう。

たしかに、デモクラシーとそれを支える自由で平等な発言を規範的準拠点としたうえで、そこからの逸脱として現行のネット世界を記述することには相応の意義がある。なぜなら、メディア技術の革新に潜む多様な可能性のなかで「なにがいまだ実現されていないか」が明らかとなるからだ。だが、これまで論じてきたようにネット社会の発展にともないコミュニケーションにおいて情動が占める位置と意義が大きくなり、その具体的な担い手／手段としてポピュリズムとソーシャルメディアは台頭しているのだとしたら、ポストトゥルース的な政治スタイルが支持と勢力を勝ち得る現在の社会のあり方は、逸脱である以上に当然の帰結ともいえるのではないだろうか。そもそもは選択的であったはずのポピュリズムとソーシャルメディアとの結びつきは、現在の政治とメディアの密接な相互関連のもとであたかも必然であるかのように感じられてしまう。ポストトゥルース的な状況がどこまでも深まっていくようにすら思われるネット世界の動勢を前にしたとき、メディア研究に切に求められる課題は「インターネットの夢」を引きずったままで現実に向き合うのではなく、かつてテクノロジーに託された夢の実現を妨げた政治・経済的な要因を精確に分析したうえで、今日的な状況下でそれを再興するための想像力を育むことではないだろうか。最後に、そうした理論・思想的な課題に取り組むうえで有効だと判断される関連研究を検討する。

5　エピローグ——別なる夢のゆくえ

デジタルメディアを用いた監視の研究者として名高いM・アンドレジェヴィック（Andrejevic 2007）は、「デジタルな囲い込み（digital enclosure）」という視点から、ネット世界における監視の現状を分析している。アンドレジェヴィックによれば、近代資本主義体制が確立される過程で大規模な土地の囲い込みがなされたのと同様に、現在、電子ネットワークで結ばれたサイバー空間におけるデジタルな囲い込みが進行しつつある。巨大テクノ産業がその資本力にものをいわせて、ネットでユーザーたちがコミュニケーションを交わすうえで不可欠な技術・デバイス・サービス・制度などを独占的に決定・所有することが、ここでのデジタルな囲い込みの具体事例に当たる。本来はだれもが自由に使える共有地（コモンズ）であった広大な土地は、特定の集団・階層によって囲い込まれ、経済市場での利益獲得に不可欠な資本として所有されるに至った。こうした歴史的過程を経て、近代資本主義システムは成立し発展を遂げていった。それと同様なプロセスが現在のサイバー空間においても生じており、ネット世界における監視強化はそこでの利益獲得の論理と密接に関わり合っていることをアンドレジェヴィックは鋭く指摘する。

アンドレジェヴィックの分析が興味深いのは、ともすると「非物質性」という視点から論じられがちなサイバー空間論とは対照的に、電子ネットワークでのコミュニケーション／監視のあり方自体を規定する論理を検討するうえで、デジタルな囲い込みを推進する政治・経済的な実践を「物質性」と「所有」の次元で捉えようとしているからである。あらためていうまでもなく、インターネットは資本主義体制のもとで発展してきた。そうだとすれば、たとえ非物質的な商品形態を介して利益を生み出すとしても、ネットという空間／文化自体は当然ながら資本＝物質性の所有との関連で理解されねばならない。さらに、資本主義成立期との対比で電子空間における囲い込みを問題視することで、人々が互いに関わり合う空間はそもそもだれに対してもアクセス／利用を保障するようなコモンズとしての性格を有していたという歴史的事実が、鮮やかに浮かび上がる。かつてパブリックな側面がきわめて強かった共有地は、やがてプライベートなかたちで専有／占用されることで社会的な意味合いを変えていった。それと同じように、インターネットテクノロジーが作り出した自由なサイバー空間も、現在では特定の私的組織・企業が独占的に所有するようになったことで、当初とは大きく異なる世界へと姿を変えている。だが、ここで重要なことは、これまでの囲い込みの歴史的系譜を理解することを通して、ネット空間の可能性を考えるための新たな想像力が得られる点である。現在私たちが目にしているデジタルな囲い込みは決して必然でもなければ、唯一絶対のあり方でもない。別の言葉でいえば、今あるものとは異なる＝オルタナティブなサイバースペースのもとで生み出されるコミュニケーションを想像／創造することは、十分に現実的な思想的企てである。このようにしてアンドレジェヴィックの議論は、来るべきインターネット文化をめぐる批判的想像力を喚起してくれるのだ。

ポストトゥルースの時代といわれる現在、ネット世界での言論活動は窮状に見舞われている。そこでは他者を攻撃・排斥することを主たる目的とした暴力に満ちた言葉が日々飛び交い、それに抗うべく客観的な証拠・データを示して説得を図ろうとしても、むしろ逆に感情的な対立と抗争は深まりかねない。異なる立場のあいだで議論がどこまでも成り立ち難く、社会の分断が日増しに進行する現在の状況を前にして、安易に諦めるのでも、根拠なく過去の理念にすがりつくのでもなく、歴史的な視座から現在を見つめ直し、そこから未来へとつながる希望を見出すこと。それこそが、批判的なメディア研究に課された責務であるといえよう。

注

（1）そもそも'truthiness'という言葉は二〇〇五年一〇月一七日にコメディアンのスティーブン・コルベア（Stephen Colbert）が司会をするテレビ番組『The Colbert Report』で、現代アメリカの政治・社会状況を皮肉まじりに論じる造語として提示されたものである。

（2）近年、フェイスブックなどＳＮＳを展開する企業（tech company）によるユーザーデータの漏洩・不正利用がスキャンダルとして取り沙汰される背景には、そこで収集されるデータがさまざまなビジネスを生み出すという今日のハイブリッド・メディアシステムにおける特徴が見て取れる。英国での国民投票、米国での大統領選挙に関わったとされるコンサルティング会社「ケンブリッジ・アナリティカ」にまつわる一連の不祥事は、ソーシャルメディアで交わされるコミュニケーションがどのように／だれによって／どのような目的のもとでマーケティングの対象と化しているのかを世間に知らしめた事件だと言える。

参考文献

Andrejevic, M. (2007), Surveillance in the Digital Enclosure, *The Communication Review*, vol. 10(4): 295-317.
Atton, C. (2006), Far-right media on the internet: culture, discourse and power, *New Media & Society*, vol. 8(4): 573-587.
Bakir, V. & Barlow, D. M. (eds.) *Communication in the Age of Suspicion*, New York: Palgrave.
Boxman-Shabtai, L. & L. Shifman (2015), When ethnic humor goes digital, *New Media & Society*, vol. 17(4): 520-539.
Brabdzaeg, P. B. & Lüders, M. (2018), Time Collapse in Social Media: Extending the Context Collapse, Social Media + Society vol. 4(1): 1-10. http://journals.sagepup.com/doi/full/10.1177/2056305118763349

Chadwick, A. (2013), *The Hybrid Media System: Politics and Power*, New York: Oxford University Press.

Chadwick, A. (2017), *The Hybrid Media System: Politics and Power Second Edition*, New York: Oxford University Press.

D'ancona, M. (2017), *Post Truth: The New War on Truth and How to Fight Back*, London: Ebury Press.

Daniels, J. (2009), Cloaked websites: propaganda, cyber-racism and epistemology in the digital era, *New Media & Society*, vol. 11(5): 659-683.

Döveling, K., Harju, A. A. & Sommer, D. (2018), From Mediatized Emotion to Digital Affect Cultures: New Technologies and Global Flows of Emotion, Social Media + Society vol. 4(1): 1-11. http://journals.sagepup.com/doi/10.1177/2056305117743141

Engesser, S., N. Ernest, F. Esser & F. Buchel (2017), Populism and social media: how politicians spread a fragmented ideology, *Information, Communication & Society*, vol. 20(8): 1109-1126.

Enli, G. (2017), New media and politics, *Annals of the International Communication Association*, vol. 41(3-4): 220-227.

Enli, G. & Therese Rosenberg, L. (2018), Trust in the Age of Social Media: Populist Politicians Seem More Authentic, Social Media + Society. http://journals.sagepup.com/doi/10.1177/2056305118764430

Fuchs, C. (2018), Authoritarian capitalism, authoritarian movements and authoritarian communication, *Media, Culture & Society*, vol. 40(5): 779-791.

Gerbaudo, P. (2018), Social media and populism: an elective affinity?, *Media, Culture & Society*, vol. 40(5): 745-753.

Govil, N. & A. Kapil Baishya (2018), The Bully in the Pulpit: Autocracy, Digital Social Media, and Right-wing Populist Technoculture, *Communication Culture & Critique*, vol. 11: 67-84.

Grusin, R. (2010), *Premediation: Affect and Mediality After 9/11*, Hampshire: Palgrave Macmillan.

Harsin, J. (2018), Post-Truth Populism: The French Anti-Gender Theory Movement and Cross-Cultural Similarities, *Communication Culture & Critique*, Vol. 11: 35-52.

Hess, K. & L. Waller (2014), The digital pillory: media shaming of 'ordinary' people for minor crimes, *Continuum: Journal of Media & Cultural Studies*, vol. 28(1): 101-111.

Jones, J. (2007), Branding Trust: The Ideology of Making Truth Claims through Interactive Media, in Bakir, V. & Barlow, D. M. (eds.) *Communication in the Age of Suspicion*, Palgrave: 177-188.

Kahn, R. & D. Kellner (2004), New media and internet activism: from the 'battle of Seattle' to blogging, *New Media & Society*, vol. 6(1): 87-95.

Karpf, D. (2017), Digital politics after Trump, *Annals of the International Communication Association*, vol. 41(2): 198-207.

Kavada, A. (2018), Editorial: media and the 'populist movement', *Media, Culture & Society*, vol. 40(5): 742-744.

Langman, L. (2005), From Virtual Public Spheres to Global Justice: A Critical Theory of Internetworked Social Movements, *Sociological Theory*, vol. 23(1): 42-74.

Marwick A. E. & boyd, D. (2010), I tweet honestly, I tweet passionately: Twitter users, context collapse, and the imagined audience, *New Media & Society* 13(1): 114-133.

Moffitt, B. & S. Tormey (2013), Rethinking Populism: Politics, Mediatisation and Political Style, *Political Studies*, vol. 62: 381-397.

Papacharissi, Z. (2016), Affective publics and structures of storytelling: sentiment, events and mediality, *Information, Communication & Society*, vol. 19(3): 307-324.

Papacharissi, Z. (2017), *Affective Publics: Sentiment, Technology, and Politics*, New York: Oxford University Press.

Postill, J. (2018), Populism and social media: a global perspective, *Media, Culture & Society*, vol. 40(5): 754-765.

Thrift, N. (2004), Intensities of feeling: Towards a spatial politics of affect, *Geografiska Annaler*, 86B(1): 57-78.

Topinka, R. (2017), Politically incorrect participatory media: Racist nationalism on r/ImGoingToHellForThis, *New Media & Society*.

Wahl-Jorgensen, K. (2018), Media coverage of shifting emotional regimes: Donald Trump's angry populism, *Media, Culture & Society*, vol. 40(5): 766-778.

Wimmer, J. (2005), Counter-Public Spheres and the Revival of the European Public Sphere, *The Public*, vol. 12(2): 93-110.

Wright, S. & J. Street (2007), Democracy, deliberation and design: the case of online discussion forums, *New Media & Society*, vol. 9(5): 849-869.

伊藤守（二〇一三）『情動の権力――メディアと共振する身体』せりか書房

伊藤守（二〇一七）『情動の社会学――ポストメディア時代における〝ミクロ知覚〟の探究』青土社

サンスティーン、キャス（二〇〇三）『インターネットは民主主義の敵か』石川幸憲訳、毎日新聞社

林香里（二〇一七）『メディア不信――何が問われているのか』岩波書店

パリサー、イーライ（二〇一二）『閉じこもるインターネット――グーグル・パーソナライズ・民主主義』井口耕二訳、早川書房

水島治郎（二〇一六）『ポピュリズムとは何か――民主主義の敵か、改革の希望か』中央公論新社

第4章　ネットワークメディア時代における政治的公共圏の変容
──「余計なものたち」の行方

清家竜介

1　はじめに

本章は、現代における政治的公共圏の構造転換を扱う。この問題を検討するために、ハーバマスの社会理論を参照する。というのもハーバマスの社会理論とその公共圏論の限界を見定めることによって、現在進行中である政治的公共圏の構造転換の在り方をより鮮明に捉えることができると考えられるからである。

この政治的公共圏の変化を捉えるためには、まずハーバマスの社会理論における"bürgerliche Gesellschaft（経済的市民社会）"と"Zivilgesellschaft（政治的市民社会）"の双方の変容を捉える必要がある。経済的市民社会を民主主義的かつ有効に制御するためには、政治的コミュニケーションを結びつける政治的公共圏が理性的に機能しなければならない。その公共圏と深く結びついた二つの市民社会が劇的に変化しているのである。

あらかじめ指摘しておくならば、経済的市民社会と政治的市民社会の双方は、新自由主義的理性に基づいた政治経済的プロジェクトによって変質し、両者の間に架橋し難い溝を作り出している。とりわけ政治的公共圏はインターネットに代表されるネットワークメディアの登場により、不可逆的な変化を被ってしまった。新自由主義的転換とネットワークメディアの不可逆的変化、その両者が政治的公共圏を変質させ、現代における民主主義の危機を生み出している。そ

の危機の在り方と行方についても検討する。(1)

2　資本主義の変貌

国民国家と資本主義の「強制的結婚」

現代における社会的危機は、国民国家と資本主義経済との蜜月の終焉から発している。第二次世界大戦後にファシズムの再来を怖れた自由主義諸国は、資本主義経済を馴致すべく、「埋め込まれた自由主義」によって、資本主義経済と国民国家の蜜月を演出した。(2)しかしながら、ヴォルフガング・シュトレークによれば、その蜜月は、本来相容れることのない民主主義と資本主義の「強制的結婚」と言うべきものであった。(3)

この強制結婚を保障したのは、ケインズ的な介入主義的国家である。第二次世界大戦後の西側先進諸国は、帝国主義からファシズムへと至る社会的危機を招き寄せた自由主義的資本主義を、社会民主主義的政策によって馴致する「混合経済（mixed economy）」という政治経済体制を実現させた。この混合経済体制は、完全雇用や福祉を充実させるべく、自由主義的経済に経済主体としての国家が介入することで、福祉国家を実現させるものであった。さらに言えば、この強制結婚は、人々の社会権を保障するために取り交わされた、資本と賃金労働者との間の社会契約でもあった。(4)この混合経済体制こそが、第二次世界大戦後における西側の先進諸国における政治的支配の正当性を確保し、民主主義的資本主義を現実のものとした。この混合経済体制の理論的な表現とも言うべき、ユルゲン・ハーバマスの社会理論をまずはじめに再検討しておこう。ハーバマスは、一九八一年の『コミュニケーション的行為の理論』以降、混合経済体制を維持した社会国家（福祉国家）を自身のコミュニケーション論によって基礎付けた。ここでは、ハーバマスの社会国家論の最終形態とも言うべき一九九四年の『事実と妥当性』における憲法愛国主義というモデルを扱うこととする。

ハーバマスは、後期の主著と目される『事実性と妥当性』の中で“bürgerliche Gesellschaft”（以下、経済的市民社会）と“Zivilgesellschaft”（以下、政治的市民社会）とを区分した。(5)

前者の経済的市民社会は、「市民（Bürger）」たちが、貨幣を媒介にして、互いに商品を生産・交換・消費する経済社会である。ハーバマスは、この経済的市民社会をヘーゲルの「欲望の体系」と同じであると述べている。ヘーゲルの「欲望の体系」とはアダム・スミスが論じた市場経済にほかならない。

後者の政治的市民社会は、文明化された市民である公衆が公共圏を媒介にした自由なコミュニケーションに基づく討論や選挙によって政治権力を形成し、経済的市民社会を制御するものである。

ハーバマスは、このコミュニケーション的行為に基づいた討議によって、自己立法を成し遂げることを「公的自律」と呼んだ。この公的自律は、コミュニケーション論的に捉えられた諸個人の倫理的自己実現である「私的自律」を弁証法的に深めていくとハーバマスは考えた(6)。ハーバマスのコミュニケーション論と公共圏論は、そのような倫理的自己実現という規範的次元を含んでいる。

「公的自律と私的自律」の弁証法は、万人に開かれるべきものであり、その弁証法とともに「法的平等と事実的平等」もまた牽引されることになる。これは、政治的市民社会が、経済的市民社会を制御することによって「法的平等と事実的平等」を現実のものにしていくことでもある。この弁証法的過程をここでは、〝市民社会の弁証法〟と呼んでおこう。合意を求める人々の「コミュニケーション的自由」から生成する公共圏で集約された公論が、実定法を制定する間主観的な「コミュニケーション的権力」へと転じ、反省的となった正当な秩序を作り出す。ハーバマスにとって「コミュニケーション的自由」から発する「コミュニケーション的権力」こそが民主的な市民社会における法制定権力である。

言い換えれば、近代の民主的政体においては、公共圏を媒介にした人々のコミュニケーション的行為が、憲法や法律を制定するとともに、その合意に基づいた経済政策や社会政策によって社会統合を達成する。このように公衆による自由なコミュニケーションに根ざした民主主義は、人々が自由に公開の場で議論できる批判的公開性によって支えられていなければならない。

ハーバマスが剔出した経済的市民社会と政治的市民社会は、コインの裏と表と言うべき同じ近代市民社会の二つの側面にほかならない。資本主義経済は、民主的な手続きを経た介入主義的な国家の制御によって、恐慌やそれにともなう階級闘争の激化などの社会的危機を回避する。いわば後期資本主義は、民主主義的資本主義とも言うべきものである。

しかしながら、実のところ民主主義と資本主義は容易に結びつくものではない。というのも利潤を最大化することを

なる事態なのか。

ハーバーマスの理論は十分把握できていないのだ。ではいま述べた「資本が民主主義を毀損し続けている」とは、いかなる事態なのか。

目的とする資本は、福祉国家における様々なコストを支払うことを回避し、貧富の格差の拡大をもたらす傾向を持つとともに、圧力団体やロビイストの活動などを通して、政治に常に影響を及ぼしてきた。一九七〇年以降生じてきたのは、民主主義と資本主義との「強制的結婚」の段階的解消のプロセスである。[7] この破談のプロセスは、一九七〇年代以降の混合経済体制に対する「資本の反逆」から発している。[8] 新自由主義という政治的・経済的プロジェクトは、「資本主義の脱民主化」のプロセスを推し進めてきたのである。

社会国家の普遍性と「コミュニケーション的権力」の可能性に根ざしたハーバマスの民主主義モデルは、シュトレークが指摘するように、政治における資本の役割を過小評価していると言わねばならない。[9]

一九七〇年代以降の政治・経済過程における新自由主義的転換によって、資本は民主主義を毀損し続けていることを、ハーバーマスの理論は十分把握できていないのだ。ではいま述べた「資本が民主主義を毀損し続けている」とは、いかなる事態なのか。

資本による民主主義の毀損

ミシェル・フーコーの新自由主義論を援用したウェンディ・ブラウンによれば、新自由主義は、たんなる経済過程や政治過程に還元することのできない、統治理性に基づいている。ブラウンは、その統治理性を「新自由主義的理性」と呼ぶ。[10] 新自由主義的理性による統治は、経済的に捉えられた存在のあらゆる側面を、資本を効率的に拡大するための手段とすることで、従来の民主主義を解体する。

新自由主義的理性の前では、市民は、経済的競争にさらされた人的資本として把握され、自ら企業家として自己投資する存在と見なされる。市民は、ホモ・エコノミクスへと還元されることで、ホモ・ポリティクスによる共同統治としての民主主義は、たんに資本を拡大するための新自由主義的統治に置き換えられていく。

実際に統治理性としての新自由主義は、自らのイデオロギーを喧伝するだけでなく、「グッド・ガバナンス」や「ベストプラクティス」などの一連の経済的語彙を政治の領域に持ち込み、政治過程を経済化していった。政治的プロジェクトとして現れた新自由主義は、公的事業の民営化や規制緩和だけでなく、競争を奨励すべく社会保障費を削減し、自己責任の名の下に戦後平和の鍵であった完全雇用という目標を放棄した。

新自由主義の浸透とともに、組織率の低下した労働組合は弱体化し、労働者階級の政治的力を衰退させた。その結果、新自由主義的資本主義においては、労働者は必ずしも安定した雇用を確保できるわけではなくなってしまう。労働者は、社会国家における強固に組織化された政治的権利の主体というよりは、シュトレークが述べるように失業者を含んだ「賃金依存者」として不安定な状態におかれてしまう。(11)

私たちは、新自由主義的理性の統治によって拡大する資本を、制御されるべきシステムを担う経済的主体としてだけではなく、政治的市民社会を構成する政治的主体として再考せねばならないだろう。ただしその政治性は、資本の拡大を目的とする経済的観点からあらゆるものを把握することで、多元的な民主政治を抹消することにある。

資本の担い手である人々を、シュトレークは「市場の民」と呼ぶ。(12)この「市場の民」を通じて新自由主義的理性と資本が政治的市民社会に攻勢をかけているのだ。労働者の賃金は低く抑え込まれると同時に、国債の所有者や株主を優遇した諸政策が用いられ、累進税の緩和など富裕層の税負担が劇的に低下している。

その結果、「市場の民」と賃金依存者の間での社会的分断が深刻化し、階級的分断によって格差社会が生み出される。貨幣と金融技術によって力を得たグローバル化の推進者である「市場の民」と違い、賃金依存者は、その身体に刻まれた技能によって時間と空間に埋め込まれた「国家の民」でもある。「市場の民」に牽引された新自由主義的転換によって、設計主義的なケインズ的介入が排され、自生的秩序とされる市場の自己調整機能が剝き出しになる。戦後の社会民主主義を可能にしたケインズ的資本主義は、いわば「ハイエク化」されることで終焉を迎えたのである。(13)と同時に「市民社会の弁証法」も失効したのだ。その具体的事例を見ておこう。

ハーバマスの社会理論のモデルであったドイツは、現在、一五〇万人近い移民・難民を受け入れることで、右派の台頭に悩まされている。この難題を前にして、メルケル政権は、社会的合意を調達することもままならず、多文化主義を許容する寛容性を喪失しつつある。新しい社会運動という可能性に開かれ、多様性を許容するはずであった憲法愛国主義というヴィジョンは、もはや風前の灯火である。

また国民国家を超えた、ＥＵ、ＴＰＰ、中華人民共和国が主導するＡＩＩＢなどに見られる政治経済的リージョナリズムの模索は、国民国家の社会統合と現代資本主義の危機を乗り越えようとするポスト近代の模索であると言っていいだろう。だがリージョナリズムの意思決定は、多くの場合、諸国民の意思決定を超えたエリート層が主導することで、民主主義を危機に陥れている。

その点において一九九三年に発足したEU（欧州連合）は、社会的実験場のような様相を見せている。ヨーロッパ通貨同盟としてのEUは、欧州会議よりも、事実上、欧州委員会の決定や欧州裁判所など判決を通じて制御される傾向にある。

二〇一三年から発効したEU加盟二五カ国で結ばれた財政協定は、市場的公平性に則り、債務破綻を避けるべく、加盟各国の社会的公平性を犠牲にしつつある。その結果、ギリシャ、スペイン、ポルトガルなどの南欧諸国は、債権者トロイカ（欧州委員会・欧州中央委員会・IMF）による緊縮勧告によって苦しめられている。EUに典型的に見られるように財政再建国家は、もはや単一の国民国家を超えた、国際的な諸国家連合体と言うべきである。(14)

他方で、パナマ文書などを通じて、少なからざる政治的エリートや資産家たちが租税回避地を利用して富を蓄えている。

エリート層が打ち出す諸政策を甘受せざるをえない人々の多くが、エリートが推進するリージョナリズムに対する反動として、ナショナルなポピュリズム運動に合流しつつある。

3　新自由主義による経済的市民社会の変貌

生活世界への市場原理の導入

以下では、新自由主義的政策の浸透とともに、フォーディズムからポストフォーディズムへの転換と言われる生産システムの変化を検証しながら、経済的市民社会の質的変化を具体的に指摘しよう。

世界革命とも言うべき一九六八年とほぼ同時期に生じた資本主義的蓄積様式であるポストフォーディズムにおける商品生産は、情報テクノロジーの発展にともなう制御技術を基盤に、多品種・少量生産によって消費者の新たな嗜好を開拓する。それは衣食住やライフスタイルを含めて多様化した生活世界の文法に即応した生産様式である。

しかしここで看過できないのは、ポストフォーディズムが、単に使用価値のある商品を作るだけではなく、パオロ・ヴィルノが指摘していたように、「知、情報、文化や社会関係」を「第一質料」とする生産様式である点だ[15]。ポストフォーディズムの商品生産の核心は、いわば消費者に対する商品購入を通した言語的説得であり、購入として表現される合意を目的としているのである。

例えば、多くの消費者が、社会的影響に配慮する社会的消費を選択するようになった[16]。自然環境に配慮したグリーンコンシューマリズム、開発途上国に配慮したフェアトレード、反新自由主義や環境主義の性格を持ったスローフード運動、健康と環境に配慮するロハス、無農薬有機栽培を志向するオーガニックライフスタイルなどが存在する。このような社会的消費は、マルクス主義的な階級闘争と異なった、多元的な価値を求める新しい消費者の志向を商品形式で搦め捕ったものであると言えよう。

このような消費社会の深化は、ハーバマスの生活世界とシステムの二分法が失効し、これまでの生活世界の内部に、新しい価値観という衣を着た市場の論理が貫入したことを意味している。

ポストフォーディズム的生産によるシステムと生活世界の相互浸透は、利潤を追い求める資本の本性からして、経済主導のものとならざるをえない。先に述べた新しい社会運動の文法として持ち上げられた環境問題やフェミニズムなども、貨幣価値に換算されることで評価され、資本の拡大再生産という目的を果たすための手段となってしまう[17]。

また商品の生産と消費の回路はコミュニケーション的行為へと近づいたとはいえ、民主主義を抹消する新自由主義的理性のはたらきという視点から見た場合、消費社会におけるホモ・エコノミクスたちの振る舞いは個人の消費スタイルの問題へ還元されてしまうことになる。その証拠は、先進諸国における政治選挙の際の投票率の漸進的な低下に見られる、政治的無関心の増大である。この無関心は、近代の政治的市民社会の核であるはずの、共通善や一般意志という政治的次元の廃棄とも言うべきであろう[18]。現代の新自由主義的理性のもとにある市民は、人的資本であるとともに消費者としての自覚を持つが、政治的公共圏を構成する公衆としての自覚を失ってしまう傾向にある[19]。

さらに重要なのは、現代の経済的市民社会が、新自由主義の規制緩和によって影響力を高めた多国籍企業が牽引するグローバル化によって、国民経済の枠を大きく超え出ていることである。富を占有する、債権者である金利生活者や産業資本家たちは、「市場の民」としてグローバルにその活動を展開し、その意向を無視できないために諸国家は危機に陥ってしまったのだ。その「市場の民」の意向を受けた国際的諸国家連合である財政再建国家は、賃金依存者である諸国民の社会権に背をむけ、市場的効率性を追求する新自由主義的理性に基づく統治を推し進めている。

シュトレークが指摘するように、現代の資本主義経済は、国民国家単位の経済的市民社会ではなく、「市場の民」と国際的な財政再建国家によって牽引されている。国民国家単位での市場の制御が困難になってしまったため、現代の経済的市民社会は、市場的効率性を追い求める単一の「拡大した経済的市民社会」へと構造転換しているのである。

それゆえ人的資本として扱われる「諸国家の民」たちは、新自由主義的理性による統治に対抗することが極めて困難になり、多元的な共同統治としての民主主義の解体が進行することになる。「諸国家の民」が民主主義を回復するためには、新自由主義的理性によって統治される拡大した経済的市民社会に対抗しうる新たな政治的市民社会を構築しなければならない。しかし、一方で政治的市民社会も構造的変化に直面していると言わざるをえない。

ネットワークメディアと経済的市民社会の再編

前項で論じた経済的市民社会の構造転換は、生産領域に導入された情報技術と新自由主義的政策に牽引されたポストフォーディズムとして具体化されたものであったと言える。だが、インターネットに代表されるデジタル革命を経た今日、経済市民社会はこれまで以上の変化の時期に突入したと言える。第1章、第2章ですでに論及されたコミュニケーション資本主義と言われる段階である。

インターネットを中軸にしたデジタル化されたメディア環境を名指すために、ここでは大黒岳彦が名付けた「ネットワークメディア」という術語を採用したい[20]。ネットワークメディアとは、無数のパソコンやスマートフォンなどの情報端末が情報発信や中継点となるネットワークのことである。

大黒は、この新たなメディア環境のパラダイムを哲学的に把握しようとしており、この「ネットワークメディア」が、それ以前の「マスメディア」というメディア環境に不可逆的な変化をもたらすことを説得的に論じている。

それ以前のメディア環境のパラダイムである「マスメディア」には放送局や新聞社、出版社などの情報を検閲し編集するゲートキーパーが存在していた。そのような情報のゲートキーパーが、一対多のコミュニケーションの流れを作り出していた。

それを変えたのが、一九九〇年代初頭の、軍事目的で作られたＡＲＰＡＮＥＴで用いられたパケット通信技術の商業利用への解禁である。パケット通信技術の民間での利用は、インターネットという通信技術の急速な普及を促した。このインターネットという通信技術のグローバルな規模での普及は、国民化と個人化とを促した旧来のマスメディアというメディア環境のパラダイムを急速に失効させつつある。

マーシャル・マクルーハンが指摘した電子メディアの特徴である「包括的で同時的な領域」が、電子メディアが当初から潜在的にもっていた双方向性と多元性と同時性を開花させることになったのだ[21]。情報端末を介した人々のコミュニケーションの領域が、自律的な論理を獲得し、巨大なコミュニケーションの連鎖を生み出している。

ネットワークメディアに接続した情報端末という物質性を介してのコミュニケーションは、電子化された抽象的なネットワークの影響を不可避的に受けてしまうことになる。このネットワークメディアの論理は、マクルーハンの言うところのグーテンベルク銀河系を過去のものとする不可逆なコミュニケーションの転換をもたらす。これは貨幣を媒介にした財の交換関係が、不可避的に資本の論理に搦め捕られてしまうことと似ている。

このネットワークメディアを環境とすることによる二つの市民社会への影響について述べていきたい。まず拡大した経済的市民社会の変質についてジョディ・ディーンの「コミュニケーション資本主義」とジョナサン・クレーリーが論じた「注意経済（アテンション・エコノミー）」を取り上げて述べていこう。

ディーンによるコミュニケーション資本主義とは、いわばネットワークメディアによって成立した資本主義の在り方のことだ[22]。ディーンによれば、ここで言うところのコミュニケーションは、ハーバマスが指摘するような理解や合意を目的としたコミュニケーションではない[23]。コミュニケーション資本主義は、コミュニケーションに付随する交換価値の搾取を目的とするものだ。Twitter や Facebook、LINE、Instagram などのＳＮＳ（ソーシャルネットワーキングサービス）は、そのほとんどがインターネット上で無料で提供されている。多くのＳＮＳのユーザーは、これらのメディアを使用して、友人や不特定多数のユーザーたちへと日常的に情報発信している。そのコミュニケーションの流れは、膨大なものである。またそのデータはビッグデータという生成物として、ネットワークメディアの内に収蔵され無尽蔵に蓄積されていく。

多くの一般ユーザーたちにとって、SNSのコミュニケーションは、営利目的ではない。いわば、そのコミュニケーションのほとんどは、ユーザーにとって金銭的には無意味な無償の贈与である。ところがサービスを提供する側は、SNSで捕獲される膨大なコミュニケーションの流れをビッグデータとして蓄積し、それを商品へと変え、利潤を生み出している。例えばインターネット上での商品の購買記録や閲覧記録は、自動化されたアルゴリズムによってユーザーの嗜好にあった商品情報へと変換され、個々のユーザーをターゲットとしたマーケティング技術へと応用される。このようにネットワークメディアを介して日々大量の消費活動が促されている。

インターネット上では、搾取の論理も異なってくる。かつて単純商品生産の時代にアダム・スミスが国富を物財の流れと見たように、インターネット上のコミュニケーションのフローが巨大になればなるほど富が増大していく。マルクスが産業資本主義における搾取の場と見た工場労働ではなく、日常のコミュニケーションがインターネットを介することで商品化の流れへと不可避的に合流させられ、搾取あるいは収奪の対象となってしまう。

こうしたネットワークメディアというメディア環境に依拠するコミュニケーション資本主義において、重要な資源となるのが人々の「注意（attention）」である。ネットワークメディア上に存在する無数の情報の中から、有限なユーザーたちの注意を惹きつけることが、富を生み出すために不可欠となる。それゆえ、いかにしてユーザーたちの注意を惹きつけ、コミュニケーションを促すかが、資本蓄積のための焦点となってくる。コミュニケーション資本主義は、人々の希少な注意を奪い合う注意経済でもある。

無数の情報が日々生み出され蓄積されていくネットワークメディアにおいて、人々の注意は、検索エンジンを介して拡散あるいは集中していく。いち早く検索エンジンとしての成功を収めたGoogleは、このコミュニケーション資本主義と注意経済を体現する存在となっている。検索エンジンによってそれまでの本、新聞、ラジオ、テレビ、ジャーナリズム、映画などのマスメディアの諸形式がデジタル化されたコンテンツとして包摂されてしまう。それらの多くの情報は、合理的な理性に訴えるのではなく、人々の感性を刺激し、人々の注意を引き出すことを焦点としている。ネットワークメディアのコミュニケーションは、コミュニケーションを商品化していったポストフォーディズムを飛躍的に強化し、その搾取と収奪の対象を多対多の日常的コミュニケーションの次元にまで深化させたと言えるだろう。もはやネットワークメディア時代の慣れ親しまれた背景知としての生活世界は、ユーザーによって多元的に生み出され、時間・空間を超えて蓄積されるビッグデータという電子化されたコンテクストなしには存立しえない。ネットワークメディアに媒介された資本主義によるコミュニケーションの商品化によって、システムと生活世界の相互浸透は、多元化され、日常生活の細部にまで及ぶようになったのである。

4　ネットワークメディアと政治的公共圏の美化・感性化

ネットワークメディアという新たなメディア環境は、多対多の多元的なコミュニケーションを媒介することで、マスメディアというメディア環境のパラダイムのモードであった国民化と個人化とは異なる社会化のプロセスを生み出している。

マクルーハンも述べていたように、文字は、集団的な声の文化から人々の意識を分離し、反省的な意識を強化することで、人々の理性と個人意識を強化した。[24] また活字というメディアは、複製可能となった印刷物や国民的新聞を成立させた。国民的新聞は、その読者に国家的出来事を共有させることを可能にし、想像の共同体としての国民を成立させることに貢献した。

ハーバマスの討議倫理と憲法愛国主義が活字を媒介にした理性的コミュニケーションを基礎にしていたことは明らかである。活字によって近代的個人と国民を育んだグーテンベルク銀河系は、ハーバマスのコミュニケーション的理性を支える、技術的無意識としてのメディア環境でもあった。

これに対して、時代を画する新たなメディア環境であるネットワークメディアは、無数の人々のコミュニケーションによって生み出される非物質的・非空間的な情報を、ビッグデータとしてアーカイブ化し蓄積する。文字や活字だけでなく、デジタル化しうる音声や映像、動画などのコンテンツをデータとして無制限に収蔵していくのである。その結果、ネットワークメディアを介して爆発的に生成する情報の奔流と収蔵されていくビッグデータを介して、人々はコミュニケーションを紡がざるをえなくなる。

人々は、情報の洪水を縮減すべく、検索エンジンやそのアルゴリズムを用いるだけでなく、頼りになる情報の解釈者としてキュレーターのような存在を求めるようになっている。

しかしながら真実を探求するために、無限とも言うべき情報の奔流とそのアーカイブであるビッグデータについて、その真偽を粘り強く精査することは困難となる。マスメディアというメディア環境で発言権を得ていた自主的な検閲を経た記者や専門家たちのコストをかけた情報、あるいは学者の共同体によって検証された情報の価値は急激に低下する。ネットワークメディアでは、職業的訓練や学問的検証を経ない、真偽さだからぬ思い込みや陰謀論などの情報が当たり前のように飛び交うことになる。

大黒が指摘するようにネットワークメディアの中では、データは、重要度において無差別となり、価値においてもフラットとなる[25]。価値づけをするのは、検索エンジンのアルゴリズムや、それを利用するものの解釈にほかならない。解釈者はそれぞれ解釈のコードを用いネットワークメディアに接続する。その結果、新聞やテレビなどの既存メディアは衰退し、政治的意図を持つ世論工作業者たち、あるいは真偽を度外視したビジネス目的のネットメディアなどが跳梁跋扈するようになった[26]。

インターネット時代の注意経済における情報は、人々によって理性的に検証されるのではなく、人々の情動を触発することで注意を喚起し、さらなるコミュニケーションを促すことを求められるようになっている。

ネットワークメディアに媒介された公共圏においては、もはや主知主義的な理性的討議ではなく、メディアによって触発された「情動（affection）」とそれに続く感情に促されたコミュニケーションの連鎖が前景へと競り上がってくる[27]。情動とそれに続く感情に促される巨大なコミュニケーションのフローを捕獲し、注意を奪いあうコミュニケーション資本主義の深化とともに、理性の反省的な働きは、大きく後退し、公共圏は美化・感性化（Ästhetisierung）する[28]。

理性的討議を活性化するのではなく、美化・感性化されていく政治的公共圏において、何が生じているのであろうか。

ポストトゥルースという言葉とポピュリズムの台頭という問題から考えてみたい。

ネットワークメディアは、無数の人々の意識や知覚を媒介している。コミュニケーション資本主義においては、多くの人々の情動を触発する情報こそが価値を持ち、その情報が理性によって確証されるべき真実であることは、さほど重要ではない。情動を触発する情報が、感情を誘発することでコミュニケーションを生成し、富が産出される。資本の論理に搦め捕られたネットワークメディアにおいて、情動を触発する情報の価値と比べ、もはや客観的真実であることの価値は二の次となる。これがポストトゥルースの内実であろう。

かつてキャス・サンスティーンが警鐘を鳴らしたように、インターネットでは、しばしば集団を分極化させ、その意見を極端なものにするサイバーカスケードが生じる。(29) さらにフィルターバブルとエコーチェンバーによって、フェイクニュースが人々に共有され、集団の分極化を強化する。(30)

マクルーハン父子が提唱したメディアの法則である「テトラッド (tetrad)」を用いるなら、ネットワークメディアは、情動の触発を「強化 (enhancement)」し、理性を「衰退 (obsolescence)」させた。また一方向的な一対多のマスメディアから、より自由で多元的なネットワーク状のコミュニケーションを「回復 (retrieval)」させた。そして活字時代の国民化と個人化のプロセスを、よりアドホックかつ流動的な集団的主体化の形式へと「反転 (reversal)」させたと言えるだろう。(31)

意見が極端に異なる分極化した集団の間では、ネットワークメディアを介して形成された背景知としての生活世界が異なるため、コミュニケーションの齟齬が生じてしまう。生活世界の隔たりによって民主主義の目標としての合意とそのための説得のプロセスが見失われてしまう。その結果、理性的討議の余地がなくなってしまい、民主主義が危機に陥ってしまう。

民主主義の機能不全によって、「諸国家の民」は、身体性の次元で情動が触発される傾向にあることは疑いえない。いわばデジタル化しえない外部としての身体的生とその情動が、逆にネットワークメディアを触発していると言えるのではないだろうか。そして、現代のネットワークメディアを媒介にした政治的公共圏では、「諸国家の民」の苦悩や怒りという感情に触発されたコミュニケーションの多くが、先に述べた集団的分極化という隘路へと向かっていると思われる。

身体性の次元での苦悩や情動に触発されたコミュニケーションが、ネットワークメディアを介した情報として流通し、ビッグデータに蓄積される。それらは無数のユーザーたちの生活世界の断片である。それらの無制限な断片が検索とアルゴリズムによって拾い上げられ、さらなるコミュニケーションを紡ぎ出し、集団的極端化を推し進めていく。

そうした電子化して蓄積された生活世界の断片の中でも、民主主義的資本主義の時代は、失われた幸福な記憶として多くのものを魅了するであろう。そう考えると一部のユーザーたちがナショナルな民主主義的資本主義をロマン主義的に回想することでポピュリズム的傾向に陥ることは、新自由主義的理性による統治が招き寄せる宿痾《しゅくあ》だと言わねばなるまい。

すでに民主主義と資本主義の破談のプロセスから生じる政治的コミュニケーションの流れは、トランプ政権の誕生、Brexitなどに見られるように諸国家の政治的命運をも左右するようになっている。

5　技術の叛乱と「余計なものたち」

さらに現代の民主主義の危機が深刻なのは、ヴァルター・ベンヤミンが「複製技術時代の芸術作品」で述べた「技術の叛乱」の側面を持っていることにある。(32)

ベンヤミンは、その論文の中でテクノロジーを「第一の技術」と「第二の技術」に分けていた。「第一の技術」とは、人間による自然の制御をもっぱらとする技術である。その技術は、人間の必要性に基づき「やたらと人間を投入する」という特徴を持っている。膨大な労働を必要とするピラミッドや万里の長城の建設などを思い浮かべればよいだろう。アルカイックな神々への生贄や人柱、あるいは太平洋戦争における特攻などの、生命それ自体を投入する自己犠牲もその例となるだろう。

他方の「第二の技術」は、人々を労働という苦役から解放し、人間と自然との遊戯に向かうものであるという。それは苦役としての労働から解放された遊戯空間を拡大していくものである。

現代のビデオゲームやメディアアートなどは、第二の技術が切り開いた遊戯空間を象徴するものであると言えよう。だがそれ以上に情報通信技術としてのネットワークメディアによって、コミュニケーションの次元で巨大な遊戯空間が切り開かれている。

消費を焦点とした資本主義は、すでにコミュニケーションを焦点とする資本主義へと変化している。先に述べたように、このコミュニケーション資本主義は、ユーザーによる不払い労働と言うべき領野を拡大し、彼らを収奪している。こうしたネットワークメディア時代の企業の象徴が、急速にグローバルな超巨大企業となったGAFAM（Google、Amazon、Facebook、Apple、Microsoft）である。せっせと不払い労働に勤しむユーザーたちを尻目に、それらの企業は、細分化されたタスクを低賃金で発展途上国や下請けに出している。これらの企業の収奪や搾取の形態は、これから詳細に検証されるべきであろう。またネットワークメディアは、遊戯とは真逆の監視のテクノロジーとしても機能している。

さらにネットワークメディアを介したAIやロボット技術も急速に発展し、第二の技術の領域が拡大している。すでに兵器の遠隔操作と自動操縦が導入されている。また単純労働の多くは、安価になっていくロボット技術によって代替されつつある。AI技術に基づいた自動車の自動走行はすでに実施段階にあり、ヒューマノイド型のロボットの登場により、接客や介護などの感情労働、教育や家事などの領域もまた代替可能なものになりつつある。こうしたロボット化や機械化もまた、不払い労働の領域を増大させることにも繋がっている[33]。残念ではあるが、ベンヤミンの夢想した巨大な遊戯空間は、現代においてディストピア化したかたちで現前していると言わねばならない。

経済的市民社会の多くの領域で市場的価値が低下していく労働力の多くは、やがて人的資本として機能しえなくなる。ベンヤミンがかつて懸念したように、劇的な技術革新に所有関係の変更がともなわないため、労働という苦役から人々を解放するはずの第二の技術は、その成果にあずかることができない多くの失業者を生み出してしまう。新自由主義的理性による統治によって、多くの場合、失業者は自己責任の名のもとに労働市場から排除されてしまう。

ベンヤミンによれば、増大する技術的手段や生産力の自然な利用と所有の秩序が矛盾する場、それらの技術は不自然な利用に駆り立てられる。ベンヤミンは「帝国主義戦争は、技術の叛乱にほかならない。技術の要求にたいして社会が自然の資源を与えなくなったので、技術はその要求をいまは〈人的資源〉に向けているのだ」と言う[34]。

ネットワークメディア時代の技術の利用もまた不自然なものとなっているのではないだろうか。また新自由主義的理性による人的資本への要求は、あまりに不自然かつ過酷なものではないだろうか。

ベンヤミンの時代における技術の叛乱は、大恐慌とファシズム、そして二つの世界大戦を生じせしめることになった。ベンヤミンの同時代人であったハンナ・アーレントは、生産力の高まりによって積み上げられた余剰資本と旧来の階級的関係から締め出された「余計なもの」であるモッブたちが、帝国主義支配の尖兵となり、ヨーロッパに吹き荒れるファシズムを引き起こす発端となったことを指摘している(35)。

ファシズムの再来を避けるべく第二次世界大戦後の「埋め込まれた自由主義」によって成立した民主主義的資本主義は、モッブのような落伍者たちを生み出さないように、賃金依存者たちを労働者として社会的に包摂した。その成功は、同時に階級対立を緩和させ、社会主義や共産主義革命のリアリティを後退させることになった。

現代の余剰資本と「余計なものたち」の行く末はどのようになるのであろうか。新自由主義的転換による債務国家化によって「市場の民」が保持する余剰資本の多くは、国債へと流れ込んだ。現在の新自由主義的転換のモードである財政再建国家は、市場的公平に基づく緊縮財政の要求によって人々の社会権と生存権を毀損し、社会的包摂からはみ出した「余計なものたち」を生み出している。財政再建国家は、「市場の民」が要求する金利を支払うために汲々としている。他方で、新自由主義的理性による統治の犠牲として、諸国民でもある「余計なものたち」は、国家債務に対する責任をとらされる(36)。これは、民主主義と資本主義の破談のプロセスから生じる悪魔的スパイラルとも言うべきであろう。

現代の階級関係からはじかれ排除されたもの、あるいは排除の可能性に怯えるものたちの一部は、集団的極性化を促すネットワークメディアに媒介されることで、新たなモッブを形成しはじめているのではないだろうか。中産階級が下方へと融解していく傾向によって生み出される現代のモッブたちは、新時代のファシズムの担い手となりえるのではないだろうか。その兆候はすでに多く見られる。新時代のモッブと言うべき右派ポピュリストたちは、自らを救済すべく、不死の民族や国家という権威を拝跪し、排外主義を強めつつある。

コストのかかる調査研究に基づく情報の流れがなければ、無料というわけにはいかない専門知に基づいた論議による活性化がなければ、活気のある討議を失ってしまう。そうなったらポピュリズム的傾向に対して、公共圏はいかなる抵抗もできなくなる。(37)

このハーバマスの予言は成就しつつあるかのように思える。けれどもポピュリズムは必ずしも負の側面だけを持つのではない。それは新自由主義的理性の統治において隠蔽されてきた「政治的なもの」の回帰でもあるからだ。二〇〇八年のリーマン・ショックとそれに続く欧州ソブリンリスク問題は、新自由主義的統治のほころびを人々に自覚させる契機となった。と言うのもリーマンショックで危機に陥った金融資本は、諸国家による巨大な財政出動によって救済されたからだ。しかしながら、それに続く欧州ソブリンリスク問題に際して、危機に陥った南欧諸国では、債権国からの支援が得られなかった。結局、南欧諸国では緊縮財政が進められたため多くの人々は、貧苦に喘ぐことになった。この新自由主義的統治の自己矛盾が「政治的なもの」への回帰としてのポピュリズムの力を増した大きな契機となっている。

このグローバルな規模での危機から生じるポピュリズムは、負の感情から抜け出そうとする人々の欲望を表現している。言うまでもなくポピュリズムは必ずしも右派のものだけではない。EUではギリシャの「シリザ（Syriza）」やスペインの「ポデモス（Podemos）」など緊縮財政に抗する左派ポピュリズム政党も台頭している。

ハーバマスの憲法愛国主義を信奉するヤン＝ヴェルナー・ミュラーは、右派と左派にかかわらないポピュリズムの特徴を描き出している。(38) ミュラーによれば、ポピュリズムは、近代民主主義における代表制の永続的な影である。ポピュリストは、腐敗したエリートと非同調者という敵対者を見出し、純粋な存在である「真の人民」の名のもとに多元性を抑圧しようとする。それは、多文化主義的な多元性と寛容性によって対話を重視し、社会統合を達成しようとするリベラルな憲法愛国主義の反対物である。ミュラーが期待する憲法愛国主義はネットワークメディアに媒介されることで座礁し、それを可能にするはずであった政治的公共圏ではポピュリストの不寛容な掛け声が響き渡っている。

ミュラーのポピュリズムに対する否定的な評価と異なり、ポピュリズムによって民主主義の活性化を目論むのが「左派ポピュリズム」を提唱するシャンタル・ムフである。(39) ムフは、ハーバマスに抗して、了解志向的な合意ではなく、対抗者を焦点とする抗争を含んだ合意を志向する闘技民主主義を掲げてきた。それは敵対者を破壊するのではなく、敵を対抗者へと転じ、われわれ「人民」へと変容させることを目的とする[40]。そのムフが、ポピュリズムの台頭を、新自由主義的統治の中で見失われていた「政治的なもの」の回帰として歓迎している。

民主主義を活性化させるためにムフは、等価性の連鎖によって多元的言説を結びつけ、政治的フロンティアを構築すべきだと言う。その際、主意主義的言説に依拠してきたムフもまた、情動論的転回に加わるかのように、人々の情動を焦点にすることで、民主主義を活性化する方途を模索している[41]。

ハーバマスやミュラーのようにポピュリズムを民主主義に対するたんなる敵対者と見なしてはなるまい。コミュニケーションへと合流しようとする情動に続く感情を、スピノザが言うところの肯定的な「喜び」へと転じ、それを他者と共有しうるものにできるかが、これからの政治的公共圏が抱え込まざるをえない課題となろう[42]。つまり情動と感情のコミュニケーションを、権威主義や排外主義へと接続させるのではなく、いかにして理性的討議へと接続し、ネットワークメディア時代に対応する新たな民主的秩序を形成するかが問われているのだ[43]。

注

（1）林香里もまたハーバマスの社会理論を現代のデジタル化したメディア環境において検証している（林 二〇一四）。林がジャーナリズムの可能性とリスクという論点からハーバマスの理論を検証したのとは異なり、本章は、現代のデジタル化したメディア環境と連動した民主主義の危機から明らかとなるハーバマス社会理論の限界と可能性を問うものである。

（2）Ruggie 1982.

（3）Streeck 2013＝二〇一六、三〇頁

（4）Streeck 2013＝二〇一六、五一頁

（5）Habermas, 1992.

（6）Habermas, 1992: 109-163＝二〇〇二、一〇六―一〇七頁

（7）Streeck 2013＝二〇一六、三〇頁

（8）デヴィッド・ハーヴェイによれば、新自由主義のプロジェクトは、一九四七年のフリードリヒ・フォン・ハイエクを中心と

したモンペルラン協会の創設から始まっている（Harvey 2005＝二〇〇七、三三―三六頁）。

（9）Streeck 2013＝二〇一六、三〇頁

（10）Brown 2015＝二〇一七

（11）Streeck 2013＝二〇一六、四九頁

（12）Streeck 2013＝二〇一六、一二一頁

（13）Streeck 2013＝二〇一六、二七頁

（14）Streeck 2013＝二〇一六、一五一―二四二頁

（15）Virno 2001＝二〇〇四、六―七頁

（16）間々田二〇一六、四〇五―四六〇頁

（17）ブラウンは、二〇一三年一月のバラク・オバマ大統領の一般教書演説を取り上げ、リベラルな民主主義国家における平等、自由、統合教育、立憲主義へのコミットメント、あるいは環境保護、フェアトレード、慈善事業、社会的責任などが、経済的利益へと還元され、資本を拡大する手段となっていることを指摘している（Brown 2015＝二〇一七、二〇―二二頁）。

（18）シュトレークによれば、政治的無関心の増大は、消費社会における欲求の脱政治化が強い影響を与えているという（Streeck 2016＝二〇一七、一三二―一五八頁）。ポストフォーディズム世代の若者と中産階級は公共領域より消費生活を豊かにすることを望み、低所得者層は公共領域の縮小により発言の機会を奪われ、政治的関心を低下させているとシュトレークは言う。

（19）ハーバマスも、社会統合のメカニズムが参加者の関心と高度な理解を必要とするため、現代では「政治的なもの」が住民にとってたんなる行政サービスの機能システムの論理に従うものとして現れていることを嘆いている（Habermas 2011: 15-16＝二〇一四、一五―一六頁）。

（20）大黒二〇一六

（21）McLuhan 1962＝一九八六

（22）Dean 2009: 19-48.

（23）Dean 2009: 27.

（24）McLuhan 1962＝一九八六

（25）大黒二〇一八、三六七―三六九頁

（26）津田二〇一八

(27)　情動についての説明は、伊藤守がドゥルーズの『スピノザ――実践の哲学』を検討したものが説得的である。伊藤によれば、その核心は「身体が被る痕跡であり、それによって生ずる持続的契機からなる変容が情動である」（伊藤 二〇一七、三七―三八頁）。

(28)　マクルーハンは、アドルフ・フォン・ヒルデブラントを参照しつつ「触覚（tactility）」が、諸感覚の相互作用させる、一種の「共感覚（synesthesia）」であることを指摘している（McLuhan 1962: 41＝一九八六、六七頁）。マクルーハンによれば、アルファベットという文字と活字は、多様かつ非連続的な自然との交流の中にあった「聴覚‐触覚複合（audile-tactile complex）」という諸感覚の相互作用の中から、視覚のみを抽象し、理性を活性化させた（McLuhan, 1962: 58-60＝一九八六、九二―九六頁）。けれども電子メディアは、聴覚空間の特徴であった全体性、同時多発性、非連続性、非同質性、多中心性をグローバルに拡張したかたちで回復させる。それは「聴覚―触覚複合」という諸感覚の相互作用を劇的に活性化することで、言語的な理性の機能を相対的に衰退させていると考えられる。電子メディアによって回復した「聴覚‐触覚複合」と情動との結びつきも再検討されるべき課題となろう。

(29)　Sunstein 2001＝二〇〇三

(30)　Bartlett 2018＝二〇一八、五五頁

(31)　McLuhan & McLuhan 1988＝二〇〇二、一七八―一八〇頁

(32)　Benjamin 1974＝一九九五

(33)　廣瀬純によれば、ＡＩとロボット技術は、人間の労働が奪われるだけでなく、被雇用者でない人々に労働を移転するものであり、労働を雇用から切断するものである（廣瀬 二〇一九b）。また廣瀬は、ＧＡＦＡＭは、商品開発に必要となる膨大なデータ生産作業を無数のマイクロタスクに細分化・単純化することで、低賃金でウェブ上のクラウドソーシングを通じて募っていることを指摘している。それに応じるのが、内職を必要とする北の中間層以下の女性や、貧困をしいられる南の住人である。ここに階級関係に基づく巨大な搾取が存在している。

(34)　Benjamin 1974: 469＝一九九五、六二八―六二九頁

(35)　この点については、百木漠の卓抜なアーレント論を参照した（百木 二〇一八）。百木によれば、アーレントは、生産力の過剰によって資本主義が生み出す、余計なものである余剰資本と余剰労働力が、帝国主義とファシズムを生み出したことをマルクス研究から導き出している。

(36)　ここにこそ現代の階級対立を解く鍵があると思われる。ブラウンが言うように、新自由主義的理性に馴染んだ現代の愛国者

は進んでこの犠牲を受け入れる（Brown 2015＝二〇一七、二四三―二五二頁）。けれどもこの犠牲は矛盾を孕んでいる。現代の「諸国家の民」は、自己責任の名の下に人的資本として孤立し、国家による社会的包摂から排除される傾向にある。社会的に排除されながら、国家の経済的破綻の責務を進んで担おうとする新自由主義的主体の意識は倒錯している。この犠牲が不正義であることを自覚しえないのは、新自由主義的理性が用いる一連の語彙によって多くの人々の思考が方向づけられているからであると考えられる。例えば「人的資本」という語彙だけでなく、階級的関係を覆い隠す「格差社会」などの語彙もまた批判的に吟味されねばならない。

(37) Habermas 2008＝二〇一〇、一七四―一七五頁

(38) Müller 2015＝二〇一七

(39) Mouffe 2018.

(40) ハーバマスもまた世俗的市民とその他者である宗教的市民が民主的討議を行う際、宗教的市民による公共的発言の「ポリフォニックな多様性」を制限しないように配慮すべきであることを主張している（Habermas 2011: 15-16＝二〇一四、一五―一六頁）。

(41) Mouffe 2018: 97-104.

(42) Deleuze 1981＝二〇〇二

(43) ブラウンは、左派は、新自由主義的な資本主義に代わるオルタナティブな経済を示すことができていないが、持続可能な経済秩序を作り出す任務を担っているという（Brown 2015＝二〇一七、二五七―二五八頁）。また廣瀬によれば、二〇一九年三月時点で進行中のフランスの黄色いベスト運動は、代表不在で交渉が不可能であり、従来の政党や労組と合流せず、新たな問う権力として「市民発議型国民投票」（ＲＩＣ）の法制化を要求しているという（廣瀬 二〇一九ａ）。この左右の陣営に回収することのできない新たな権力は、ハーバマスのコミュニケーション的権力の現代的な発露であると言うことができるが、その要求は「市場の民」との対決へと向かわざるをえないだろう。

参考文献

Anderson, B. (1991) *Imagined Communities: Reflections on the Origin And Spread of Nationalism*, Verso.（アンダーソン、ベネディクト（一九九七）白石さや・白石隆訳『想像の共同体』ＮＴＴ出版）

Bartlett, J. (2018) *The People Vs Tech: How the internet is killing democracy (and how we save it)*, Ebury Press.（バートレット、ジェイミー

（二〇一八）秋山勝訳『操られる民主主義――デジタル・テクノロジーはいかにして社会を破壊するか』草思社）

Benjamin, W. (1974) "Das Kunstwerk im Zeitalter seiner technischen Reproduzierbarkeit," *Gesamelte Schriften*, Bd. I-2, Shurkamp, 431-508.（ベンヤミン、ヴァルター（一九九五）久保哲司訳「複製技術時代の芸術作品」『ベンヤミン・コレクションⅠ　近代の意味』ちくま学芸文庫）

Brown, W. (2015) *Undoing the Demos: Neoliberalism's Stealth Revolution*, Zone Books.（ブラウン、ウェンディ（二〇一七）中井亜佐子訳『いかにして民主主義は失われていくのか――新自由主義の見えざる攻撃』みすず書房）

Crary, J. (2013) *24/7: Late Capitalism and the Ends of Sleep*, Verso.（クレーリー、ジョナサン（二〇一五）岡田温司監訳・石谷治寛訳『24/7　眠らない社会』NTT出版）

Dean, J. (2009) *Democracy and Other Neoliberal Fantasies: Communicative Capitalism and Left Politics*, Duke University Press.

Deleuze, G. (1981) *SPINOZA: Philosophie pratique*, Les Edition de Minuit.（ドゥルーズ、ジル（二〇〇二）鈴木雅大訳『スピノザ――実践の哲学』平凡社）

Habermas, J. (1973) *Legitimationsprobleme im Spätkapitalismus*, Suhrkamp.（ハーバーマス、ユルゲン（二〇一七）山田正行・金慧訳『後期資本主義における正統化の問題』岩波文庫）

Habermas, J. (1990) *Strukturwandel der Öffentlichkeit: Untersuchungen zu einer Kategorie der bürgerlichen Gesellschaft, Neuaufl*, Suhrkamp.（ハーバーマス、ユルゲン（一九九四）細谷貞雄・山田正行訳『公共性の構造転換――市民社会の一カテゴリーについての探究（第二版）』未來社）

Habermas, J. (1992) *Faktizität und Geltung: Beiträge zur Diskurstheorie des Rechts und des demokratischen Rechtsstaats*, Suhrkamp.（ハーバーマス、ユルゲン（二〇〇二）河上倫逸・耳野健二訳『事実性と妥当性――法と民主的法治国家の討議理論にかんする研究（上）』未來社、ハーバーマス、ユルゲン（二〇〇三）河上倫逸・耳野健二訳『事実性と妥当性――法と民主的法治国家の討議理論にかんする研究（下）』未來社）

Habermas, J. (2008) *Ach, Europa*, Suhrkamp.（ハーバーマス、ユルゲン（二〇一〇）三島憲一・鈴木直・大貫敦子訳『ああ、ヨーロッパ』岩波書店）

Habermas, J. (2011) "'The Political': The Rational Meaning of a Questionable Inheritance of Political Theology," Eduardo Mendieta, E & Jonathan VanAntwerpen, J. (ed), *The Power of Religion in the Public Sphere*, Columbia.（ハーバーマス、ユルゲン（二〇一四）箱田徹・金城美幸訳「政治的なもの――政治神学のあいまいな遺産の合理的意味」、ハーバーマス、ユルゲンほか『公共圏に挑戦す

る宗教――ポスト世俗化時代における共棲のために』岩波書店）

Harvey, D.（2005）*A Brief History of Neoliberalism*, Oxford University Press.（ハーヴェイ、デヴィッド（二〇〇七）渡辺治ほか訳『新自由主義――その歴史的展開と現在』作品社）

林香里（二〇一四）「ポスト・マスメディア時代の〝ジャーナリズム〟研究」、伊藤守・毛利義孝編『アフター・テレビジョン・スタディーズ』せりか書房、七一―八九頁）

Hegel, G. W. F.（1995）*Grundlinien der Philosophie des Rechts*, Meiner.（ヘーゲル（一九六九年）藤野渉ほか訳「法の哲学」『世界の名著35』中央公論社、一四九―六〇四頁）

廣瀬純（二〇〇六）『闘争の最小回路――南米の政治空間に学ぶ変革のレッスン』人文書院

廣瀬純（二〇一九ａ）「自由と創造のためのレッスン（第80回）――黄色いベスト運動とは何か（1）」『週刊金曜日』第一二二四号、四六―四七頁

廣瀬純（二〇一九ｂ）「自由と創造のためのレッスン（第82回）――ロボットは労働を雇用から切断する」『週刊金曜日』第一二二四号、四八―四九頁

廣瀬純ほか（二〇一六）『資本の専制、奴隷の叛逆』航思社

伊藤守（二〇一七）『情動の社会学――ポストメディア時代における〝ミクロ知覚〟の探求』青土社

間々田孝夫（二〇一六）『21世紀の消費――無謀、絶望、そして希望』ミネルヴァ書房

McLuhan, M.（1962）*The Gutenberg Galaxy : The Making of Typographic Man*, University of Toronto Press.（マクルーハン、マーシャル（一九八六）森常治訳『グーテンベルクの銀河系――活字人間の形成』みすず書房）

McLuhan, M.（1964）*Understanding Media: The Exteninons of Man*, McGraw-Hill.（マクルーハン、マーシャル（一九八七）栗原裕・河本仲聖訳『メディア論――人間の拡張の諸相』みすず書房）

McLuhan M. & McLuhan, E.（1988）*Laws of Media: The New Science*, University of Toronto Press.（マクルーハン、マーシャル、マクルーハン、エリック（二〇〇二）高山宏監修・中澤豊訳『メディアの法則』ＮＴＴ出版）

百木漠（二〇一八）『アーレントのマルクス――労働と全体主義』人文書院

Mouffe, C.（2018）*For a Left Populism*, Verso.（ムフ、シャンタル（二〇一九）山本圭・塩田潤訳『左派ポピュリズムのために』明石書店）

Müller, J-W.（2007）*Constitutional Patriotism*, Princeton, University Press.（ミュラー、ヤン＝ヴェルナー（二〇一七）斎藤一久ほか訳

『憲法パトリオティズム』法政大学出版局）
Müller, J-W.（2015）*What is populism?*, University of Pennsylvania Press.（ミュラー、ヤン＝ヴェルナー（二〇一七）板橋拓己訳『ポピュリズムとは何か』岩波書店）
大黒岳彦（二〇一六）『情報社会の〈哲学〉――グーグル・ビッグデータ・人工知能』勁草書房
大黒岳彦（二〇一八）『ヴァーチャル社会の〈哲学〉――ビットコイン・VR・ポストトゥルース』青土社
Ruggie, J. G.（1982）"International Regimes, Transactions, and Change: Embedded Liberalism in the Postwar Economic Order," *International Organization*, vol. 36, no. 2, 263-291.
Schmitt, C.（1925）*Politische Romantik*, Duncker & Humblot.（シュミット、カール（一九九七）大久保和郎訳『政治的ロマン主義』みすず書房）
Streeck, W.（2013）*Gekaufte Zeit: Die vertagte Kreise des democratischen Kapitalisumus*, Suhrkamp.（シュトレーク、ヴォルフガング（二〇一六）鈴木直訳『時間稼ぎの資本主義――いつまで危機を先送りできるか』みすず書房）
Streeck, W.（2016）*How Will Capitalism End?: Essays on a Failing System*, Verso.（シュトレーク、ヴォルフガング（二〇一七）村澤真保呂・信友建志訳『資本主義はどう終わるのか』河出書房新社）
Sunstein, C.（2001）*Republic.com*, Princeton University Press.（サンスティーン、キャス（二〇〇三）石田幸憲訳『インターネットは民主主義の敵か』毎日新聞社）
津田大介（二〇一八）『情報戦争を生き抜く――武器としてのメディアリテラシー』朝日新聞社
Virno, P.（2001）*Grammatica della moltitudine: Per una analisi delle forme di vita contemporanee*, Rubbettino.（ヴィルノ、パオロ（二〇〇四）廣瀬純訳『マルチチュードの文法――現代的な生活形式を分析するために』月曜社）

第II部　コミュニケーション資本主義と生権力

第5章　生かさない〈生‐政治〉の誕生の再考

——福祉制度×情報技術による「生存資源の分配」

柴田邦臣

1　はじめに——「生‐政治」の〝愛〟を、最後まで信じられるか？

確かに愛されていたはずだった。しかしそれは本当に〝愛〟だったのだろうか。愛されていたはずの〝愛〟が、実は〝愛〟ではないとわかった日ほど、悲しみにくれるときはないに違いない。問題は、それが〝がんじがらめの愛〟であった場合である。もちろん、自分から望んだ愛ではなかったけれど、それでも〝愛されている〟という一点においてのみ、私たちは我慢していたし、時には愛し返しさえしていた。それゆえ問題は、私たちの悲しみの奥底にこそある。〝がんじがらめの愛〟から〝愛〟が引き算されたら、そこには〝がんじがらめ〟しか残らない。私たちはそんなものに、隷従し続けることができるのだろうか。

本章の課題は、その私たちを〝愛していた〟はずのもの——つまり私たちを管理の名のもとに教導し生かし拘束し、そして生かし続けてきた——いわゆる生‐政治が、私たちを〝愛する〟ことを、すなわち、〈生かすことを決定的に止める〉地点にある。生‐権力に対する唯一の（そして皮肉な意味での）信頼の源は、私たちの生命と身体を人質に取ることで（いずれ死の中に廃棄するにしても、そしてその質や量はともかくとして）、私たちを生かす、という一点に限られていた。それが、私たちを〈生かさない〉権力として、にもかかわらず、なおも私たちの生命をからめとって統治しようとし続けた場合、私たちはその時点でも、〈生かさない生‐政治〉に服従し続けることができるのだろうか。

本章は、そのような生‐政治の〝転調〟とでもいうべき事態に注目した拙論（柴田 二〇一四）の改稿である。その旅路は、少子化・高齢化・人口減という、「生‐政治による人口管理の失敗」とでも呼ぶべき事態への素朴な疑問からはじまる。その経由地は、これまで「福祉制度論」や「情報技術」論として区別して論じられてきた三つの補助線――ビッグデータ、社会保障・税番号制度、介護保険制度――という、素朴でマイナーな権力装置になる。いずれもが、誕生時には華々しく注目を集めながら、いつのまにか後景に退き、にもかかわらず、社会のさらなる〈現代化〉のための基幹として確かに機能し続けている。その偶然とは言い難い奇妙な一致が、私たちの探訪の手がかりとなろう。その到達地は、おそらく本章ではじめて示しうる。そこは「生きる主体」に代わって〈愛しあう人々〉が汲々と資源を分け合うほど、皮肉な〝愛〟に満ちた、もしかすると「多死社会」として描かれる。(1)

2　生‐政治の〝敗北〟

（1）生‐政治の量的〝敗北〟――人口減少の〝失敗〟

我が国は、社会経済の根幹を揺るがしかねない「少子化危機」とも言うべき状況に直面している。（略）少子化等による人口構造の変化は、我が国の社会経済システムにも深く関係する問題であり、直接的には年金、医療、介護に係る経費など社会保障費用の増大を招くとともに、経済成長への深刻な影響も懸念されるという点で、社会的課題であるということを念頭に置いた対策が必要である。（内閣府 二〇一三、三七頁）

人口縮減に伴い、世界に前例のない速さで高齢化が進み、世界最高水準の高齢化率となり、世界のどの国もこれまで経験したことのない超高齢社会を迎えている。（略）さらに、少子高齢化に伴う人口縮減に対応するためには、人材が財産である我が国においては、今まで以上に高齢者のみならず、若年者、女性の就業の向上や職業能力開発の推進等により、国民一人ひとりの意欲と能力が最大限に発揮できるような全世代で支え合える社会を構築することが必要である。（内閣府二〇一二、一頁）

結局のところ私たちの「政治」、その統治は、人口の管理に失敗したのではないか。この素朴な疑問を、私たちの出発点にしたい。もちろん現代日本の人口減、高齢化、少子化を乱暴に並べて、生‐政治の〝失敗〟と決めつけることが、どれほど拙速な暴論であるかは自覚している。それでも生‐政治は、他の何をおいても、人口管理だけは失敗しないはずだったのではないか。それは生‐政治にとって、本当に予期された結末なのだろうか。

人口は統治のまさしく最終目標として現れることになる。（略）目標は人口の境遇を改善すること、人口の富・寿命・健康を増大させることです。これらの目標はいわば人口という領域にとって内在的なものですが、この目標を獲得するために統治が手にする道具というのが本質的に言って人口なのです。（Foucault 2004a ＝二〇〇七、一二九頁）

生‐権力と生‐政治の理解は、多くの先達によって精緻化されてきた[2]。フーコーが司牧的権力の源泉から新自由主義に至る過程のなかで見事に描き出したそれは、私たちすべてを囲い込むほどに遍在していて、私たちが生命すべてを捧げてしまうほど巧妙でもあった。しかしそれほどまでも大剛な生‐政治が、もっとも重要なはずの人口総体の管理に〝失敗〟したとは、にわかには信じがたい。

この権力のテクノロジー、この生政治は、規律的メカニズムの諸機能とは非常に異なるいくつかの機能を持つメカニズムを配置させることになるでしょう。（略）死亡率を修正し、低下させなければならないでしょう。寿命を延ばさなければならないでしょう。出生率を刺激しなければならないでしょう。とりわけ、偶発的な領域を伴う包括的な人口のなかで、均衡を保ち、平均値を維持させ、一種の恒常性を確立し、補償を保証することのできる調整的なメカニズムを確立しなければなりません。要するに、生きた存在からなる人口に内在する偶発性のまわりに安全

> のメカニズムを配置し、生命の状態を最適化しなければならないわけです。（Foucault 1997＝二〇〇七、二四四―二四五頁）

あたり前だが、本章の目的は人口管理の責任を誰に押し付けるかではないし、そもそも生－政治に訴えたり、頼ったりするつもりもない（そもそも統治はそのような主体ではない）。また、人口が増えればよいといっているわけでもない（それは生－政治にとっても同じである）[3]。それでも、現状を省みて、日本の人口管理は「必要かつ自然な調整が働くようにはからう」（Foucault 2004a ＝二〇〇七、四三六頁）というレベルを維持しているといえるだろうか。貴重な労働力（統治の主眼のひとつである）の急減というリスクをとるほどの理由が、生－政治にとって存在しているとでもいうのだろうか。

逆にこの、人口管理の〝失敗〟を、生－政治に対する私たちの〝勝利〟だと思うこともできるかもしれない。生－政治への「操行上の拒否」（Foucault 2004a ＝二〇〇七、二四八頁）として、極端なことをいえば「産むことの拒否」（Dalla Costa 1981＝一九八六、一六頁）という意味で、この人口管理の〝失敗〟は、私たちの成果のひとつなのかもしれない。

では私たちは本当に、生－政治に勝利をおさめたのだろうか。あれほどまでの生－権力を、その統治を、〝敗北〟に追い込むことに成功したのだろうか。もし、そうだとして、なぜ私たちは、とても凱歌を揚げる気になれないのだろうか。

（2）生－政治の質的〝敗北〟――「生きづらさ」という〝生かしの失敗〟

> たとえば30代のSEをしている人なんですが、その人はちょっと連絡がとれないなあと思っていたら、陸橋から線路に飛び降り自殺を図って、けっきょく命は助かったけど、全身を何カ所も複雑骨折して入院していました。仕事で過労状態になっていて、それが原因で鬱病を患っていたんです。（雨宮・萱野 二〇〇八、九頁）

私たちが生－政治に対して、勝利を誇る気にとてもなれない理由は、まさに上記のような状況に直面しているからである。つまりその〝勝利〟が、私たちにとってまったく喜ばしい状況を意味していなかったことに、気がついているからである。

私たちはこれまで、この世界に充満する生きづらさが、むしろ生－権力の強化によって引き起こされてきたと考えていた。確かにドゥルーズが看破したように、現在に至るまで私たちは、身体管理や生活管理によって拘束され続けている[4]（Deleuze 1990＝二〇〇七）。しかしその結末が、私たちを労働市場から撤退させるほどの生きづらさなのであれば、生－政治が実現しているのはあまりに愚鈍な統治だといわざるをえない。

> 個々人に起こる偶発時、つまり病であろうと、あるいはいずれ必ずやってくる老いであろうと、生において起こりうることのすべてが、個人や社会にとっての危険を構成しないようにすること。要するに、こうしたすべての命令に対して——利害関心のメカニズムが個人に対しても集団に対しても危険を引き起こすことのないよう警戒すべしという命令に対して——安全の戦略が答えなければならないということです。（Foucault 2004b＝二〇〇八、八〇頁）

> 保証のメカニズムによって、もし市場の条件が要請する場合にはいつでも何らかの雇用の候補者となりうるようなやり方で、一人ひとりが生活を維持できることになる。（Foucault 2004b＝二〇〇八、二五五頁）

もちろん、フーコー自身が新自由主義分析から見いだしたように、生－政治の中で私たちは、「危険と背中合わせに生きる」（Foucault 2004b＝二〇〇八、八一頁）ような存在である。なかにはその結果、死に絶えるものも少なくないだろう。しかしそれは、自由や競争の結果、ないしは良質な労働力として疲弊したあげくの「死への廃棄」であった。逆にいえば、労働力人口として使いつぶされるまでは、生－政治は私たちを「できる限り危険にさらさないようにしなければならない」（Foucault 2004b＝二〇〇八、八一頁）。だからこそ、私たちの生を管理する「生かす権力」だということができたのである。

現在私たちが直面する生きづらさが、生－権力の結果だとするならば、それは少なくともフーコーが想定していた生－政治のありようとは、明確に異なっているのではないだろうか。良質で従順な労働力たりえようとする私たちにまで、これほど追いつめるような生きづらさは、少なくとも生－政治の原点からしてみれば、もくろみ違いといわざるをえない。人口減少の危機が、人口管理の〝量的な失敗〟であれば、これらの例はまさに、人口管理の〝質的な失敗〟だといえるのではないか。

ここまで述べれば、生－政治の〝失敗〟という仮説設定が、〝偽装された敗北〟を誤解したのに過ぎないと、疑う向きも出てくるだろう。本章は実は、その異論に同意する立場をとっている。ただしそれは従来の、生を管理し安全をはかるタイプの生－権力によって引き起こされているものではない。むしろそれは〝偽装〟ではなくて、生－政治の目的変更――私たちを〈生かすことを止める〉――という、管理の放棄という局面なのだと考えた方がよい。だからこそ問題は、〈生かすことを止めた〉生－権力に私たちが耐えられるか、という一点に集約される。これこそが、危機に直面する生－政治自身にとっての問題であり、危機を現出する〈生－政治〉から出題された、私たちへの問題でもある。

（3）生－政治の〝転調〟――新たなる統治の機運

安全装置は第一に、当該の現象を、一連の蓋然的な出来事の内部に挿入するようになる。第二に、この現象に対する権力の対応が何らかの計算のなかに挿入されるようになる。つまりコストの計算です。そして最後に第三に、許可と禁止という二項分割を設定する代わりに、最適と見なされる平均値が定められ、これを超えてはならないという許容の限界が定められる。（Foucault 2004a ＝二〇〇七、九頁）

こう考えてみると、管理し調整する生－政治の権力装置にフーコーがつけた、「安全装置」（Foucault 2004a ＝二〇〇七、九頁）という呼称は、アイロニカルな意味でも卓越しているといえるだろう。もちろんここでいわれる「安全」に、私たちを「安全にしている」という含意はまったくない。「安全」を問う――たいていは人口や国家の安全――ことを、統治の手段としているという部分にこそ、その真価がある。したがってここで問題なのは、私たちの危機が単なる個人的な水準を超えて、集団としての人口ないしは社会の維持といった、生‐政治の統治対象そのものの「安全」の成否が問われるほどの、許容の下限に底触しつつあるという事実である。私たちに「安全」を問うことで管理していた生‐政治が、逆に私たちから「安全」を問われるという事態が到来した場合、その権力装置はどのように駆動するのだろうか。

さらにいえば、そもそも〈生かさない生‐権力〉など、ありえるのだろうか。一般的な理解に従えば、人口管理を放棄するという言い訳の聞かない目的変更をおこなっているような権力は、少なくとも生‐権力の呼称には値しないだろう。しかし、フーコーが積み上げていた生‐権力と生‐政治の議論は、身体と生活を包囲する生‐権力が、そのままで、私たちを生かすことへの関心を喪失するという事態を否定してはいない。むしろそれを予見していたとさえ、いえるかもしれない[5]。その「生‐政治の転調」の論証は不可能ではないのだが、残念ながら本章の力量を超える。そこでここでは、実際にそのような統治が到来しうるか、ないしは到来しつつあるのかを、私たちの現実社会の中から観察する方法をとりたいと思う。つまり現実社会の中で、私たちの生・性・身体を鷲摑みにしながら、にもかかわらず私たちの生存や生活にまったく関心を持たないような統治がありえるのか、その可能性は、検討される意味があると思う[6]。

実際のところ、そのためのパーツ、すなわち〈生かさない生‐政治〉を具体化するために必要な権力装置の部品は、いくつも発見できる。「ビッグデータ」、「社会保障・税番号制度（マイナンバー）」、そして「介護保険制度」は、その典型例といってもよい。新しい生‐政治が、私たちを〈生かさないまま、生を司る〉ために必要なパズルは、以上の三つでほぼ満たされうる。おそらく、そのピースを順番に羅列するだけでも、本章の目的は達成されうるほど、その兆候はあまりにも確然としている。

3　ビッグデータ×「社会保障・税番号制度」

(1) ビッグデータ、ライフログと統計学

ＩＣＴの普及により、ライフログなど多種多様な個人に関する情報を含む大量の情報（いわゆるビッグデータ）がネットワークを通じ流通する社会を迎えている。これにより、新事業の創出、国民の利便性の向上、より安心・安全

な社会の実現などが期待される一方、個人に関する大量の情報が集積・利用されることによるプライバシー等の面における不安も生じている。（総務省 二〇一三、二五九頁）

本章のテーマである「ビッグデータ」と「統計学」が、どのように〈生かさない生－権力〉の胚胎となるのか。その考察は、それぞれを詳述するまでもなく、二つの旋律を並置して、カノンのように奏でられる軌跡に耳を澄ませるだけで済むかもしれない。その第一主題たるものが、「ライフログ」、その変奏が「社会保障・税番号制度（マイナンバー）」である。

一般的にビッグデータは、「ＩＣＴの進展により生成・収集・蓄積等が可能・容易になる多種多量のデータ」（情報通信審議会 二〇一二、三頁）と理解されよう。ただその定義に、「多量な情報」以上の本質的な意味は含まれていない。「ライフログ」の定義そのものも厳密に定まっているわけではないが、「蓄積された個人の生活の履歴をいい、購買・貸出履歴、視聴履歴、位置情報等々が含まれる」（総務省 二〇一三、二五九頁）という理解が順当だろう。生活の履歴という意味でいえば、その利用者個人に関するあらゆる情報――そのときの身体に関する情報や、自分の行動に関する履歴――すべてが含まれうる。主体の生活情報の集積であるライフログがビッグデータを生み出すと考えれば、私たちの身体や生活全体を包み込む、膨大な情報の巨塊を、たやすく想像できる。

実際にビッグデータとライフログの統計学的な活用は、いくつも具体化している。もっとも著名なひとつがアマゾンの「リコメンド機能」だろう。アマゾンで本を買うと、「この本を買った人は、こんな本も買っています」というお薦めが表示されたり、登録していたメールアドレスに類似のテーマの新刊本の案内が届いたりする。

そのリコメンドは、私たちの利用履歴をライフログとして収集した結果を活用しているように見えるが、あらためて思い出してみると、まだたいして本を購入していない段階から、すでにいくつもリコメンドされていたことに気づく。これは、ライフログが実際には「私の記録であって私の記録ではない」ものに従ってリコメンドしているからである。〈私〉の限られた利用ログは、登録時に入力した年齢性別などの情報とともに、ビッグデータに格納される。そこには他のユーザーの情報も匿名化され、類型化されて蓄積されている。それを基に各種の統計学の技法が駆使され、〈私〉

の好みを算出してリコメンドしているのである。

私たちはライフログによるサービスを、「私の生活履歴に基づいたもの」と思いがちである。しかしそれは、半分しか正しくない。実際に収集された情報は匿名化され、年齢ごと・性別ごと・身体の状態などによって類型化されて蓄積・活用される。ライフログとは、〈私〉の情報を大量に集めて参照にしているのではなく、〈私〉という対象のために、〈私〉を含めたデータすべてを蓄積し分析しているという意味で、まさにビッグデータなのである。個人の情報を絶え間なく記録しながら、それを個人から切り離しつつ、繋ぎとめて、再度、当てはめる。それを可能にしているテクノロジーが、統計学である。

(2) 〈統計学的な私〉

生－政治にとって統計学は、古くて新しいテクノロジーだといえよう。そもそも生－政治の始動点から、統計学は不可欠であった。フーコー自身が繰り返し、必要不可欠なテクノロジーとして言及してきているとおり (Foucault 2004a＝二〇〇七、一二四頁等)、生－政治の統治は、人口を科学的に管理するための統計学の成立によって、はじめて可能になったといってもよい。

統計学は明確に、人口における安全装置の役割を果たしてきた。その内容も、フィッシャー以来主流であった標本抽出による推計統計学から (Fisher 1959＝一九六二)、主観確率によるベイズ統計学へと展開し (鈴木・国友 一九八九)、より多量のデータを精度高く分析できるようになってきている。現在研究が進んでいる、ビッグデータから有意味な情報を抽出するデータ・マイニングや、その情報を解読するモデリングも、統計学の発展があってのものである。

とはいえ、ビッグデータとライフログがその対象になったからといって、統計学の手法が明確に変わるということはない。変わるのはその内容ではなく、統計分析の対象である。対象が人口＝集団から、ライフログ＝個人になったことで、同じように統計学的に正しい結果が出されたとしても、その持つ意味が異なってくるのである。集団から生まれたビッグデータから、その集団である人口を予測することと、集団から生まれたビッグデータから、ある特定の個人を予測することの差について、考えてみたい。

先ほどのアマゾンのリコメンドの例を振り返ってみよう。リコメンドされているときに想定されている対象は、確かに〈私〉だったが、そこで算出されたのは厳密には私ではない。ビッグデータをマイニングして、モデリングする中で描かれた〈統計学的な私〉である。ライフログ・ビッグデータ・統計学が繋ぐシステムのアウトプットは、〈統計学的な私〉の算出なのである。

〈統計学的な私〉は、現在の〈私〉を仔細に調べたものではない。現在の〈私〉から生まれたものではないが、現在の〈私〉に極めて精密に近似されている。統計学の知識がない人が、〈私〉の行動や好みを完全に知ろうとした場合、おそらく〈私〉に関する情報——〈私〉の過去も、そして〈私〉の未来も——その大半を知り尽くそうとするだろう。そのような、おどろおどろしい常時監視は、統計学的には必要ない。〈私〉についての必要最低限の情報が集められれば（しかもその必要量を可能な限り少なくするのが統計学の使命でもある）、〈私〉の選好も類推計算できるし、〈私〉の将来とる行動も予測計算できる。その産物が〈統計的な私〉なのである。

〈統計学的な私〉は、もしかして〈私〉自身よりも、〈私〉のことについてよく知っているかもしれない。実際のところ私たちは自分について、驚くほど自覚できていないのが常である。それゆえライフログは、「実はあなたはこんなものが好きだったんですよ」と教えてくれ、私たちはちょっとした驚きとともに受け取ることになるだろう。〈私〉について調べ続けているライフログは、〈統計的な私〉の予測精度をあげるだけではなく、〈私〉以外の他の参加者の将来を予測するのに活用される。〈私〉についてたいして調べていないのに、〈私〉について誰よりも把握しているというのが、〈統計学的な私〉の理想であり、めざすものである。〈私〉のうちにある選好・欲望・ニーズといったものでさえ、必ずしも〈私〉に依存せず、別に収集した外在的なデータベースから推測することができるというのは、実際のところ、革新的なテクノロジーの進歩だといえよう(7)。

実際にこのシステムの精度が増せば、それはフーコーのいう「パノプティコン」より恐ろしいと思う人がいるかもしれない。一望監視はあくまで現時点の空間的なものであったが、ここで可能になるのは、実際に監視行為をしていなくても、かつての行動の類推からはるか未来での選択までが予測可能な、「過去と未来を一望監視下におく」ようなシステムに見える。しかしながらそれは、確実に杞憂だといえる。ライフログのシステムは、そのような大げさな発動はしないし、〈統計的な私〉も、そのような悪用はされない。それはもっと愛らしく、もっと私たちにぴったり寄り添って作用するだろう。なぜならその道程に、「マイナンバー」という制度が配置されているからである。

(3) 社会保障・税番号制度（マイナンバー）

〈統計学的な私〉の算出という提起は、筆者が二〇一四年におこなったものだが、もしかすると皮肉なほど私たちの生の現状を説明していたものだったかもしれない。〈統計学的な生〉こそが、ビッグデータと人工知能（ＡＩ）との結節点を構築するものだからである。ＡＩ×ビッグデータの当然のような婚姻以降、私たちの〈生〉は、その存在も意味も音を立てて変わりつつある。しかし、そのあらすじは別項（柴田 二〇一六）に譲りたい。なぜなら、本章にとって重要なのは、そのような情報技術がどのように生－政治の〝転調〟をもたらすかだからである。その過程を説明するためには、情報技術を、具体的な「生」の統治の問題に接続させるレセプター・受容器官が必要になる。社会保障・税番号制度（マイナンバー）という制度を配置することで、やっと、生－政治の〝転調〟に繋がる、薄いながらも消すことのできない軌跡を浮かび上がらせることができる。

マイナンバーというよりも、旧称の「税と社会保障の共通番号制度」と呼んだ方が意味を摑みやすいかもしれない。二〇一三年五月に「番号関連4法」が国会で成立し、私たちは二〇一六年から無事に「番号をもって正しく生きる」世界に存在するようになった。もっとも、それ以前と以後とは、ほとんど世界は変わっていなくも感じる。実際のところ、マイナンバー制度によって面倒になったのは、給料をもらったり新たに行政からサービスを受けようというさいに、時々番号を聞かれたり関連書類を提出させられる程度だと感じている人も多いだろう。マイナンバーカードの取得率は全国でやっと一割だし（二〇一八年七月現在）、マイナポータルなど見たこともないという人が大半だろう。このようにこれまでマイナンバーは、普及率や「行政の効率化」「管理のセキュリティ」あるいは「プライバシーの保護」という点でばかり語られ（森田ほか 二〇一二等）、ある意味、軽んじられてきた。脱税も反体制活動もしていない平凡な私たちには、積極的に反対する理由も、興味を抱く動機もなかった。しかしこの制度の意味は、そのようなかたちで、つまり目に見えるわかりやすいかたちでは表出しない。むしろ、そうと気がつかないうちに駆動してしまう潜在機能の方にこそ、その核心があるといえる。それは例えば、着々と改正マイナンバー法（二〇一五年）が施行され（二〇一七年）、それが数年のうちに預貯金口座に付番されたり、特定健診などの医療等分野で連携されるという内容であったり（総務省 二〇一五）、各番号のポータルサイト（マイナポータル）が、あなたに「ぴったりサービス」を搭載したり（内閣官房番号制度推進室 二〇一九）といった軌跡で現れる。マイナンバーは、現状の「単なる行政手続き上の番号統一」をはるかに上回る壮大な目標と残酷な使命を、その内に秘めている。私たちの単なる実感よりもむしろ、改正マイナンバー法と同時に改正された個人情報保護法が、「個人が特定できないよう加工すれば本人の同意なしに情報を第三者に提供できる」内容を支柱としているといった動きの方が、正鵠を射ているのだ。

そもそもマイナンバーがめざすものは、番号（利用）法の根拠となった「社会保障・税番号大綱」にはっきりと明記されている。

> （略）番号制度の活用により、所得情報の正確性を向上させることができ、それをベンチマークとして、社会保障制度や税制において、国民一人ひとりの所得・自己負担等の状況に応じたよりきめ細やかな制度設計が可能になり、ひいてはより適切な所得の再配分を行うことができるようになる。（政府・与党社会保障改革検討本部 二〇一一、四頁）

税金は私たちにとっては義務であるが、統治主体としての国家にしてみると「income 収入」であり、いわば〝売上〟そのものである。一方で社会保障は、国家にしてみれば「cost 支出」であり、いわば〝経費〟に近い。これまで国家において、国民一人ひとりの収支、つまり誰がどれほど国家に払い、誰がどれほど国家から受け取ったかは、それぞれ異なった制度下で区別して管理されてきた。「税と社会保障の共通番号」は、その収支の統合を、つまり「国民一人ひとりのコスト・パフォーマンス」の算出を、可能性だけでいえば実現しうる制度だといえる。

このような可能性だけでも、衝撃的なポテンシャルを秘めているといえるかもしれない。しかし、まだ私たちは、安心してよい。おそらく事態は（おそらく国家財政が崩壊近くまで逼迫しない限り）そこまで露骨に「国家にとっての私たちのコスパ」を、直接算出する方向には動かない。しかもその理由は二つもある。ひとつめは、現行の法制度は慎重にその可能性を外し、倫理的に問題がありそうな利用を禁じているからである（内閣官房 二〇一三）。それでも、法制度を後だしで改正すれば可能になりうる、という心配もあるかもしれない。実際に改正マイマンバー法の預貯金口座との紐付けは、きな臭い空気を感じさせもする。しかしそれでも「私のコスパ」は算出されないと断言できる。なぜならマイナンバーの最終目的は、そんな低いレベルにはないからである。

ふたつめとして「個人番号カードを健康保険証としても使う」程度の他愛もないアイデアが列挙されている、内閣官房「ＩＴ総合戦略本部マイナンバー等分科会」の議事録の中で私たちは、輝きが異なる火種を、ふたつ見つけることができる。

（４）マイナンバーの〝残酷な使命〟

プッシュ型サービス

要件が複雑な給付金等について、受給資格者を特定してマイポータルで通知できれば、関連事務を大幅に省力化できるとともに、社会保障サービスにおける申請主義からプッシュ型への変換が生じる可能性がある。（高度情報通信ネットワーク社会推進戦略本部マイナンバー等分科会 二〇一四、三頁）

医療、介護等分野での利用

（略）全国レベルでの医療機関の連携等を考えた場合、マイナンバーを利用することも視野に入れるべきではないか。医療分野へのマイナンバー活用に期待される効果として、このほかに匿名化を前提として「症例単位などでつながった医療情報の蓄積活用」があげられるのではないか。負担と給付の適切な関係維持を図る観点から、個々人の負担額と給付（可能）額を情報提供する必要があるのではないか。また、社会保障、特に医療・介護分野における活用を加速推進すべきではないか。（高度情報通信ネットワーク社会推進戦略本部マイナンバー等分科会 二〇一四、四頁）

この提言が、改正マイナンバー法での「特定健診との紐付け」や、マイナポータルでの「ぴったりサービス」として、細々としかし着々と結実させようとする執念を、看過するべきではないだろう。マイナンバーの利活用が、マイナンバーが、それまで構想されてきた「国民総背番号」なるものと本質的に異なる点が、この執念に凝縮されている。そもそも社会保障は、私たちの生命や生活に必要な社会的資源を再配分する役割を担っている。これまで、私たちが必要とする社会保障サービスは、児童福祉から健康保険・雇用保険・介護保険・年金と時期や状況によって様々であった。それを統合した社会保障番号でもあるマイナンバーは本質的に、私たちに資源を配分する社会保障制度そのものを統合する契機をはらんでいる。

他方、マイナンバーというテクノロジーは、その気になれば納税だけではなく、支払った保険料・自己費用、そして診察記録や健診記録も格納可能である。身体や生活に関する属性情報と、現在存在している社会保障資源の配分とを紐付けし、共通化するからこそ、「プッシュ型サービス」が可能になるのである。スマホでマイナポータルを見ると、私の所得や健康情報をふまえた上で、〈私〉に最適な福祉・医療サービスのすべてが、メニューとなってリコメンドされている。「これがあなたの最善です」として国家に推奨された福祉・医療を、無視する勇気は、あるだろうか。

もっとも前項で述べたとおり、これらの属性情報と資源配分は、直接にはリンクされていない。そのためプライバシーの侵害も個人情報の目的外流用も、そこには存在しない。属性情報は匿名化されて、ビッグデータのようなかたちで蓄積され統計分析されて、医療や福祉の制度設計・政策立案・予算配分に活用されている。一方で、リコメンドされるサービス・資源は、該当する個人とはまったく別に用意されている。そこでは過度な常時監視などはまったく必要なく〈統計的な私〉が算出され、それにあわせて支援がリコメンドされてきている。

それゆえ要点はむしろ、〈私〉の個人情報と〈私〉が受け取るサービスが、繋がっているように見えて実は切断されているところにこそある。それを架橋するのが、現在、生-政治の権力装置として研ぎすまされつつあるビッグデータと、そのマイニング・モデリングのための統計学である。「きめ細やかな社会保障制度」本体は、むしろこちらの方だったとさえいえるだろう。

だから私たちは、完成された権力装置と比べて可愛らしい容貌をしたマイナンバーを、見くびっていてはならない。

私たちが「不健康になることを正してくれる」特定健診との連動も、私たちに適合したものをリコメンドしてくれる「ぴったりサービス」の始動も、それがナイーブで無力でかつ未完成なのは、それが単なるレセプターに過ぎないからだ。しかし重要なのは、レセプターが用意されたという事実の方なのである。どんなに洗練されたテクノロジーであろうと、社会に実装されるためには受容器官が必要になる。現行法下では規制だらけのマイナンバー制度は確かに無力だが[8]、レセプターとしてはほぼ完璧な可能性――制定者も運営者もまだ気づいていない潜在力――を備えている。

マイナンバーは、各個人の医療・介護情報、そして生活にかかわる情報の結束点を用意した。これがライフログとして機能しない未来の方が、想像しえないだろう。その情報は仮に匿名化されても、むしろ匿名化されて集積されるからこそ、考えうる限りもっとも巨大で有用なビッグデータとなる。他方で、ますます切磋琢磨する統計学は、私たちに次々と正確で適切なモデルと、それに基づく資源分配を計算してくれる。私たちの生命と生活の情報を収集し、分析して、私たちの生存と生活に必要なサービスを列挙して分配するような制度設計は、すでに約束されているのである。

だからマイナンバーの使命は、それぞれ別々に構想されるパーツ――「生命や生活などの、私たちの生存に関する情報を収集すること」「それぞれを私たちから切り離し、総体として蓄積すること」「〈統計学的な私〉を算出すること」「〈統計学的な私〉に合致した社会保障サービスを算出し、リコメンドすること」を、まとめて受容し、参照可能にし合うことにある。

その結果として、私たち一人ひとりの身体・生活に合わせた社会保障サービスが、やさしく丁寧にリコメンドされる時代が到来する。その時を迎えた私たちは、おそらく有史以来、これほど権力に〝愛された〟ことはなかったように感じるに違いない。しかしこの未来像は、起こりうる生－政治の半分しか描けていない。この未来像で機能している権力装置の本質は、私たちを〝司牧的な愛〟で包み込み、管理することにはない。それはある特定の条件下では、私たちの生存にとって、もっと残酷なかたちをしてもたらされうる。

断言できる理由は、すでに〈生－政治〉のプリテストに類するものが実施されていて、その現況がまったく異なっているからである。なぜ、このような回りくどい道程をたどっているのか。その理由は、来る〈生－政治〉に捧げられた〝生ける実験装置〟とでも呼ぶべき、介護保険制度が教えてくれるだろう。

4　生け贄としての介護保険制度

（1）ニーズの〈擬制〉

あいかわらず日本の福祉制度の大半は、本当に役に立たないといってよい。未だに極論に聞こえるかもしれないが、残念ながら、多くの福祉サービス利用者に共通した感覚であり続けてきたのが現実である。その支柱の一つである介護保険も、時に感情的な（しかし極めて妥当な）批判に、未だに曝されている（沖藤 二〇一〇等）。

制度開始当初の第一期に二九一一円だった介護保険料は、二〇一八年以降の第七期には倍を超える五八六九円となった。当初四兆円未満だった単年度の給付総費用額は一〇兆円をかるく超えるようになり、制度の持続可能性が問われるまでになってきている（厚生労働省 二〇一八）。怨嗟とでも呼ぶべき声が利用者だけでなく、ケアマネージャやヘルパーなどのサービス提供側、さらには制度運営を担当する行政職からさえも流れている現状を振り返れば（上野・立岩 二〇〇九等）、介護保険が、あの洗練された「生‐権力」の一部であるとは、とても信じがたいかもしれない。

さらに問題なのは、そのような介護保険制度じたいが、なぜここまで生きながらえているのか、より改善され続け確固たるシステムとして機能し続けていられるのかにある。そのために介護保険という制度は、三年ごとにカンフル剤を打つかのように改正を続けている。二〇一四年の見直しから二〇一七年の改正で重視されたのは、「地域包括ケアシステムの深化・推進」というタイトルのもと、「高齢者の自立支援と要介護状態の重度化防止、地域共生社会の実現を図るとともに、制度の持続可能性を確保することに配慮し、サービスを必要とする方に必要なサービスが提供されるようにする」（厚生労働省 二〇一七、一頁）として、保険者である全市町村が、「データに基づく課題分析と対応」「適切な指標による実績評価」そして「インセンティブの付与」を法律により制度化した（厚生労働省 二〇一七、二頁）。

まさに本章で論じる方向性を強めているともいえる介護保険という制度が、もともと高度な情報処理システムと巧緻な統計学を命綱としている事実については、未だに膾炙しているとはいえない。ひとつめの糸口は、介護保険における情報システム利用の典型例である「要介護認定」にある。もっとも、「要介護認定」というシステムについては、すでに幾度も取り上げてきた（柴田 二〇一一、二〇一二）。ここでは必要最低限の整理に留めておく。それでも十分、その異様な特性が窺えるだろう。

ふたつめとして「要介護認定」は、介護保険の利用者すべてが受けなければならない。介護が必要になってサービスを受けたいと思ったときに、「認定調査員」が自宅にマークシートを持ってやってきて、自分の生活状況に関する調査を受けることになる。その結果がコンピュータによる一次判定にかけられ、介護認定審査会での二次判定を経て、要介護度が算出される。要介護度によって、「どのサービスをどれくらい受けられるか」が決まってくる。

一次判定のコンピュータシステムは、訪問調査の項目ごとに選択肢を設け、調査結果に従い、それぞれのお年寄りを分類してゆき、「1分間タイムスタディ・データ」の中からその心身の状態が最も近いお年寄りのデータを探し出して、そのデータから要介護度等基準時間を推計するシステムです。この方法は樹形モデルと呼ばれるものです。（老人保健課 二〇〇九、二頁）

「1分間タイムスタディ」とは、特別養護老人ホームや老人保健施設などの約三四〇〇人の入所者を対象に、四八時間の間、一分間ごとにサービスを数え上げたものである。そのデータを基に「樹形モデル（旧・樹形回帰モデル）」（関ほか 二〇〇〇）を統計学的に作成する。それによって、利用（希望）者の「要介護等基準時間」が推計される。「要介護等基準時間」は「1分間タイムスタディ」の調査時に要した介護時間そのものだが、その時間がそのまま利用者の要介護時間になるわけではない。

要介護認定の一次判定は、要介護認定等基準時間に基づいて行いますが、これは1分間タイムスタディという特別な方法による時間であり、実際に家庭で行われる介護時間とは異なります。この要介護認定等基準時間は、あくまでも介護の必要性を量る「ものさし」であり、直接、訪問介護・訪問看護等の在宅で受けられる介護サービスの合計時間と連動するわけではありません。（老人保健課 二〇〇九、三―四頁）

ここまで述べてきただけでも「要介護認定」が、驚くほど前節のシステム――ライフログ・ビッグデータ・統計学――の相似形になっていると、思い当たるだろう。「認定調査員」の調査データがライフログの一種だとすると、「1分間タイムスタディ・データ」というビッグデータの一種[9]による樹形モデルから、「要介護認定等基準時間」を推計するのが統計学の役割になる。「要介護認定等基準時間」は、介護に要した時間として厳密に算出されるが、その時間がそのまま利用（希望）者の要介護時間になるわけではない。なぜならその時間は、「1分間タイムスタディ」という施設を対象にしたものであり、介護の質や量はその調査の外部要因――在宅か施設か、地域性、時には時代性――によって変わってくるからである。それゆえそれは、あくまで介護の必要性を相対的に推計するための〈規準〉[10]に過ぎないことになる。

次に、利用者ごとに算出された「要介護認定等基準時間」を、要介護の区分表と対応させて決定されるのが、利用者の「要介護度」――〈私〉はどれくらい介護が必要な方か、必要な方ではないのか――である。さらに実際にどれくらい介護保険のサービスを受けられるのかは、自分の「要介護度」と「区分支給限度単位」の表を見比べないとわからない。七つある要介護度のカテゴリごとに、「支給限度単位」が決まっているのである。原則としてそれに10を乗じたものが「区分支給限度額」つまり「介護報酬額」の上限となる。ということは最終的に、毎月の受けられるサービスの金額上限――毎月、いくらぐらい介護サービスを利用できるのか――として、算出されるのである。

要介護認定のシステム、およびそこから推計された要介護度は、まったく〃正しい〃。要介護認定を受けた利用者が、その制度の中で介護が必要な方か、不要な方か、その位置づけが正確に算出されているからである。それにもかかわらず要介護認定は、その導入時より激しい批判にさらされ（沖藤 二〇一〇、柴田 二〇一一等）、幾度もの再検証と改善を迫られてきた。その理由は、要介護認定による支給限度額、つまり利用できるサービス量と、実際に介護している人、さらには受けている本人の実感とが、往々にして乖離しているからである。

そもそも「ニーズ」がどこに由来するか、という観点で読み解くと、その乖離の原因が理解できる。本人や介護されている人にとって介護の必要性およびその量は「自分の生活（時には生存）」に必要な支援およびその量」でしかないという意味で、目の前に明らかに存在している（上野・立岩 二〇〇九）。あたり前のことであるが、本人のニーズは本人の内部にしか存在していない、極めて内在的なものであるし、その積算として自覚されているだろう。しかし介護保険の場合、要介護度は、前述のシステムによって決定される。つまり〈私〉のニーズは〈私〉に由来しているように見えながら、実際には〈私〉とはまったく別人のデータセットから推計された〈統計的な私〉に由来する要介護認定によって、その上限が設定されるのである。その推計された「あなたの生活（時には生存）にとって必要な介護およびその総量は、このとおりです」というリコメンドが、主体の生存を本当に支えるかどうかは、実際に生きてみないと確定しない[11]。

要介護認定が実現しているのは、「ニーズ・必要性・求めるもの」といった、そもそも主体の内部に存在しているものを、別個に蓄積された情報を基に推計し算出するというかたちで、いったん切り離し、再び還元させるという、これまでにないテクノロジーである。重要なのは、内在的なニーズと、新たに推計されたニーズの、どちらも〝正解〟であるという点である。主体にとって内在的なニーズが正解なのは当然だが、推計されたニーズも統計学によって正しく算出されたものであって、瑕疵も悪意もまったくない。よって介護保険制度においても、要介護度は本人のニーズと見なされ、つまり〈擬制〉されて扱われる。

これまでは、本来ニーズこそが個人の欲望に影響された、主観にまみれたものだと批判されてきた。しかしその批判は、算出された〈擬制されたニーズ〉の方が正解であるという前提に基づいている。むしろ内在的な主観が入る本来ニーズよりも〈擬制されたニーズ〉の方が客観的で、正しく必要量を示しているとして、優位に扱われるようになっている。もっとも、本来ニーズと〈擬制されたニーズ〉のどちらが正しかったかという結論は、実際に「生きて」みないとわからない。まさに本人の生命と生活によって示されることになる。

（2）サービス総量の〈擬制〉

しかしながら、本来のニーズと〈擬制されたニーズ〉は、そもそも合致していなければならない。そもそも本人のニーズを正しく判定するために、介護保険は、膨大な支援データと巧妙な統計モデルとを実装したはずだからである。それでは、なぜ本来のニーズと〈擬制されたニーズ〉の乖離が起こってしまうのだろうか。

ここで思考実験として、利用者の本来ニーズと、利用者にとって〈擬制されたニーズ〉の分布図を描いてみると[12]、〈擬制されたニーズ〉は正確に推計されているはずなので、その分布図はほぼ同じかたちをしているだろう。「誰がどれくらい平均より多く（少なく）配分されるか」も正確に推計されているので、分散 σ の値をとってもほとんど同じかもしれない。しかし、平均値 μ が同じである保証はない。本来ニーズの平均値 μ は実測値から算出されるだろうが、〈擬制されたニーズ〉の平均値 μ' は精緻なシステムの計算結果ではなく、区分支給限度額の設定によって左右されるからである[13]。つまり〈擬制されたニーズ〉の〝正しさ〟は、分配の〝正しさ〟を保証するものではあるが、その絶対量の正しさとは切り離されている。その乖離をとめるロジックそのものが、そこには欠けているのである。

一方で私たちは、まったく異なったシステムから、〈擬制されたニーズ〉の平均値を、正確に知ることができる。それは「受給者一人当たり費用額」として金額で算出されていて、介護給付費実態調査によって月ごとにまとめられている（厚生労働省 二〇一四）。つまり介護保険は、私たちのニーズの平均値を、さらにはその総量を、私たちのニーズとは切り離されたところで、外在的に算出し制御するシステムを持っているのである。

それでは、私たちの介護サービスの利用量は、結局どのように決まっているのか。むしろ介護保険という制度の労力は、そのサービス量の設定と管理に傾斜して注がれているといってもよい。毎月の個人の上限ということであれば「区分支給限度額」に規定され、それは社会保障審議会（介護給付費分科会）の答申によって、厚生労働省令で決定されている。一方で、自分が住んでいる地域（日常生活圏域）での介護サービスの総量（これがないと、支給限度額に余裕があってもサービスがないということもありえる）、つまり総事業費は、介護保険を運営する主体（市町村など）が定める「介護保険事業計画」によって決まっている。

「介護保険事業計画」の制定のさいにも、驚くほどの数の情報システムと統計学が駆使されている。「介護保険事業計画」の策定のためのワークシート（MS-Excel 版）が用意され（厚生労働省 二〇一四、一三五頁）、日常生活圏域ごとの独自のニーズ調査もでき、それを集計・分析する「生活支援ソフト」が厚労省から提供されていて、その結果を「介護保険総合データベース」に送ったり、保険者・地域間でのベンチマークをおこなってもらったりするサービスもある（厚生労働省 二〇一四、一三四頁）。なかでも「厚労省行政総合情報システム」上にある「介護政策評価支援システム」は優れもので、自分の自治体の要介護認定のバランス――全国平均と比べて認定率が高すぎたりしないか――や、サービス利用のバランス――近隣自治体と比べて突出して使われているサービスはないか――などもわかるようになっている（厚生労働省 二〇一四、一三四頁）。こうしたビッグデータと統計学を生かした分析を積み重ねて、各自治体は「介護保険事業計画」内で総事業費――つまり、私たちの介護資源の総量――の見込額を求めていく。さらには、次のような長期的視点まで、市町村は考慮しなければならない。

（略）いわゆる団塊の世代が後期高齢者となる２０２５年のサービス水準、給付費や保険料水準なども推計し、市町村介護保険事業計画を立案する。（略）この推計は単に将来の推計を行うだけでなく、第６期におけるサービスの充実の方向、生活支援サービスの整備等により２０２５年度の保険料水準がどう変化するかを検証しながら設定することを期待するものである。（厚生労働省 二〇一四、一二一頁）

介護サービスの総量は、このような様々な観点とシステムから決定されてくる。その最終兵器ともいえるのが「介護給付適正化事業」であろう。同類の内容は柴田（二〇一一）で詳述したが、全国平均と比べて認定率が高かったり、居宅サービス等が突出していたりする地域を分析して明らかにし、適正化対策という規制をしていく。その様相は、介護保険におけるサービス量の正当性が、内在的なニーズの積み重ねではなく、他との統計比較などで外在的に判断されていることの、まぎれもない証左といえるだろう。

一つひとつが統計学の偉大な成果とも呼びうる、綺羅星のような介護保険の情報システムの充実ぶりに、しかし私たちは眩惑されていてはいけない。そもそも介護保険制度は、何のためのものであったのかを考えると、明らかに主客が転倒していることがわかる。介護保険は支援が必要な主体に対し、必要な支援をおこなうものであり、本来、私たちのニーズを満たすために存在している。さらに、それが担当しているのは、支援がないと生活の、そして生命の危機に直面するという、〈生きるため〉に不可欠な支援なのである。[14]

〈擬制〉されているのはニーズだけではない。本来、必要性の積算によって内在的に決定されるはずのサービスの総量も、また〈擬制〉されているのである。生活と生存に必要な資源の総量も、外在的にしかし〈適正〉に〈擬制〉するテクノロジーが、ここに誕生している。

（3）限られた資源の分配装置としての介護保険

問題は、それぞれの制度やシステムの内部にはない。それぞれが不正確なのではなく、正確であることが問題なのである。それぞれが独立に稼働し計算していること、にもかかわらずその結果が同質として接続されていること、それが連関し生存資源の配分を司る装置として立ち現れていることが、問題を生み出している。そしてさらに深刻なのは、その生存資源が枯渇しつつあって、分配量が生存の下限に触れつつある点、ないしは、「枯渇した」と社会的合意が成立した点にある。

サービス量が〈擬制〉的に制限されている理由は、極めて外在的で、かつ平明である。介護保険にまわせる予算、資源が決定的に不足しているからである。もし潤沢に資源が存在しているなら、本来ニーズの積算総量と、事業計画の見込量とを一致させればよい。というよりも、それが「生存のための資源」であればなお一層、そうでなければならない。しかし、それが不可能な時代を迎えつつある。

介護保険制度のキーワードは「持続可能な介護保険制度」（厚生労働省 二〇一四、一三八頁）である。各自治体にも「2025年を見据えた介護保険事業計画」（厚生労働省 二〇一四、一二一頁）の立案をと発破をかけるなど、切迫感は年々増している。今年の推計で介護保険の総事業費は一〇兆円に到達するが、そのうち半額は税金によって負担される。しかも毎年一割～二割程度増加する計算で、最善の予測でも一〇年後には二〇兆円を上回る見込みである。ちなみに日本の租税収入の実績は、二〇一二年決算で約四四兆円であった。また同年の介護・医療・年金を含む社会保障関係費の総額実績は、約三〇兆円である。年収の約七割が、社会保障だけに消えており、しかもその金額は年々、増加の一途になっている。日本の国家財政のなかで社会保障関連の経費がどれほどの割合を占めるのか、それを補うために毎年、税収と同額にのぼるまでの国債を、どれほど発行され続けているのかについては、もはや触れる必要もない。実態的にも、ないしは〈擬制的〉に偽装されたとしても、「生存資源の枯渇」は現実に到来しうるのである。

実際に、現行の社会保障制度そのものが、持続性の危機に直面している。その支柱たる介護保険は、その最大の原因でもある。介護サービスの量は、この「制度そのものの破綻」という危機感の影響を、大きく受けているのである。しかしながら、社会保障費は簡単に減額できるものではない。そもそも「生きる」のに必要な経費としての「生存資源」であり、その総量は絶対的に決まっている。絶対的に決まっているものを〈擬制的に〉満たし、符節を合わせるための装置の必要性が、ここに浮上する。

高齢者の生と生活を司る介護保険を、生‐権力と見なした場合、それは〈擬制されたニーズ〉と〈擬制された総量〉とを一致させるというかたちをしている。

〈擬制〉されたニーズも〈擬制〉されたサービス量も、主体の生存内部からは直接は由来せずに、外在する根拠――予算の制約や人材の不足――によって決定することができるようになっている。それは私たちを生かすための資源を、私たちが生き残れるかどうかとは切り離して、しかし〈適正〉に配分されているように見せかける装置として作動しているのである。

介護保険がそのような装置に成り果ててしまった理由は、純粋に「介護保険に回せる資源が著しく不足しているから」に絞られる。元々、介護保険は「介護福祉を利用者主体で選択できるようにする」という高尚な理想のもとに導入されていた。その理想に偽りがあったわけではない。しかし、高齢人口の増加によって利用者が年々増加する一方、総事業費は厳しく抑えなければならなかった。介護ニーズにたいして、その絶対量が不足しつつある状況下にあるからこそ介護保険制度は、意図せざる「極限状態にある生存資源の分配」という挑戦を強いられ続けているのである。

介護保険が見せている情報システム・ライフログ・統計学の駆使は、まさにこの状況下で、それぞれがどのような装置として連携し、どのような役割を果たすのかを物語っている。それら情報技術が〈適正化〉をとおして、個人の利用の自重というかたちで「需要を抑え込む」論理は、柴田（二〇一一）で詳細に論じた。本章で論じているのは、その対面として、〈適正〉に「供給を絞り込む」という論理である。この両面は現在、介護保険に典型的にみられるが、そこに留まるものではない。

「限られた生存資源の分配」装置としての駆動は、ライフログのビッグデータが、より巨大にかつ精緻に私たち全体を取り込み、そしてマイナンバーを経由して広範に拡散しうるだろう。その意味で介護保険は、新しい〈生‐権力〉装置が作動するための、実験台として捧げられているといえるかもしれない。犠牲になりつつあるのは、介護保険の理念であり、利用者の生活と生存の未来である。

5　生かさない〈生‐政治〉の誕生――限られた「生存資源」の分配問題

(1)「生存資源」の分配

介護保険が、ビッグデータとライフログの統計学的活用を、ほぼ先取りするような相似形を描いていること、そしてそれが、限られた資源を〈適正〉に分配する装置として機能していること、この二点を読み解くことができれば、私たちが注意深く留保してきたマイナンバーの真価を、やっと理解することができるようになるだろう。「身体と生活の情報をライフログとしてモニタリングすること」「固有の生存の表象であるその結果を、ビッグデータとして匿名化して蓄積すること」「そのビッグデータを集合総体と見なし、〈統計的な私〉をモデル化すること」、「〈統計的な私〉を基に、社会保障サービスを配分すること」は、個別に検討されてはならない。それぞれが連結されてはじめて、装置として起動するようになるのである。

社会保障制度と税制度に共通番号を用意して運用するということは、とりあえず番号だけ突合していくという意味でも、社会保障と税制とを一体化して管理するという意味でもない。income は income で持続可能に運用し、cost は cost で最適に運営するシステムを、別個に構築する。一体化するとあっという間に破綻してしまうが、まったく切り離して運営すると、それぞれの正当性が保てない。そこで繋がっているとし、ないしは見せかけて扱い、恣意的に同期できるように――つまりそれぞれの制度にとっては外在的に――制御されるのである。

介護保険給付費の財源は、私たちが直接ないしは医療保険（健康保険）を経由して半分を負担し、残りを自治体、そして国庫が分けあっている。そのいずれが臨界点に到達しても、外在的な制御が発動する契機となり得ることは、容易に想像できる。私たちは目の前の番号が、私たちの払う税金額と、私たちの受け取る社会保障サービス量を、〈擬制〉

的に繋いでいることを自覚しなければならない。〈私〉の納税額や健康保険料は、〈私〉が社会保障を〈適正〉に受け取れるように上昇し続ける。一方、〈私〉の受け取る社会保障サービスの種類と量が、自らの生存に抵触するほど極限状況に押さえられたとしても、私たちは求められた税金や保険料を払い続けなければならない。それぞれは〈適正〉に算出されていて、しかもその支出は自分が受け取るために、その受益は自分に見合っているように、見せかけられているからである。

この事態は「私のコスト・パフォーマンス」よりも、たちが悪い。コスト・パフォーマンスであれば、少なくとも支払った分の受け取りは主張できる。しかし〈適正さ〉は別々に算出されていて、それぞれはそれぞれで正しいが、その両者は〈私〉とは切り離されつつ同期しているのである。

マイナンバーはその意味で、ビッグデータと統計モデルによるリコメンドの決定というテクノロジーを、「生存資源」――私たちが生命と生活を保つために必要な資源と、それを形成し共有するためのコスト――に結びつけるための、導線でありレセプターであるといえるだろう。つまり、介護保険が見せているような「分配装置の駆動」を、国民全体に対して広範に、しかも生活のあらゆる部分に遍在化させるという役割を果たすようになる。

もちろんこれはあくまで、ひとつの可能性を論じたに過ぎない。マイナンバーという制度が、介護保険と軌を一にしないという未来も、もちろん高い確率でありうる。しかしそのためには、その権力装置の駆動条件――税収も社会保障経費も限られないこと――を満たさなければならない。社会保障費に最大限配分してもなおも潤沢に余裕がある財政か、極限まで切り詰めることができ、なお未来永劫、増加し続けることがない社会保障のどちらかが実現できれば、マイナンバーの役割も、せいぜい「ちょっとお得な国家版ポイントカード」程度で収めることができるだろう。しかしそのどちらかが果たされなければ、つまり税制の限界か、社会保障の限界のどちらかが予見された瞬間に、マイナンバーは秘めていた〈生－権力〉の装置としての機能を発動する。

それが今もなお、生－権力と呼べる理由は、それが掌握しているのが、私たちの生命・身体、そして生活そのものだからである。私たちは自らの身体と生活を制御しているように感じているが、私たちの生がどれほど社会的で、私たちの生活が（私生活を含めて）どれほど社会的であるかは、フーコーだけでなく、すでに多くの先賢によって解明されている。社会的な存在であるということは、社会的な資源もまた、必要不可欠だということでもある。好む好まざるにかかわらず、私たちが社会的に生き続けるために必要な資源――それが「生存資源」である。

マイナンバーが分配機能を果たすのは、唯一、「生存資源」に対してのみであろう。重要なのは、「生存資源のリコメンド」は、事実上の分配にあたるという点であった。統治にとって、社会保障こそが最重要の課題であることは変わらない。財政や資源が枯渇してくればくるほど、その比重は増すであろう。生・生命・生活そのものを包み込んで制御するという点において、生-権力はその性格を手放すつもりはない。しかし、それが〈生かす〉ことを直接意味しなくなるという事態は、ありえるのである。

「生存資源」の特徴は、その絶対量が私たちに内在的に決定されているという点にあった。社会的な身体と生活は実態を伴っているので、それを減らしていくとどこかで臨界点lが出現する。それぞれのlの観測値は個人の状況によって異なるが、社会全体の臨界点はその総和Lとして求められる。社会が持ちうる資源の総量W、ないしは社会保障に回しうる資源の総量wがこのLを割り込むという、極めて特殊な時代状況においてのみ、新たな〈生-権力〉の駆動がはじまる。その特殊な時代が私たちのもとに到来するかどうかはともかく、準備と予行練習は着々と進められている。[15]

(2)〈擬制〉と〈適正〉な分配

「極限状態を迎えた生存資源の分配」という難問を解くために、その統治が、私たちの生を対象とするような生-権力であり続けようとすることはわかった。しかし、だからといって「生存資源」の絶対量Lの恣意的な変動が、可能になるわけではない。Lが所与の定数ではなく、別種の関数で決定されるようなL′として読み替えるために――そして理論的には同じ値にならないはずのLとL′を同じと見せかけるために――、導入されるのが〈擬制〉である。

一般に擬制は、「本来そうではないものを、そうであると見なす」という意味で用いられる。通常、異なっているものを同じであると見なすためには、その理由の正当性が問われる。その見なすという作用による人工的生産物が〈擬制された〉L′なのである。

ビッグデータと統計学がおこなっていることは、結局のところ、定数であるLの近似値L′を算出する関数の探索に過ぎない。(16) 従来どおりの「安全装置としての統計学」であれば、$L' = f_1(x)$ という関数を求めるというのを、常道としただろう。しかしそれで、$L = L'$ であることを確約できるわけではない。そのため巨大なデータセットをマイナンバーによるライフログによって用意して、〈統計学的な私〉の生活資源の最低量 $l' = f_2(x)$ を求めることにし、その総和として L' を算出するという回り道をするのである。

つまり生存の本来ニーズ l を、〈統計学的な私のニーズ〉l' と見なすところが、〈ニーズの擬制〉の構造である。特に、資源量を将来的に減少させようとする場合は、$L = L'$ と言い張るよりも、$l = l'$ として〈擬制〉する方が簡便になる。なぜなら、例年に比べて L が減少していれば、明らかに異常だとわかって社会問題となるが、l は個人の社会生活に内在しているため、それは「個人の問題」とすることができるからである。そこで「今年のあなたの l はこれですよ」と、優艶に $l = l' = f_2(x)$ を提示することで、その総和である $L = L'$ を正当化しうる空閑地を創り出している。おそらく現実には、私たちが $l = l'$ として認めうるかどうかは、個人の生存や生活場面での闘争状態によって決まってくるであろう。その意味でも $l = l' = f_2(x)$ は、まさに〈生－権力〉そのものなのである。

この〈擬制〉で重要なのは、絶対的な定数であった L を最初から無視して、あくまで私たちの直面している問題が、l' の総和である L' であると読み替えているところにある。それが〈サービスの総量の擬制〉である。L' は可変なので、同じく可変である「社会保障に回すことができる資源量」$w = f_3(x)$ と一致させることができる。〈生－政治〉が直面する問題は、$L' = w = f_3(x)$ を満たす x を探すだけでよい。それが社会の方程式の正解＝〈適正な資源分配〉となるのである。「生存資源が絶対的に不足する」という解決不可能な難問を、簡素な方程式に〈擬制〉することができる。外在的な変数を、内在的に決まっている定数に接続することを可能にする〈擬制〉による統治。ここに〈生－権力〉の転調が生み出され、新しい〈生－政治〉の起源となるのである。

（３）極限となった「生存資源」を〈適正〉に分配するための権力装置

そもそも、人口管理の安全装置としての生－政治には、いくつかの特徴があった。そのうちの以下の二つは、「限られた生存資源」の分配問題を解くさいに、看過できない差しさわりとなりうる。

一言で言うならそれは、統治の制限が、もはや十七世紀における法権利のような統治術にとって外在的な原理によってなされるのではなく、それに内在的な原理によってなされることになる、という変化です。統治の合理性が内的に調整されるようになる、ということ。（Foucault 2004b＝二〇〇八、一四頁）

もはや正当であるか不当であるかということではなく、成功であるか失敗であるかということこそが、今や、統治の行動基準とされるということです。成功が正当性に取って変わるべきということ。（Foucault 2004b＝二〇〇八、二一頁）

管理し安全をはかるタイプの権力が機能してきた理由は、その調整が「正当か／不当か」ではなく、「成功か／失敗か」をめざしてきたからである。つまり、なぜ統治できるのかではなく、どう上手に統治するかに、問題を縮減させることによって、統治として確立されてきたのである。一方、その統治の輪郭は内在的に描かれ、その合理性は内的に調整されるようになる。実際にその資源分配機能を果たすのは、内的な調整力の代表例としての自由市場である。まさに「市場の調整を社会の調整のための原理として導入する」（Foucault 2004b＝二〇〇八、一八〇頁）のであり、「市場のために統治しなければならない」（Foucault 2004b＝二〇〇八、一四九頁）。

ここで端的に論じても、フーコーが内的調整の典型、および帰結として市場を想定したことに異論はないだろう。素朴な価格決定の構造からして、市場は自らの輪郭の中でしか調整しえないし、それゆえ管理し安全をはかるような権力は、積極的な介入によって、私たちとその生を輪郭内に押しとどめようと介入し続けていたのである。と同時に、市場による資源配分の調整は、もっぱら内在的な観点から正解であるとされてきた。その配分が成功さえすれば（価格が定まれば）、それは正しい配分なのである[17]。

原則として市場の調整力は、資源が有限でありさえすればよく、0でない限りその下限にはあまり制約がない。よって貧しさも、富の偏りも、市場の調整として発生した限りは失敗ではないし、生‐政治もそのまま放置してきた。

問題は、その市場の調整による分配が、生－権力の本質そのものである「生存資源」にかかわるとき、しかもそれが、「絶対的に不足する」ときに発生する。生存資源の枯渇があまりに進行し臨界点を超えると思われるとき――それこそ単純に平均して分配したら国民全員が生存できなくなる瞬間――がありえるとしたら、どのように内的調整を試みようとも、人口の大半を喪失し、言い訳の聞かない失敗を迎えることになるだろう。生に固執していると成否を問われ、それでも生かし続けるという、解法のない難問を抱えこまねばならない。よって〈生－政治〉は、その他の様々な特徴――例えば生や身体そのものを司り、教導するなど――を変えることなく、以下の二つの要素を読み替えることで、その解消を果たそうとしているのである。

まず、生存させる対象およびその成否の判定を、個人の生ではなく〈擬制された生〉の方でおこなうことにする。それで実際に分配がなされれば、それは〈適正〉で成功したと見なすことができる。実際にその分配に耐えられず、いくつもの本物の「生」が失われようと、分配が〈適正〉になされた以上、責任は個人の「生」の方に帰される。また〈擬制〉によって、本来、厳密に内在的であるものにたいして外在性を持ち込むことができる[18]。内的調整がなされている市場に、外在的な論理――例えば国家財政ないしは国家そのものの存続など――を挿入することも可能になる。純粋に内的に決まるはずの配分を、外在的な論理で〈適正〉に制御する機縁を見いだし、しかもその正当性の論理が内在的に存在すると見せかけるために、〈擬制〉する装置が必要なのである。

6　まとめ――私たちが〈死を司る〉ように〈生を司る〉政治の誕生

生－政治の〝転調〟とは、どのような事態なのか。生－政治は「生かすことによって統治する」よう教導するものだから、そして私たちは「そのように生きなければならない」から、それは衝撃で、精細で、苛烈な力として私たちを生かし続けていたはずだった。しかしここで予見されるのは、生を〈擬制〉する装置、生－政治が、〈生を掌握したまま、肝心の生かすことに関心を失う〉というものである。生－政治によって重要なのは、生存資源の配分の成功であり、その配分をまさに調整することで統治する。その成功は適正に保障される。だからあいかわらず、生－政治は「生かす統治」であり続ける。ここで述べたビッグデータのシステムはいずれも、すべて良心的に設計され、良心的に機能し、私たちを生かし続けようとするだろう。だから重要なのは、その設計に問題があったり、正しく使われなかったりするところにあるのではない。それが「生存資源の分配装置として機能しうること」、「生存資源そのものが臨界点で制約される可能性があること」、そして、「それが対象としている「生きること」が〈擬制〉されているため、直接的に生存を保障するものにはならないこと」の三点が揃ったときに、はじめて問題になるのである。その整合点から、私たちはどれほど離れているのだろうか。

繰り返しになるが、本章がここまで述べてきたのは、一部を除き起こった現象ではなく、起こりうる可能性である。さらにいえば、実際に起こったかどうかではなく、「枯渇した」という社会認識が普遍的に共有化される未来である。社会全体における「生存資源」の枯渇までには、まだ少し時間があるし、財政も保険制度も手をこまねいて放置したりはされず、それなりの延命対策が打たれるだろう。また私たちも「生存資源」そのものの〈擬制〉までは、そう簡単には許さないだろう。だから筆者としても、そのような未来――生‐政治が、〈生を掌握したまま、肝心の生かすことに関心を失う〉こと――が到来しないことを願っている。ただしフーコーが生‐権力をキリスト教の司牧的権力の歴史から抽出してきたように、〈生かすことに関心がない生‐政治〉の萌芽は、すでにいくつも発見することができる。身構える用意が早すぎる、ということはない。

その観点でいえば、本当に論じなければならないのは、現在のビッグデータの活用システムそのものではないのだ。実はビッグデータによる番号制度を資源配分として活用するもっとも典型的な例は、隣で現出しつつある。本章で紡いできた「生‐権力の仕組み」だけの話をすれば、民間の「芝麻信用」の国家版、つまり中国大陸における Social Credit System（SCS）こそがもっとも類似、というより、ほぼ同じ構造をもって顕現している。ただ違うところは、それがスコア化し分配しているのが、上限のないある意味抽象的な「社会的信用」であるのに対して、私たちが直面しうるのが、いわゆる「福祉にかけられる予算の限界」という、生存資源の臨界点という点である。

これまでの私たちの権力論が、このような「極限下における統治の到来」を、どこまで射程に入れてきたのかについては、疑問を呈しておくべきだろう。これまでの私たちの歴史を振り返っても、あるマイノリティやある階級の「生存資源」が偏ったり、欠如に陥ったりすることはあっても、社会全体の「生存資源」の総体が不足するという事態は、ほとんどなかった。「生存資源」の枯渇には明確な許容の限界がある。その極限状態を想定したときに問題になるのは、配分結果の内容――資源の偏り方――ではない。そもそもその配分の方法――統治のあり方――の方が、問われなければならなくなる。ここで述べてきた権力装置やSCSは、その時代に備えるべく、私たちの〈規準〉を生成し、それに基づいて生存に必要な資源を分配される装置として機能しうる。「福祉制度」と「情報技術」との交錯という時代の、本当の意味は、おそらくここにあるのである。

生存資源が臨界点を迎え、用意されつつある分配装置が駆動しはじめた結果として、生-政治は、生-政治のままであり続けられる。仮にそれは〈擬制された生〉であって、私たちの生き残るための資源と開きがあったとしても、生-政治は（遊離した）生きることを統治し続け、死は司らない。では、死を司るのは誰か。おそらくそれは、私たち自身だ。ブラックな労働環境で（本当は不法なのだが）いかんともしがたくなってしまったり、緩和ケア病棟で（本当は違うのだが）生きる意味を見いだせないと誤解してしまったり、独居での介護を受ける生活で孤独感を深め（そのような事態も避けられるのだが）「生きるのに疲れた」が口癖になってしまったり、覚えのない失敗や誤解でソーシャル・クレジットが下がって事業費を借りるコストが上がって破産の危機に迫ってしまったりする。限界を切った配分減少は、そのようなかたちで現れる。つまり、死をめざし、死を司るのは、私たち自身なのだ。

私たちは、なぜ生きることを諦め、死を受け入れるようになるのか。それは、社会に見捨てられたように感じるから――私たちの生きる環境、生存するための資源の分配が、明確に自分の生に対して不足しているから――である。本質的に人の生存は社会の義務であり、現在でもその務めは果たされている。重要なのは、新しい生-政治が管理するのは〈擬制された生〉であり、それに対して公平にかつ正当に資源分配をおこなうという点である。なんらかのシステムになんらかのかたちで算出された〈規準〉による、〈擬制〉された自分の生に対する資源配分が、それぞれの個人が生きるリアリティが隔絶しすぎて痩せ我慢ができなくなった人、ないしは階層から順に、私たちは「自己に配慮」(Foucault 2008＝二〇一〇)できなくなり、絶望したり諦観したりして、自らの意志で生きることをやめるようになるのである。

多死社会における死の連続は、おそらく「寿命がきた順番」などという平和なものとしては現れえないことに、私たちはもっと警戒しなければならない。この社会は、なんらかのかたちで「厳密に公正に」限られた資源を分配し、そして「順番に自発的に」生きることを諦める人たちを生み出しつつある。生‐政治の装置は、完璧に公平に適正に機能する。だから、生‐政治はちゃんと生かし続けているし、多死社会の到来においても完全に免責される。多死社会において〈死を司っている〉のは、私たちなのである。

最後まで私たちは〝愛〟されていた。新しい〈生‐政治〉も最後まで、私たちを「がんじがらめ」に生かし続けようとしてくれる。その、がんじがらめの〝愛〟を最後の瞬間に拒絶し破局を選ぶのは、私たちなのだ。だから私たちは慰謝料を自分の命で支払うことになる。しかし、その戦略がどれほど、あらためて惚れ直すほど巧妙であったとしても、やはりそこに〝愛〟はない。あったとしても、その〝愛〟は〈擬制〉されている。

付記

本章は『現代思想』二〇一四年六月号（青土社）掲載の論文を大幅に加筆修正したものである。

注

（1）ここでいう〝愛〟には、皮肉以上のなんら思想的・学術的な意味は込められていない。

（2）檜垣（二〇〇六）、小松（二〇一二）など。ちなみに本章における生‐権力と生‐政治との使い分けは、おおよそ以下の整理に従っている。「「生権力」と「生政治」の両概念の異動に関しては、フーコーでは、前者が権力形態の在り方をいうのに対して、後者はその具体的な発動の仕方、あるいは、前者が近代的な権力形態の全体枠を指すのに対して、後者はその中の特定の時代（十八世紀後半以降）の形態、このいずれかとして概ね読みうる」（小松 二〇一二、一四七頁）。

（3）実際のところ人口は、生‐政治にとっても増えればいいというわけではない。「多くのものを生産するには相当の数の人口が必要ではある。（略）しかし、多すぎてもいけない。まさに、賃金が低くなりすぎないためには、人口は多すぎてはいけないのです。（略）人口に絶対的な価値はなく、あるのはただ相対的な価値だけなのです。所与の領土にとって望ましい最適の人々の数というものがあって、その望ましい数は、資源や、ありうるべき労働や、価格を維持するのに必要充分な消費にとって変わってくる」（Foucault 2004a＝二〇〇七、四二七頁）。問題は、その調整そのものが危機的状況に陥っているか、そう見せかけられているという点であり、だからこそ〈生かさない生−政治〉が浮上してきたともいえる。

（4）その意味で本章は、ドゥルーズの「監禁環境そのものといえる病院の危機においては、部門の細分化や、デイケアや在宅介護などが、はじめのうちは新しい自由をもたらしたとはいえ、結局はもっとも冷酷な監禁にも比肩しうる管理のメカニズムに関与してしまった」（Deleuze 1990＝二〇〇七、三五八頁）といる論点から出発している。ただしそれを、（彼の本旨がそこにあったのかは疑わしいが）〝環境の管理〟への抵抗点として安易に情報システムを受け入れる、というところの再解読をめざしている。

（5）最低限のみ補足しておくと、少なくともフーコーのいう生−政治は、以下の三つの点で、他の権力のあり方と異なっているといえる。

（a）主体の生を集団として引き受け、その教導を務めとすること

（b）市場による調整（自由）環境を整えること

（c）その判断基準を、正当／不当ではなく、成功／失敗とすること

人口管理の生−政治というあり方は、これらの三要素の連関として成り立っている。（a）は主体の生の包囲と集合的把握を意味し、その手段が（b）の環境調整である。その目標は（c）によって設定される。それゆえ「人口を調整する管理型権力」という出力となる。（a）の由来はまさに「司牧的権力」であり、（b）を確立したのがいわゆる「新自由主義」であるのは、よく知られている。ただし、（a）と（b）は親和的ではあっても、おそらくそれぞれは必要十分条件ではなく、一定程度は代替しうる。おそらくその間隙こそが、（a）生を司りつつ（b）内的調整に外在性を持ち込み（c）を誤導する＝生存を問わない、という〈生かさない生−政治〉の装置稼働を実現する。

（6）それゆえ本章の関心は、統治する生−政治の側ではなく、統治される私たちの側にある（実は同じことだが）。だから、現在の安全型権力を告発したり、来る制度設計を勧奨したりするところにはない。また本章で描く〈生かさない生−政治〉は、あくまでひとつの可能性を論じたものである。それゆえ本章で言及した制度——例えばビッグデータ、マイナンバーや介護保険など——が、システム変更されたり、それこそ呼称が変わったりといったことは、容易に起こるだろうし、それは本章の予測の範囲内でもある。それでも本質的な部分は変わらず、表層的変更に留まっていたり、類似の装置が補充されたりするだろう。

（7）誤解されないように断っておくと、統計学という学のありかたに問題があるわけではない。吉村の高名な事績（吉村一九七一）のように、それが生−権力的なあり方を反転させるようなこともありえる。ただしその限界として「我々のなしうること

は、データのとり方や対象に関する既存の知識を十分に利用して、誤差変動の原因、程度、傾向をつかみ、そのうえで誤差をこえて現れている法則性を可能なかぎり追求すること、すなわち統計的推論を行うこと」（吉村 一九七一、二九〇頁）と言及されているのは興味深い。本章は統計学の内実に踏み込むものではないが、その分析が思われている以上に様々な前提——外在性——を必要としていることは、述べておいてもよいと思う。統計学の計算は科学的に極めて正しいが、サンプリングをどうするかモデルをどうするかなど、いくつもの設定が必要になる。特に多量のデータを扱う現代の統計学（例えばベイズ統計学）において社会的な成果を出すためには、高度なモデリングが不可欠となっている（佐藤・樋口 二〇一三）。

（8）実際のところマイナンバー制度は、特定個人情報の利用規制、提供規制、情報の分散管理の義務づけなど、制約ばかりである（内閣官房 二〇一三）。特に医療分野は、「医療等分野の個別法」制定が論議になるなど、さらに慎重が期されている。それゆえ国家による一元監視などとは、おそらくほど遠いシステムになるだろう。もっとも本章でいう〈生‐権力〉の装置が、そのような監視システムにはなりえないことも、すでに述べた。現在の制約を、現在検討中の使用許可（高度情報通信ネットワーク社会推進戦略本部マイナンバー等分科会 二〇一四）程度に緩めるだけで、十分レセプターとして機能しうる。

（9）もっともこの場合の「ビッグデータ」は、巨大な情報量を誇っており、かつ原義に沿ったライフログともいえるものの、現行の大概のライフログ・システムとは異なる。そこで記録された利用者自身のライフログが蓄積されて、再び参照されるようにはならないからである。むしろ、それにもかかわらず「内在的な利用者の介護ニーズ」として説得力を持つところに、要介護認定の外在性とビッグデータ・統計学のカップリングの堅牢さが現れているといえよう。

（10）ここで〈規準〉と記した理由は、柴田（二〇一一）による。安全装置（のようなもの）によって算出された基準が、その該当の者の限界値（その範囲で制御されるもの）ではなく、限界値を超えていて（大抵は下限を下回っている）、一種の目標値として、つまり規律的な権力として機能しているからである。利用者は要介護度の範囲内で〈生かされる〉のではなく、要介護度のように〈生きなければならない〉。要介護度が現在の利用者の生活を下回っていた場合、その生活は数値の調整によって果たされるのではなく、〈規律値〉にあうよう〈適正化〉されるのである。だからその成否（生活が成り立つかどうか）は、介護保険制度の責任ではなく、（過剰なニーズを訴えた）利用者の責任となる。

（11）その意味で、まさにこのシステムは「生存資源を確率推計によって配分する」ものだといえる。もちろん問題は、確率推計の方ではなく、それを「生存資源」の配分に応用している方にある。

（12）この「思考実験」なるものは正確ではなく、サービスの総量が別の論理およびシステムで決定されているという事実を、比喩的に説明しているだけである。あくまでアイロニーに過ぎない。

(13) もちろん「区分支給限度額」も、後に言及するような様々な調査と検討（その中にニーズ調査も含まれる）から決定されている。実はこの種の問題は決まらないと配分できないが配ってみないとわからないという点で「にわとりと卵」なのだが、問われるべきなのはニーズの把握と総量の把握が重複して、しかし独立しておこなわれていること（この場合は厚生労働大臣が決めている）、しかしそれが関係しているように見せかけられているところにある。

(14) 現状において、本来ニーズと〈擬制されたニーズ〉との整合性は、本人の自重と、ケアプランを策定するケアマネージャー、およびサービスの前線を担う介護職の〝頑張り〟に収斂されてしまっている。ケアプラン策定にも重要な論点があるのだが、十分に紙幅をあてられなかったので、稿をあらためたいと思う。しかしケアプランの自由度がますます減少し、介護職の余裕が極限まで喪失されつつある中で、本来ニーズを〈擬制されたニーズ〉にどこまで〈適正化〉し続けられるかはわからない。

(15) 厳密にいえば、lも時系列的に変動するため、Lは人口数pと時間変数tの関数としては描ける。だからここでの議論はあくまで簡便にするため時系列の考察を省いた、アナロジーの域を超えていない。しかしpは介護の労働力でもあるため影響を次節のwと打ち消し合い、現実は高齢化によってtが増加するのに比例しlも相対的に増すという前提に従うだろう。その意味でLは一貫している。さらにいえばそれは、LはLとは独立して存在していることとは関係がない。

(16) これらの関数は、議論を簡明にするためのアナロジーに過ぎない。注(13)と同様の審級である。

(17) 実際のところ、これ以降の議論は「経済の外部性」に繋がるものであり、経済学の議論もあわせた詳述が不可欠である。さらに危機の偽装という可能性を含め、現代日本の「外部資源」としての国際関係まで考慮にいれて記述しなければならないが、おそらく結論は変わらないと考えている。

(18) 〈擬制〉における外在性を詳述し発展させるには、さらなる紙幅が必要であろう。ここでは、その比喩の源泉をデュルケム（Durkheim 1895＝一九七八、五二頁）に、その補強をアガンベン（Agamben 2003＝二〇〇七、一七八頁）に求めておくのみにしたいと思う。

参考文献

Agamben, G.（2003）*Stato di eccezione.*（アガンベン、ジョルジョ（二〇〇七）上村忠男・中村勝己訳『例外状態』未來社）

雨宮処凛・萱野稔人（二〇〇八）『「生きづらさ」について——貧困・アイデンティティ・ナショナリズム』光文社新書

Durkheim, É.（1895）Les Règles de la Méthode Sociologique.（デュルケーム、エミール（一九七八）宮島喬訳『社会学的方法の規準』岩波書店）

Dalla Costa, M.（1981）"Emergenza femminista negli anni '70 e percorsi di rifiuto del lavoro," A. A. VV., *La società italiana. Crisi di un sistema*, F. Angeli.（ダラ・コスタ、マリローザ（一九八六）伊田久美子訳「フェミニズムの登場と「拒否」の闘いの展開」、ダラ・コスタ、マリローザ、伊田久美子・伊藤公雄訳『家事労働に賃金を——フェミニズムの新たな展望』インパクト出版会）

Deleuze, G.（1990）"Pourparlers"（ドゥルーズ、ジル（二〇〇七）『記号と事件　１９７２－１９９０年の対話』宮林寛訳、河出書房新社）

Fisher, R. A.（1959）*Statistical Methods and Scientific Inference*, Oliver and Boyd.（フィッシャー、R・A（一九六二）渋谷政昭・竹内啓訳『統計的方法と科学的推論』岩波書店）

Foucault, M.（1997）*Il faut défendre la société Cours au Collège de France 1975-1976*, Seuli/Gallimard.（フーコー、ミシェル（二〇〇七）石田英敬・小野正嗣訳『社会は防衛しなければならない　コレージュ・ド・フランス講義　１９７５－１９７６年度』筑摩書房）

Foucault, M.（2004a）*Sécurité, Territorire, Population 1977-1978*, Seuli/Gallimard（フーコー、ミシェル（二〇〇七）高桑和巳訳『安全・領土・人口　コレージュ・ド・フランス講義　１９７７－１９７８年度』筑摩書房）

Foucault, M.（2004b）*Naissance de la biopolitique Cours au Collège de France 1978-1989*, Seuli/Gallimard.（フーコー、ミシェル（二〇〇八）慎改康之訳『生政治の誕生　コレージュ・ド・フランス講義　１９７８－１９７９年度』筑摩書房）

Foucault, M.（2008）*La Gouvernement de soi et des autres Cours au Collège de France 1982-1983*, Seuli/Gallimard.（フーコー、ミシェル（二〇一〇）阿部崇訳『自己と他者の統治　コレージュ・ド・フランス講義　１９８２－１９８３年度』筑摩書房）

檜垣立哉（二〇〇六）『生と権力の哲学』ちくま書房

情報通信審議会（二〇一二）「ICT基本戦略ボード・ビッグデータの活用に関するアドホックグループの検討状況」総務省

高度情報通信ネットワーク社会推進戦略本部（IT総合戦略本部）マイナンバー等分科会（二〇一四）『第1～3回分科会における構成員からの主な意見』内閣官房

小松義彦（二〇一二）『生権力の歴史——脳死・尊厳死・人間の尊厳をめぐって』青土社

厚生労働省（二〇一四）「全国介護保険・高齢者保健福祉担当課長会議資料　介護保険計画課関係」厚生労働省老健局

厚生労働省（二〇一七）「平成29年介護保険法改正」厚生労働省老健局

厚生労働省（二〇一八）「第7期計画期間における介護保険の第1号保険料及びサービス見込み量等について」厚生労働省老健局介護保険計画課

森田朗監修、市民が主役の地域情報化推進協議会番号制度研究会編（二〇一二）『改訂版・マイナンバーがやってくる——共有番

号制度の実務インパクトと対応策』日経BP社
内閣府（二〇一二）『高齢社会大綱』
内閣府（二〇一三）「少子化危機突破のための緊急対策」『平成25年少子化社会対策白書』
内閣官房（二〇一三）『行政手続における特定の個人を識別するための番号の利用等に関する法律（マイナンバー法）』
内閣官房番号制度推進室（二〇一五）『情報連携およびマイナポータル等について』
内閣官房番号制度推進室（二〇一九）「マイナンバー制度の今後の展望と、マイナンバーカードのさらなる利活用に向けて」内閣官房
沖藤典子（二〇一〇）『介護保険は老いを守るか』岩波書店
老人保健課（二〇〇九）「要介護認定はどのように行われるか」厚生労働省老健局
佐藤忠彦・樋口知之（二〇一三）『ビッグデータ時代のマーケティング――ベイジアンモデリングの活用』講談社
政府・与党社会保障改革検討本部（二〇一一）『社会保障・税番号大綱』内閣官房
鈴木雪夫・国友直人編（一九八九）『ベイズ統計学とその応用』東京大学出版会
関庸一・筒井孝子・宮野尚也（二〇〇〇）「要介護認定一次判定方式の基礎となった統計モデルの妥当性」『応用統計学』第二九巻第二号、一〇一―一一〇頁
柴田邦臣（二〇一一）「装置としての〈Google〉・〈保健〉・〈福祉〉――〈規準〉で適正化する私たちと社会のために」『現代思想』第三九巻第一号、一五二―一七〇頁
柴田邦臣（二〇一二）「「ライフログ」という斥候・〈規準社会〉という前線――〃限られた〃情報社会を生きる私たちのために」、正村俊之編『コミュニケーション理論の再構築』勁草書房、一四九―一八三頁
柴田邦臣（二〇一四）「生かさない〈生－政治〉の誕生――ビッグデータと「生存資源」の分配問題」『現代思想』第四二巻第九号、一六四―一八九頁
柴田邦臣（二〇一六）「コンヴィヴィアル・メディア・リテラシー――そして『障害者の自立と共生』から何を学ぶか」『現代思想』第四四巻第九号、一九二―二一〇頁
総務省（二〇一三）『平成25年度版情報通信白書』
総務省（二〇一五）『マイナンバーカード利活用推進ロードマップ等』
上野千鶴子・立岩真也（二〇〇九）「討議　労働としてのケア――介護保険の未来」『現代思想』第三七巻第二号、三八―七七頁

吉村功（一九七一）「アザラシ状奇形の原因I——サリドマイド仮説の成立に関する統計上の争点について」『科学』第四一巻第三号、一四六—一五四頁

第6章　スマートシティと生政治

――パブリック－プライベートの産業からコミュナルな統治へむけて

佐幸信介

1　はじめに――明るいディストピアとしての未来

ＩＣＴ（Information & Communication Technology）とそのネットワークがもたらす未来社会について、ジョン・アーリーは次のように述べている。「目下、移動の未来は、二つの間を揺れ動いている状態にあるようにも見える。一方には、地球高熱化の重層的なフィードバック・ループによって多くのシステムとネットワークが崩壊してしまう未来があり、他方にはシステムとネットワークが十分すぎるほど機能し、多くの移動ととりわけ自動車システムを「安定化」し、重層的なパノプティコン環境のなかで人びとを「安全管理」する世界がある」（Urry 2007＝二〇一五、四二七頁）。

ここで示唆されるのは、自動車が人間に対して可能にしたモビリティ（移動）、あるいはＩＣＴが可能にすると考えられていたコミュニケーションの自由が終焉する世界である。アーリーは新しい自動車のシステムをネクサス・システムと呼ぶが、重要なのは新しい電子的なネットワーク・システムがある必然性をともなってパノプティコン（＝監視社会）の環境として編成されていく点である。テクノロジーが人間に対して何かを可能にするという因果律が、アーリーが言うように失効するとしたら、その社会変容は何を意味するのだろうか。

アーリーが幾重にも議論してきたように、自動車は、人びとにフレキシブルな移動を空間的にも時間的にも可能にする「鉄の檻」であり、家庭と並んでもう一つのプライベートな居住空間である。それまでの（鉄道に代表される）都市空間と公共的時間とが一体となった構造を切り崩し、プライベートな時間と空間を再構造化するモバイル・プライバタイゼーションを推し進めるのが自動車であった。しかし、今後迎えることになるネクサス・システムは自動車という鉄の檻をスマート化し、「情報ネットワークの檻」へと転換させる。このとき、自動車が可能にしていたプライベートな領域はネットワークのなかに消失していく。図式的に言えば、都市－パブリック－プライベートの空間－時間の関係が、電子的なパノプティコンとして再構造化されるのである。

この変化が要請されるのは、地球環境問題という避けがたく直面する事態に対処しなければならないからである。ネクサス・システムの必要性は、この社会の危機状況との関係から語られる。ネットワーク・システムを十全に構築し、ネットワークの一つの要素に自動車を組み込むことにはある必然性がともなっているのである。近代のさまざまなテクノロジーの要素が集約された自動車は、地球環境問題を発生させる主要因の一つであるがゆえに、そして自動車と人びとの移動を存続させるためには、自動車はＩＣＴのネットワークのなかに組み込まれ、常時接続する状態のなかで子細に監視され、制御されなければならない。

そして、もう一つ重要なのは、移動そのものを予測可能なものとすることで、自動車が個別に電子的に監視されるだけでなく、他の無数の移動手段（公共的なバス、トラック、自転車、歩行など）全体もまた制御の対象となっていくことである。つまり、化石燃料から水素への移行、あるいは炭素制御装置によるエネルギーの効率的かつ適正な利用を促す自動車のスマート化は、コンピュータ・プログラムを装備した自動運転の次元だけにとどまらず、交通手段の複合的な関係にも及ぶのである。つまり、情報端末が埋め込まれた自動車は、知的交通システムのなかで「電子的・物理的に他の多くの移動形態とシームレスに統合され」ることになる（Featherstone, Thrift & Urry 2005＝二〇一〇、五八―五九頁）。このとき、もはや人間が地理的な空間のなかを主体的に移動の自由を体感しながら自動車を操作するのではない。自動車がスマート化されるのと同様に、道路や建造物をはじめとした地理的空間もスマート化され、さらにそれらの相互関係のなかで移動するという人びとの行為それ自体もスマート化される。スマートテクノロジーは、この意味でユビキタス化した状態を指している。

このネクサス・システムは、ジョディ・ディーンがコミュニケーション資本主義と問題設定した社会変容と同様の事態を指している（Dean 2002）。ディーンが言うコミュニケーション資本主義は、知的生産性を重視するような生産様式の変容を指す社会の情報化ではない。あるいは、普段のコミュニケーション・ツールとして、ICTが効率的にビジネスや組織に活用されたりするような情報化を指しているのでもない。情報が流通－循環する過程、つまりコミュニケーションそのものが、マーケットの形成と産業をうながす資本のモードとなることを指摘しているのである。その意味で、移動のネクサス・システムとは、IoT（Internet of Things）やM2M（Machine to Machine）によって結ばれたネットワークを情報が流通－循環する過程と、物理的な空間を移動する過程とがシームレスに編成された複合体であると言えるだろう。

実際に私たちの日常生活を振り返ったとき、一方で私たち自身がスマートフォンなどのコミュニケーション・デバイスをとおしてネットワークへ常時接続していることを想起するが、他方で移動という位相から考えると、自動車も、そして道路や建造物、そして自然環境すらも人間と同様にネットワークに常時接続されていることが明らかになる。人間もモノもネットワークの関係項に置かれる。だから、どのように移動するのか、あるいはどのように生活するのかはネットワーク（あるいはスマートフォンなど）が教えてくれるのである。

ダブルバインドとしての電子的パノプティコン

一方に地球環境問題や人びとの安全な生活という価値が置かれ、他方にそれを可能にする電子的パノプティコンが求められる。破壊的な状況を避けるためには、このパノプティコンを作らなければならないというある種のダブルバインドな解決策、すなわちアーリーが述べるネクサス・システムは、本章で検討するスマートシティそのものを指していると言ってよい。なぜなら、これまでの議論から明らかなように、物理的位相と電子的位相がシームレスに編成されるネクサス・システム＝電子的パノプティコンは、私たちの移動の自由を終焉させたように、物理的空間に立脚してとらえられてきた都市そのものも終焉させる可能性を示唆しているからだ。

スマートシティは、都市を物理的に建設するのではなく、ICTのネットワークを構築しつつコミュニケーションそのものを編成し直す。コミュニケーション資本主義にとって資本と技術が投下されるマーケットとして目され、二〇一〇年前後から世界各地で登場してきている。本章では、スマートシティが登場する過程とその特徴を、コミュニケーション資本主義の文脈のなかで検討したうえで、都市の終焉が生じるような事態を統治の問題として再考する。その際に統治の問題をミシェル・フーコーが議論した生政治の新たな権力のモードとして検討する。フーコーが言う生権力は、主に一七世紀から一九世紀を対象にしているが、現在との歴史的な位相の違いを念頭においたうえで、権力論としての議論を抽出しながら、スマートシティとの関係を検討する。それは、規律型の権力だけでなくセキュリティの権力のモードが拡張し、生活に浸透していく様態である。

2　スマートシティと空間——テクノロジーは何を対象とするのか

スマートシティの取り組みは、すでに世界各地で広がっている。中国や韓国、中東などで見られるように、新しく建設する都市を丸ごとスマートシティ化するケースもあれば、リオデジャネイロやメキシコシティのように犯罪に特化して都市を視覚的にモニタリングするケースもある。このような種差性を有しつつも、スマートシティの多くは既存の都市空間やインフラにセンサーを設置し、センシングしたデータをビッグデータ化し、そこから交通やエネルギー、犯罪、観光などの問題解決へとフィードバックする横断的かつ網羅的に都市をネットワーク化するシステムという点では共通している。現時点では、実証的な段階のものが多いが、スマートシティ市場は、二〇二一年には一三五〇億米ドルに達するとも言われる[1]。

そしてもう一つ特徴的なのは、都市のスマートシティ化が、地方自治体と企業との協働、いわばパブリック－プライベートのパートナーシップによって進められていることである。スマートシティのシステムの開発や商品化は、ＩＢＭやシスコ、シーメンス、マイクロソフト、ＮＥＣ、東芝などの企業が行う。そのシステムを自治体が導入する。つまり、スマートシティは公共的な領域をマーケットにした一つの産業として成り立っている。このパートナーシップは、例えば「準市場」（Le Grand 2007＝二〇一〇）のような新しい公共性と言われることもあるが、事実上は民間資本が参入する経済的な市場として構成される。だからこそ「スマートシティは、分野横断的な新たなコラボレーションや、問題を解決する新たな方法、そして新しい統治モデルをもたらす」(Hollands 2016, Karvonen, Cugurullo & Caprotti 2019: 293)。つまり、社会をコントロールしていくスマートテクノロジーやネットワークが、私企業によって担われていくことの統治の問題があらためて議論されなければならないのである。

そこで、スマートシティを具体的に考えていくために、より身近なスマートな生活のシーンから検討していくことにしよう。

健康の管理とスマートテクノロジー

高齢の人びとが遊歩道をウォーキングしている。ある地方の町の日常の風景である。ウォーキングをする人びとはスマートフォンを身に着け、そこで計測されたその日の歩数のデータが町の健康保健センターに送信される。スマートウォッチや万歩計型のデバイスを身に着けている人もいる。これらは町から無償で貸与されたものだ。個々の身体の健康のデータがいわば個人カルテ化され、さらにそれらのデータは、町の集合的な健康のデータとして集積される。

この町では、成人、とりわけ高齢者の健康の向上をはかるため、健康診断の半額を補助し、その診断結果から健康に関する食生活や生活習慣についてのカウンセリングと健康を維持するためのプログラムが提供される。歩数データの集約はその一環であり、その他血圧をはじめ体調に関するデータが町の医療機関へ送信される。こうしたデータと引き換えに、住民には「健康ポイント」が与えられ、貯められたポイントは商品券に交換され、いわば地域のエコマネーとして活用することができる。

こうした事例に近く、社会的にもよく知られたケースに柏市の柏の葉キャンパスシティがあるが、健康－身体－空間がリンケージするスマートシティは、特定の町に限ったことではない。健康増進法にもとづく政策とＩＣＴとが融合する場合には、どこにでもありうるスマートテクノロジーの活用事例である。そこで活用されるＩＣＴあるいはスマートテクノロジーは、曰く人びとの生活に優しいテクノロジーだと語られる。そして、テクノロジーが人びとの健康の向上にのみ活用されているわけではないことが容易に類推できるだろう。健康だけでなく、高齢者にもし何かあった場合に、あるいはもし孤独な状況に置かれていた場合に、不測の出来事を見つけ出すセンサーの役割にも転用できると考えられる。つまり、社会関係資本のためのテクノロジー(2)(Deakin 2014)にも転用される。また、町に集積されたデータは地域内の医療行政に転用され、ひいては医療費の抑制へと繋がることも想定されているはずだ。さらに、都市計画にも派生し、ウォーキングする遊歩道に安全を確保するための監視カメラを設置したり、低モビリティを指向した町並みや公園の整備などにも連接するだろう。

国際的に見ればスマートシティの先駆的な例――アムステルダム、シカゴ、ニューヨーク、ダラス、サクラメント、バルセロナ、トロント、深圳、ソンド、リオデジャネイロなど――はすでに数多く存在し、日本でも京都市や、藤沢市の Fujisawa サスティナブル・スマートタウンをはじめ数多く紹介されている。だが、このようなよく知られている都市ではなく、身近な事例をわざわざ冒頭に挙げたのは、ありふれた生活の姿にこそスマートテクノロジーやスマートシティの特徴が見出されるからである。

スマートシティは、先にも述べたように実験的な試みも含め世界の至る所で登場している。それらは、単にＩＣＴが用いられた都市とか、ＩＣＴによって生活の環境が変容するといったことを指していない(3)。スマートシティは、前節でも確認したように、ＩｏＴやＭ２Ｍのネットワークからセンシングによって集積されたデータを解析し、エネルギーや交通、人などのフローを監視し、それらのフローを制御・誘導していくようなテクノロジーの集列体である。これまでは建築や道路などのインフラが、人間や商品のフローを支え生産活動や消費のための条件となっていた。しかし、こうしたインフラは物理的に作られたものであり、その構造はフローを一定の方向へと規定するものであった。しかし、スマートシティは、複雑なアルゴリズムによって構成されたコミュニケーションのネットワーク・システムである。例えば、エネルギーやサステナビリティが問題化される領域では、スマートグリッドと呼ばれる電装網の制御技術が用いられ、効率的な電力のフローを最適化しようとする。電力は水道や交通と同様にフローとして常に動き続けなければならないが、スマートシティでは、このフローそのもの、あるいはフローのネットワークがコントロールの対象となる。どのようなフローが適切なのかは、そのときの条件や状況に応じて変わるが、スマートテクノロジーは常に変動する条件に応じてフレキシブルにフローをコントロールすることを可能にする。

それらは、人間が道具としてハンドリングできるようなテクノロジーではない。人間とテクノロジーとの二項対立関係が成立しているのではなく、むしろ人間の行動も一つのフローとみなされ、そのフローが適切であるかを判断し、適切な行動を人間にアドバイスする。それは、監視社会の研究者であるショシャナ・ズボフが監視資本主義を論じるなかで指摘しているように、人びとの行動に働きかけ調整していく監視テクノロジーと同様の特徴を有している（Zuboff 2019）。先に例示したウォーキングに即するならば、人びとの健康をコントロールするスマートテクノロジーのシステムは、データを集め解析することで、人びとに対して健康増進のために最適な生活を提供する。同時に、この町の医療や福祉サービスの非効率性や無駄を可視化するだろう。スマートテクノロジーが対象とするのは、住民の健康の向上という課題を介して健康に関するデータのフローを掌握することである。日常のなかで住民が気ままに、自由に行う振舞いをそのままの状態で、データのフローとして吸い上げるのである。

このように考えると、スマートシティとは「都市空間」を物理的に建設しようとすることが優先されているのではなく、人やモノのフローを電子的なレベルで表象化、あるいは可視化するものだと言ってよい。「シティ」と呼ばれるが、それらは何らかの物理的な形状やデザインが必然化された都市ではない。

この点に関して、建築や都市計画の専門家による次のような指摘は示唆に富んでいる。ＩＣＴが活用されるスマートシティは、都市の形に左右されず、人間の活動をどのように変化させるのか、つまりアクティビティを重視して都市をデザインすることが重要になると言明されている[4]（日本建築学会編 二〇一五、六一―六二頁）。スマートシティでは、都市計画や建築的なデザインの対象が、人びとの行動のアクティビティとなっていることを端的に指摘しているが、ここには建築空間や都市空間を人びとに提供するという従来の考え方から、人間の行動のアクティビティと既存の空間との間の最適な適合関係をデザインすることへと転換することが示されている[5]。建築的テクノロジーがターゲットにするのも、ズボフの指摘と同様に、人間の行動の調整である。

スマートテクノロジーと「表象の空間」の視覚化

このようなスマートシティの特徴を考えるとき、あらためて「空間」が問題となる。スマートグリッドなどのテクノロジーは、一種の電子的なインフラとして機能する。実際にスマートシティと名づけられたビジネス都市や新興住宅が建設されている。しかし、こうした目に見える未来都市であっても、比喩的に言うならば、スマートシティは空間を必要とするが、空間を建設するものではない。おそらくテクノロジーと空間との関係が変容しているのである。この両者の関係を事分けるために、スコット・ラッシュのルフェーブルについての議論を補助線にしながら整理しておこう。

ラッシュは、『情報批判論』のなかで、「空間の表象」と「表象の空間」との境界が溶解し、デジタル・テクノロジーが浸透するにつれて、「空間」も「表象」もともに客体化・視覚化されることを指摘している（Lash 2002＝二〇〇六）。「空間の表象」や「表象の空間」は、「空間的実践」とあわせてルフェーブルのよく知られた概念である。とりわけルフェーブルが提示した「空間の表象」と「表象の空間」との対立図式においては、「表象の空間」は生きられた経験であり、権力の言説が作用する「空間の表象」によって時として抑圧されるものとしてとらえられていた。また、ルフェーブルは、「空間の表象」を批判する一方で、「表象の空間」を例えばアンダーグラウンドの空間やリズムが内在した空間といった表現とともに、触覚や身体的な次元からとらえていた。いわば権力の言説によっては捕捉されえない人びとの日々の実践が営まれる空間を「表象の空間」として提示していた。

ラッシュがルフェーブルの空間モデルを再考するのは、この両者の対立図式の有効性についてである。それは、ルフェーブルが見ていた一九六〇年代から七〇年代にかけての時期とは比べものにならないほど、空間と表象との関係がメディアやテクノロジーによって変容しているからだと言う。イメージや物語といった形で人びとの経験世界となっていた「表象の空間」は、テクノロジーの浸透によって客体化が進行する。そして、「空間の表象」も同様にイデオロギーが構成する空間から、客体化された空間つまりテクノロジーの空間へと移行していく。このような事態が進むと、普遍主義的な言説が構成する空間、つまりルフェーブルが当時考えていたような「空間の表象」は消滅する（Lash 2002＝二〇〇六、二二九—二三〇頁）。

「空間の表象」と「表象の空間」がともにテクノロジーの空間へと包摂されるというラッシュの議論から敷衍できるのは、ルフェーブルが言う「空間的実践」も概念的な配置換えが起きることであろう。「空間的実践」は、交通網や建築物など実際に社会的諸関係＝空間を作り出す生産・再生産といった実践性を意味していた。しかし、テクノロジーによって客体化・視覚化されたネットワーク社会においては、「空間的実践」はデータ化されたフローそのものであり、コミュニケーション＝データの流通‐循環そのものに取って代わることになる。

表象と人間との間を媒介するような記号やシンボルが客体化されるとは、意味の世界が重きをもたなくなることを指しているが、同時に私たちの経験もまた、テクノロジーとフローの空間へと無媒介に直結することを意味している。ラッシュはこのような生活を「テクノロジー的生活様式」と呼ぶ。テクノロジー的生活様式は、特定の場所で営まれるのではなく、ネットワークの「プラットフォーム」のように離床した空間に直結している。したがって、スマートシティ（＝空間の表象）とそこでの生活様式（＝表象の空間）は、テクノロジーと人びととの対立関係ではなく、ひとつの平板なテクノロジーの空間のなかに成立する。ネットワーク空間の情報のフロー（＝空間的実践）が物理的空間や生活空間、そして身体に対して直接関与することができるのは、このような空間が斉一的に構成されるからだと言えるだろう。

3　産業としてのスマートシティ

スマートシティは、これまで述べてきたように、交通、エネルギー、環境、教育、健康、建築物、インフラ、公共の安全など、さまざまな社会的な問題や課題に対して、ＩＣＴやネットワークといったテクノロジーを用いて最適化しようとするシステムである。将来的にはこれらの多様なテクノロジーとシステムをリンケージし、統合するようなシステムとしてのスマートシティの実現が目指されている。しかし、何人もの論者が指摘しているようにスマートシティとは何かを一義的に定義することは難しい（Hollands 2008, Townsend 2014, Albino, Berardi & Dangelico 2015）。それは、学術的な困難さというよりも、スマートシティについての言説がさまざまな行為主体によってもたらされ、現在でも多様なスマートシティの構築が推進されているからである。

アルビノらによれば（Albino, Berardi & Dangelico 2015）、「スマートシティ」という言葉が登場したのは一九九〇年代である。その発端となったのは、新しいＩＣＴを用いてコミュニティをスマート化することを目的として設立された「スマートシティのためのカリフォルニア協会」であった。当時は、それに対してオタワ大学のガバナンス研究センターが、技術オリエンティッドな統治の方法を批判するなど議論があった(6)。ただし、まだこの時期のスマートシティは、都市に対する構想の段階であった。その後、スマートシティ構想が数々提示されるが、スマートという言葉どおり、人びとに対して優しく、賢い知的なシステムが人びとに提供されるというレベルにとどまっていた。しかし、ＩＢＭが提示したスマートシティ構想には「interconnected」のキーワードが盛り込まれており、さまざまなデータをプラットフォームに統合することがすでに示されていた。また、「intelligent」も強調され、データについての複雑な分析やモデル化、プログラムの最適化、そして施策の決定を可能にするような視覚的なサービスを提供することが含意されていた。

他方、都市計画の領域ではこの時期のスマートシティはイデオロギー的なものであった。政府をはじめ公共的な主体は、持続可能な成長、経済成長、市民の生活の質の向上、幸福の創造といったことがらにむけた戦略的な政策とプログラムを体現するものとしてスマートシティを構想していた。ただし、二〇〇〇年代の初めの時期までは、ＩＣＴの普及と技術的なレベルには限界があり、それよりも人びとやコミュニティにとって必要となるもの、つまり、物理的な位相での都市計画の側面に重点が置かれていた。しかし、技術的な限界があったとしても、すでに社会の至る所に配置されていたモニタリング用のセンサーをスマートシティ——エネルギーや交通渋滞対策など——のためのインフラとして使用することは議論の俎上に載っていた。これらの構想は、現在論じられているような、無線のネットワーク、システムの小型化、無線テクノロジーによる情報処理能力、コミュニケーションと複合的なネットワーク、ネットワーク計画と拡張、網羅的な把握と情報処理、ソリューションサービス、検索と追跡といったスマートシティを構成するものへと連なるものであった（Albino, Berardi & Dangelico 2015）。

ところで、現在のようなスマートシティの増大を考えるうえで、二〇〇八年はベンチマークとなる年である（Townsend 2014: 1-4）。そこには、大きく三つの転機があった。一つは、米国国立統計所による「世界の人口は二〇〇八年に、都市の人口と農村・地方の人口が拮抗する」という人口統計の発表である。人口構造の変容は食糧問題を生じさせるだけでなく、とりわけ発展途上国における都市化の進行を意味している。都市化が世界規模で進めば、化石燃料の消費を増大させ、同時にCO_2も排出する。そして、必然的に都市に供給するエネルギーや水や食料が不足する。また、モータリーゼーションに対応するインフラも整備されていない。

このような人口構造の変化は、実はスマートシティの必要性を論じるときに必ず語られる言説である。抑止することができない都市化と持続可能な成長との両立。しかし、その背景には都市化の過程で増大するCO_2とエネルギーの不足という状況予測がある。この状況は不可逆的であり、そして破局的である。もはや、エネルギーの過剰消費とCO_2の増大の因果関係から警告される地球温暖化のレベルではなく、その果てにはエネルギーの不足による都市それ自体の内破が想定される。スマートシティが要請されるのは、都市化－CO_2増大とエネルギーの不足とのジレンマを反転させる論理、すなわちエネルギーを供給し、かつCO_2も抑える持続可能な成長を可能にすると期待されるからである。低／省エネルギーで低炭素をコントロールし、都市を成立させようとする社会工学的なビジョンがスマートシティであるとも言える。

第二に、PCや携帯電話などのデバイスとインターネットとの接続において、有線接続よりも無線接続が上回った年が二〇〇八年である。その結果、安くて持ち運びできるデバイス——モバイルフォン、スマートフォンの普及を促し、コミュニケーションとそのネットワークが、さまざまなデバイス同士を繋ぎ、同時に私たちのコミュニケーションもこのネットワークのなかに包摂されていく。

ワイヤレスの状態でのネットワーク接続は、先に見たようにラッシュが言うテクノロジー的生活様式であるといってよい。このワイヤレスな接続状態において、スマートシティにとっては人と人とのコミュニケーションよりも、IoTやM2Mの方が重要である。とりわけ、二〇二〇年には導入が予測されている次世代通信の「5G」が登場すると、現在とは比較にならないほどの大容量で高速のコミュニケーションが可能になる(7)。通信速度が10Gbpsまで引き上げられる。同時に、一平方キロメートルあたり一〇〇万台の「多数端末接続」が可能になる。5Gの環境では、ほとんど操作のタイムラグを感じないと言われ、ドローンや遠隔医療手術、自動車などの輸送システムの遠隔操作運転も可能になるという。また、8Kレベルの映像の送信も可能となり、光ケーブルなどの有線や衛星放送でさえ5Gにとって代わられるとされる。つまり、従来の放送も通信も、常時接続可能なネットワークに包摂される。

第三に、人びとが本人の意思にかかわらず、グローバルなウェブと接続されるようになったのもこの時期である。自動車に搭載されるGPS、フェイスブックの開発、あるいはグーグルマップなどが身近なものとして、生活のなかに広く浸透していく。現在の、クラウドやビッグデータというサイバー空間の構築が始まるのである。(8) 二〇二〇年までには、世界のおよそ五〇〇億にもおよぶ対象がネットワーク化され、サイバースペースでの走査の対象となるという。グローバルでワイヤレスのネットワークの常態化は、センシングの常態化を意味する。私たちが身に着けているさまざまなデバイスは、常に情報をサイバースペースに提供し、私たちはこうした接続なしには生活ができない状態になっていく。

公共領域への民間資本の参入

このような二〇〇八年以降の出来事を考えたとき、さらにベンチマークとなる一つの事例は、二〇一〇年にＩＢＭによって提供されたリオデジャネイロのスマートシティのシステムであろう（McNeill 2016）。このシステムは、二〇一四年のサッカーワールドカップ、二〇一六年のリオデジャネイロオリンピックを想定して導入されたものである。リオデジャネイロの犯罪、交通渋滞、不十分な都市計画といった状況のなかで、ＩＢＭが公的なサービスを再構築する役割を担当することになった。ＩＢＭは、コンピュータのプログラムを見直し、新たなソフトウェアの導入、そして市内のコンピュータネットワークの最適化を重視していた。ＩＢＭは、プログラムやネットワークの整備を主眼に置いたが、象徴的なのはダッシュボードと言われる可視化システムも実現し、公共空間を多角的に監視するための中央コントロールセンターが登場したことである。ダッシュボードとは、自動車や航空機などの計器のように、センシングされたデータを解析した結果を、計器やモニターに視覚的に表示する装置である。コントロールセンターには、それらのダッシュボードがいくつも並び、異常な事態をひと目で確認できるようになっている。

センシング－監視－ダッシュボードのネットワーク装置は、ロンドンの CASA London Dashboard やダブリンの Dublin Dashboard などですでに大規模に導入され（Kitchin, Lauriault & McArdle 2016）、あるいは治安維持に特化したメキシコシティの CiudadSegura など標準化しているといってよい。こうした事例を見ても明らかなように、二〇一〇年に始められた「ＩＢＭのスマータープラネットキャンペーンは、都市サービスを優先順位の高いものとして位置づけるものであった。このような都市への関心は、シスコやシーメンスといった競合他社などのグローバル企業の後続を促し、スマートシティが一定の市場を形成させる推進力となった」（McNeill 2016）。

スマートシティは、一つの産業としてグローバルに広がっているが、企業だけでなく政府などの公的なセクターとアカデミックなセクターもまた重要な行為主体として作用している。そのことが顕著に表れているのはヨーロッパの動向であろう。ヨーロッパでは、ＥＵがスマートシティを積極的に政策化している。ＥＵでは、コンチェルトイニシアティブによって、二〇〇五年から二〇一〇年にかけてフレームワークプログラムのもとでスマートシティの研究開発が開始された。その後、二〇一一年に「スマートシティとコミュニティのためのヨーロッパ技術革新パートナーシップ」が策定され、スマートシティ・プロジェクトへの研究開発支援が本格的に始まった(9)。その後、二〇一四年からは「ホライゾン２０２０」が掲げられ、二〇一四年以来各年度で二億ユーロ以上の助成がなされている。ホライゾン２０２０とは、スマートシティに関する研究や実証実験、地方公共団体のスマートシティの導入などに対して助成するファンドである。他にも、FIWARE（Future Internet WARE）のようなプラットフォーム開発の動きもある。これは、スマートアプリケーションを開発するためのオープンなプラットフォームで、二〇一一年から始められた官民連携のＥＵのプログラムから生まれたものである。

アメリカにおいては、ＩＢＭやシスコ、ＧＥなどスマートシティ産業が主導している一方で、二〇一五年以降、総予算一六〇億ドルのスマートシティ関連予算が示され、アメリカ国立標準技術研究所や国立科学財団などの研究予算に四五億ドルあまりが当てられており、産官学の協働の仕組みが作られている。アメリカは、ヨーロッパと同様に数多くの都市でスマートシティの導入がすでに行われており、この導入それ自体が実証実験と産業育成という側面を強くしている。

日本においても同様に積極的な政策誘導が進められている。現在、「Society 5.0」の科学技術政策が進められているが、それと連動するような「未来投資戦略２０１８――「Society 5.0」「データ駆動社会」への変革」（内閣府、二〇一八年六月）や「スマートシティの実現に向けて【中間とりまとめ】」（国土交通省都市局、二〇一八年八月）などが発表されている。スマートシティの事例として、先述の Fujisawa サスティナブル・スマートタウン、柏の葉キャンパスシティが紹介されることが多いが、すでに多くの自治体がスマートシティのシステムを導入している。京都府とシスコ、山形市とＩＢＭ、日立市と日立、越谷レイクタウンと東芝、高松市とＮＥＣや香川大学など、規模の大きさに違いはあるものの、様々な実証実験が行われている。

パブリック－プライベートのシームレス化と資本の空間的回避

これらに共通しているのは、スマートシティと自治体との関係である。それは、システムをパッケージとして地方自治体が単純に購入しているのでも、自治体がスマートシティを単に援助しているというのでもない。図1にあるようなスマートシティを手がけるグローバル企業は、自治体と契約し、それぞれが開発したシステムとともに行政の仕事の一角を担っている。それは、組織の業務を行うためにネットワークやシステムを構築するといったレベルの問題ではない。むしろ、行政の公的な領域そのものをスマートシティが機能代替しているのである。さらに、バルセロナに典型的に見られるように、スマートシティを仮想化し、ICT、エネルギー、医療、交通、観光、研究開発などの分野について、社会的なクラスター化を行い、サイバースペースそれ自体を、産業化と経済的な行為の対象とするような試みも行われている（March & Ribera-Fumaz 2019）。

こうした傾向は、端的に言えばスマートシティにとって重要なクライアントの一つが地方自治体や地方都市であることを示している。スマートシティが解決しようとするのは、エネルギーや交通、治安、観光、産業育成といった社会的な課題である。それらは公共サービスにかかわることがらであり、都市計画にも包括的にかかわる課題である。スマートシティは先にも述べたように、電子的なインフラストラクチャーという側面をもっているが、それぞれの都市や町が抱える公共的課題そのものがスマートシティ企業にとって商品化の対象とされ、公共的課題そのものが産業化のためのリソースとなっていることを物語っているのである。

こうした自治体と民間企業とのパートナーシップは、「公共的領域の外部化」と「公共領域への市場原理の導入＝内部化」という側面を有しており、ともに一九八〇年代以降に始まり、一九九〇年代以降に加速化した新自由主義の濁流のなかで進行してきた。とりわけ外部化された領域は新たな公共性や準市場と呼ばれてきた。だが、スマートシティの変遷から分かることは、もう少し入り組んだ構造である。先にスマートシティは、空間を必要とするが物理的な空間を建設しないと述べたが、センシングや監視、制御などのデバイスは、既存のインフラをはじめとした社会資本に設置され、自動車や住宅、そして人間の身体に装備される。つまり、一方ではインフラなどの公共的な社会資本を民間企業が活用し、他方で消費財や人間の身体といったプライベートな領域を、社会の安全や環境の整備の方へ公共化する。したがって、物理的空間と電子的空間とがシームレスに構成されるのに加えて、パブリック－プライベートな関係もシームレス化していく。スマートシティ化は、この二重のシームレス化を推し進める新自由主義／コミュニケーション資本主義の新たな産物であると言うことができるだろう。

　では、このようなスマートシティが、グローバル企業によって世界の至る所に普及していく状況についてどのように考えることができるだろうか。

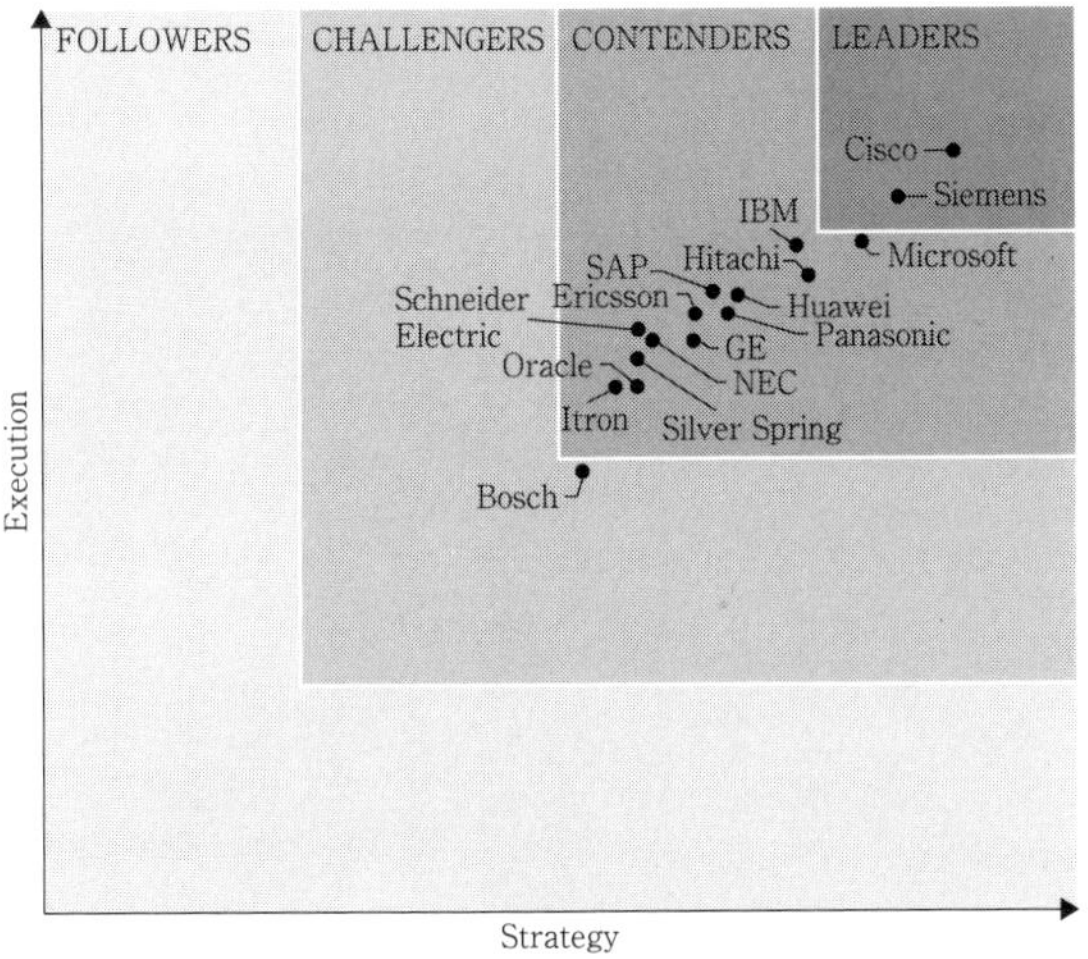

図１　スマートシティを手がけるグローバル企業
出典：Navigant Research Leaderboard Report: Smart City Suppliers - Assessment of Strategy and Execution for 16 Smart City Suppliers, 2017. 09. 12.

　それは、スマートシティ研究の中心的役割を果たしているロバート・G・ホーランズが指摘しているように、デヴィッド・ハーヴェイの「空間的回避」と同様の事態であると言える。ホーランズは、産業的で工業的な都市以上に、スマートシティの方が空間的回避を生じさせると言う。スマートシティは、資本の投資に転換を促す契機となりうるからだ。つまり、公共的なリソースがグローバル資本を引き寄せる誘因となっているのである。端的に言えば、資本は自治体と「契約を交わす」ために移動する。その結果、そのエリアには利潤をもたらし雇用を生み出す。反対にICTや人的資本、スマートコミュニティへの投資から利潤が見込めないならば、資本は他のエリアへと投資先を変えていく。つまり、自治体と企業との、パブリック－プライベートのパートナーシップの仕組みは、資本が投資される地域とそうでない地域とを生み出し、社会を分極化させるという逆効果を強く生じさせることになる（Hollands 2008）。

この資本の移動、空間的回避について、ハーヴェイが議論する「建造環境」との関係から、もう少し補足的に検討しておこう。空間的回避は、商品の過剰生産や利益率の低下、雇用に結びつかない余剰資本や余剰労働力といった、再生産のメカニズムが機能しない危機状況を回避するために、資本の移転が行われることを指している。ハーヴェイの議論の特徴は、過剰蓄積の危機の回避を説明するために、あらかじめ「空間の生産」の次元を設定し、空間の生産が資本蓄積に寄与する論理を重視する（Belina 2011＝二〇一三）。その際に重要になるのが「建造環境」である。建造環境についてハーヴェイは次のように言う。「建造環境を構成するこの巨大なインフラは、資本の生産、流通、蓄積を続けるために必要不可欠な物質的前提条件である。さらに、このインフラが良好に機能しつづけるためには、しかるべきメンテナンスが恒常的に必要である。したがって、経済的産出物のますます多くの部分が、このような必要不可欠なインフラを良好な状態に保つために投じられなくてはならない。メンテナンス不足（送電線の機能停止、水道の不具合、運輸・通信システムの混乱）は、最も先進的な資本主義経済においてすらまれではない」（Harvey 2010＝二〇一二、一一五頁）。

建造環境への投資は、そもそも大規模で長期的な時間軸を想定して行われるものであり、資本は時間的回避としても機能する性格をもっている（Belina 2011＝二〇一三、野尻 二〇一三）。ハーヴェイが言うように、インフラは生産、消費、流通を目的とするものであるが、その時間性において物理的な景観も作り出すことになる。つまり、建造環境の社会構造が、その地域の景観や生活環境を構成する物理的な空間構造として定着していく。この現実的な生産・消費・流通のための空間が恒常的に保たれるためには、建造環境が常に作動（空間的実践）していなければならない。ホーランズがとらえようとしているのは、建造環境にスマートシティを重ね合わせ、建造環境と対応したもう一つのレイヤーとしてのスマートシティである。いわば「二重の都市」という階層性が資本の移動を促すのである。

このように、資本の空間的回避の要因は建造環境や都市化にともなって生じる諸問題という公共的リソースである。野尻（二〇一三）によれば、都市はすでに建造環境への投資を吸収しているから、都市は資本蓄積を有利にし「労働分業における専門職の地理的集中と、物理的・社会的インフラストラクチュアの空間的・関係編成の有利さと、建造環境への投資を支配するプロセスの優先的決定が顕著になる」。つまり、空間的回避＝資本投資としてのスマートシティは、ホーランズの指摘から確認したように、資本蓄積が可能な既存の都市へとむかうことになる。それは、既存の都市にインフラがすでに整備されていることと、都市化の進行と相関するエネルギーや交通、犯罪といった都市問題とが離れがたく結びついているからである。このことは、スマートシティの特徴を端的に示している。問題があればあるほど、スマートシティの資本生産性が高まるのである。(10)

4　生政治としてのスマートシティ

人口と生政治

スマートシティは、ダブルバインドな解決策としての電子的ネットワーク＝パノプティコン化を促し、物理的空間と電子的空間がシームレスに構成されるものであった。そのとき、人間の身体やインフラ、建造物、自動車、メディア、住宅などさまざまなモノはコミュニケーション・デバイスとなり、移動や行動といった行為の次元はフロー＝コミュニケーションとみなされる。その結果、パブリック－プライベートの関係もシームレス化する。資本は、このフロー＝コミュニケーションをターゲットにしていく。私たちは、この資本のモードが変容したコミュニケーション資本主義を生きている。こうした人間の自由な移動、あるいは従来的な都市もまた終焉していくような事態に対して、本節ではミッシェル・フーコーの生権力論の議論を手掛かりにしながら検討してみることにしよう。

フーコーの生権力論はよく知られているように人びとを「生かす権力」だとされる。それは二つの権力の作用から議論される。一つは個々の人間の「身体の解剖－政治学」と呼ばれ、身体の調教、適正化、身体の力の強奪、有用化や従順さを促す「規律権力」である。もう一つは、人びとを調整管理する「人口の生政治」であり、種としての身体に照準し、繁殖や誕生、死亡率、健康の水準、寿命、長寿に作用する権力である（Foucault 1976＝一九八六、一七六頁）。前者は『監獄の誕生』（Foucault 1975＝一九七七）から受けつがれ、個人に照準し規律化する権力であり、後者は『性の歴史Ⅰ』（Foucault 1976＝一九八六）で新たに付け加えられた「人口の生政治」である。フーコーは、両者の違いを以下のように対比している。「規律は空間を建築化し、諸要素間の位階的・機能的な配分を本質的問題として自らに立てる。これに対して安全は、出来事やありうべき諸要素に応じて環境を整備しようとする」（Foucault 2004＝二〇〇七、二五頁）。

フーコーのこの生権力の二つの対比的な側面は、スマートシティあるいは監視社会を論じる際にしばしば議論の争点とされる（Klauser & Söderström 2016, Bauman & Lyon 2013＝二〇一三ほか）。ただし、フーコー自身が何度も述べているように、規律権力からセキュリティ型の権力へと転換が生じたとか、規律権力がその分析の有効性を失ったということを意味するわけではない。重要なのは、人口の生政治が一八世紀以降社会に登場しはじめ、新たな「統治」の問題が浮上したことである。フーコーは、『監獄の誕生』を書いたすぐ後にこの統治の問題に取り組みはじめたのである。[11] 統治性の登場は、食糧難や公衆衛生、治安、死者といった社会問題の登場とともに浮上し、統治の対象が内政＝セキュリティとなっていくことを意味している。このとき、出生率、死亡率、罹患率、致死率、犯罪率といった形で「人口」と「統計」が統治の対象として発見され実定化されていく。[12] 個人に作用する規律権力に加え、社会内部に人口の生政治というもう一つの生権力が作用しはじめるのである。実際に、これまで議論してきたように、スマートシティは電子的パノプティコンという側面を有している。その意味では、人間とその身体を子細に監視し、馴致させていくような規律権力は現実的に作用している。したがって、スマートシティは、規律権力とセキュリティ型権力とがともに作用する生権力のハイブリッドなシステムだと言うことができる。

フーコーは、人口はある自然性を有しているという。だからこそ、この自然性が管理や統治の対象になるという（Foucault 2004＝二〇〇七、八六―九一頁）。自然性は、三つの側面をもつ。まず人口は自然環境や人工的な環境などとの相関のなかで増減し、変化する性質をもっている。例えば、感染症のパンデミックや天候不順による食糧難、あるいは社会的貧困などの要因を考えればよいだろう。第二に、人口は個々人の集合であるが、こうした人びとの振る舞いを正確に予見することはできない。というのも、行動の源泉となっているのが人びとの「欲望」だからである。第三に、例えば死亡率は田園地帯よりも都市の方が高いといった具合で、人口の可変性は統計的にその規則性として現れる。つまり、人口とは諸要素からなる一つの集合であり、「その内部では偶発的事故に至るまで定数や規則性が認められうる。そこでは、万人の利益を規則的に生産する、欲望の普遍的なものが評定でき、この集合に関してはそれが依存するいくつかの変数（中略）が評定できる」（Foucault 2004＝二〇〇七、九〇頁）ものである。人口はこのように変化と規則性、そして人びとの欲望として自然性をもつものとされ、統治と管理の政治的な対象となっていく。

では、この人口の自然性に対して統治はどのような権力が、どのように作用するのだろうか。スマートシティとの関連で重要になるのが、「牧人司祭権力（pouvoir pastoral）」であり、社会の「正常化」にむかって人口の自然性を「操行（誘導）」するという力の作用である。牧人司祭権力とは、領土に対して行使されるのではなく「移動・運動している群れに対して行使される権力」である（Foucault 2004＝二〇〇七、一五五頁）。そして牧人とは、「見守る者」である。牧人は、悪いことが起こらないか監視すると同時に、群れ＝人口にとって不幸なことを遠ざけようとする。牧人はそのために全体に目を光らせると同時に、個々に対しても目を光らせる。つまりこの権力は「全体的かつ個別的に」作用する。不幸なことから遠ざけようとすること、つまり社会をよりよい状態へと正常化させようとする統治が、牧人司祭権力が目指すものである。

生政治と都市

フーコーは、この牧人司祭権力が近代の統治へと繋がっていくものととらえていた。その際にフーコーの議論で注目したいのは、人口－統治－セキュリティの権力作用が具体的に発現する場所として都市を取り上げている点である。フーコーは都市と生政治を検討するためにナントを取り上げる。ナントの都市改造は、有名な一九世紀後半のオースマンによるパリの大改造よりも一世紀前に行われた。ナントは、ロワール川の水運の立地を利用した三角貿易などの貿易、通商を通じて、一八世紀以降急速な経済発展によって産業都市へと変貌していた。一八世紀は、ヨーロッパにおいて都市そのものが大きく変貌を遂げる時期にあたるが、それまでの都市は、城壁で囲われたようなケースもまだ残っていたりしており、国家のなかで他の地域と切り離された特異な場所であった。ところがこれらの都市が、一八世紀の行政国家の発展のなかで多くの問題を引き起こすようになる。人口増大や経済的な交易や通商が盛んになり、都市それ自体の性格が変わるなかで、都市空間が窮屈な状態になる。乱雑にすしづめにされたような状態は、治安の悪化を招き、悪臭と疾病の問題を引き起こす。こうした都市を、「空間的・法的・行政的・経済的な枠へのはめこみから解き放」つこと、すなわち「都市を流通空間のなかに置きなおすことが問題」となったのである（Foucault 2004＝二〇〇七、一六頁）。

フーコーは、さらに一八世紀のナントが抱えることになった都市問題を解決しようとする、都市計画や建設の言説とテクノロジーについて論じている。例えばヴィニエという人物の都市計画に注目している。その計画はナントを横断する大きな道路を建設しようとするものであった。この道路には、四つの機能を付すことが目的とされていた。住宅や人びとが密集している劣悪な状態のなかで生じる病気に対する「衛生・換気」、「都市内部の通商の確保」、「都市の外部につながる道路のネットワークづくり」、そして経済発展によって低下した都市のセキュリティのために「監視を可能にすること」である。つまり、「流通を組織すること、危険なものを取り除くこと、良い流通と悪い流通を分けること、悪い流通を減少させて良い流通を最大化すること」（Foucault 2004＝二〇〇七、二三頁）のために、道路とロワール川水系とを都市計画のなかでインフラとして関連づけることであった。

フーコーは、四番目の監視の問題が特に重要だと強調するが、それは広い意味での「セキュリティ」にかかわるからである。都市化のなかで、人口流入にともなう犯罪や治安の問題にとどまらず、疾病や衛生の問題もここには含まれている。つまり、インフラは経済的な流通＝フローをより潤滑にうながすことと同時に、都市空間の空間的な整備によって危険なもの（犯罪や疾病）をできるだけ排除し、安全性を高める機能をもつことが当時の都市計画家によって示されたのである。

スマートシティと都市の自然性

このことは、社会の内側に統治の対象としての都市が見出されたことを意味している。都市を劣悪で窮屈な環境から、人や物、清潔な空気が流通する人工的な環境へと改造していくこと＝流通空間のなかに人びとを配置換えしていくことが、統治の対象として「都市」が見出されていくことであったと言えるだろう。ここで目指されたのは、人びとを規律－抑圧していくことではなく、「人間たちの共存の形式」（Foucault 2004＝二〇〇七、四〇三頁）であり、快適や至福といった「存在から安楽へとむかうあらゆるもの、（諸個人の安楽を国力とするために）存在を超えたところに安楽を生産しうるあらゆるもの」（Foucault 2004＝二〇〇七、四〇五頁）であった。

このようなフーコーの生権力および人口の生政治を下敷きにして、スマートシティに援用していくことは容易に可能であろう。牧人司祭権力は、電子的ネットワークのシステムと読み替えることができるし、都市のさまざまな空間的流通を情報の流通−循環＝コミュニケーションとみなすことができる。牧人司祭権力が人びとを群れとして操行（誘導）しようとしたのと同様に、電子的ネットワークは人の行動や移動、エネルギーのフローをコントロールしようとする。実際にスマートシティについて語る言説群では、optimized energy supply（最適化されたエネルギー供給）とか traffic flow optimization（輸送フローの最適化）というように最適化という言葉が頻出するが[13]、電子的ネットワークは都市を、人びとの共生と安寧にむかって最適化＝正常化しようとするのである。このとき統治が、電子的テクノロジーの位相へと移行していると言うことができる。

だが、このような生権力の概念的な援用ではフーコーが問題にした「統治」を新たに問い直すという点において不十分である。生権力の問題を統治の問題へと組み替えていくとき、その対象とされたのは「人口の自然性」であった。人口は、先に見たようにコントロールできるものとして実定化された。あるいは、人口の自然性を測定可能で客観化できると措定することと、コントロールできることの相即的な関係が形成された[14]。この自然性は、自然環境や条件だけでなく食糧難や疾患、貧困、犯罪といった人工的な環境と相関し、変化、規則性、欲望として生権力に見出されたものであった。

もちろん、このような「人口」の特徴を焦点にして社会分析をすることは、現在でも有効であるだろう。しかし、フーコーが考えていた人口の自然性と現在との違いを無視するわけにはいかない。人口の自然性は、社会（あるいは都市）の内部に発生し、起因するものである。だからこそ都市が統治の対象とされた。それに対して、スマートシティがコントロールしようとする問題は、電子的ネットワークとして構築されたスマートシティの外部に起因する。地球環境問題やエネルギーあるいは治安の問題を解決する方策としてスマートシティは構想されるが、都市そのものを変えようとするのではなく、そこでは諸問題が顕在化しない最適な環境が目指される。諸問題の原因とそれらの現象とが分離され、もっぱら後者がコントロールの対象となるのである。つまり、（フーコーの言い方に即するならば）スマートシティは、都市そのものの自然性を統治の対象としていくことを意味している。より正確に言うならば、スマートシティという統治のテクノロジーは、先述したように一方では都市の既存のインフラを下敷きにし、他方ではプライベートなコミュニケーションを活用する。パブリック−プライベートをシームレスに電子的にネットワークすることで、フローとしてデータ化された情報やコミュニケーションの諸関係という、都市の自然性を統治可能なものとしていく。それは、人びとの行動も移動もその実在性ではなく、フロー＝コミュニケーション＝情報の流通・循環といった目に見えないが抽象化されたデータとして把捉されることでもある。いわば、スマートシティという都市が、都市の自然性を統治するのである。[15]

しかし、私たちはスマートシティが都市を統治するという新たな局面を前にして、次のような二つの当惑と危機感を覚えることも事実だ。一つは、都市の自然性をコントロールしようとするスマートシティのなかに私たち自身も住まざるをえないことである。このことは、都市という言葉をめぐる思弁では決してない。フーコーが言う人口の統治のレベルでは、人びとの実在的な生活と物理的な都市とが結びついていた。だが、物理的かつ電子的なシームレスなスマートシティの編成において、現在直面しているのは、スマートシティが統治のテクノロジーであると同時に住むための空間ともなっていることである。

そして第二に、スマートシティは都市を統治のために電子的に囲い込む（電子的パノプティコン）という特徴を有していることと関連する。なぜ囲い込むのかと言えば、エネルギーが効率的に使われるように操行し、快適なものとするためには、ある閉じられた空間のなかに自己完結するエネルギーやフローの循環を構築しなければならないからである。この点においてスマートシティは、例えば地球環境問題やエネルギー問題を内部化し電子的に統治しようとしているかのように見える。だが、地球環境問題や自然破壊、環境破壊といったもう一つの自然性が有している圧倒的な物質性の崩壊を考えたとき、スマートシティとその外部との間に決定的な断層が走っていることが顕在化する。スマートシティとして電子的に囲い込むことは、この都市の外部にコントロールできないもう一つの自然性があることを浮上させるのである。統治することは「統御できない自然性に対し、その偶然性、リスク性、確率性を焦点にしながら、自然や環境の完成することのありえない統治を遂行すること」でもあるのだ（檜垣 二〇一〇、一五〇—一五一頁）。

スマートシティが新たな統治の行為主体となったとき、そこで作用する権力のモードは牧人司祭権力であるだろう。[16]そして、それは電子的パノプティコンとして都市をあらためて囲い込むことで成立する権力の作用でもある。だから、囲い込まれる都市は、現在私たちが常識的に考えている東京や大阪、名古屋といった都市である必要はない。第2節で見たように、地方であっても電子的に囲い込むことが可能であれば、つまり囲い込むことで資本生産性が見込まれるなら、スマートシティは統治の対象を容易に見出すことができるのである。

5　おわりに――コミュナルな統治へむけて

スマートシティはパブリック－プライベートのパートナーシップによって推進される。それは端的に言って、行政が担うべき公共サービスの領域――環境、エネルギー、治安、交通など――に民間資本が参入し市場化することであった。つまり、スマートシティという統治のテクノロジーが、経済的な市場をとおして作用することを意味している。この統治の水準においては、これまで議論してきたように、人びとがスマートテクノロジーを主体的に利用するという牧歌的なものではもはやなく、反対にスマートテクノロジーによって服従・規律化されるというものでもない。

ホーランズは、民間資本主導のスマートシティに対して、スマートシティのスケールの問題を強調する[17]（Hollands 2016, Karvonen, Cugurullo & Caprotti 2019）。企業主導型のスマートシティが大きなスケールとなるのに対して、より小さなスケールのスマートシティ――むしろスマートコミュニティ――にオルタナティブな可能性を見ている。それらは、エコロジカルなスタイルに典型的に見られるが、それはテクノロジーを使用する権利というよりも、都市を具体的に形づくることの権利へと転換することを意味している。

このようなオルタナティブなスマートコミュニティは、一面では住民や市民自らが統治の主体となり、統治を民主主義の問題として再考することを意味するだろう。しかし、ホーランズの指摘が示唆的なのは、フーコーの議論をふまえるならば、スマートシティからコミュニティ、あるいはコミュナルなものへと統治を転換していく可能性が示されているからである。スマートシティが統治のテクノロジーとなることの前提は、都市の自然性を数量化し客観化することであった。そのことで、都市の自然性を統治の対象とすることができる。それに対して、小さなスケールのスマートシティ（コミュニティ）において、同じく都市の自然性が統治の対象だとしても、コミュナルなものが統治の行為主体となるとき、おそらく数量化や客観化とは違った形で、都市を再定義することへむかうのである。それは、コントロールすることではなく、都市の自然性に対して相互作用をしていくことである。コミュナルなものとは、この相互作用のことを指し、同時に住むという行為と直接連なるものである。スマートシティは、多種多様で、小さなスケールのコミュニティの混成によって構成されることや、「技術力に依存するのではなく、社会的、政治的ダイナミズムを再構築することで都市とは何かを定義し直す」(Karvonen, Cugurullo & Caprotti 2019) という原点に立ち返ることを必然的にともなうからである。スケールを小さくすること、あるいはスケールを小さくしようとすることは、人と人とのネットワークを必要とし、「個々人のライフスタイルを仕立て直す」(Karvonen, Cugurullo & Caprotti 2019, Gardner & Hesphanol 2018) ことでもある。スマートシティをスケールの観点から考えることは、スマートシティを政治化する戦略の手立ての一つである。

このようなオルタナティブなスマートシティ(コミュニティ)は、ナイーブで楽天的なものなのだろうか。しかし、前節で検討したように、スマートシティの外部には自然の物質性(の崩壊)が横たわっている。だとすれば、住むという営みから考えたとき、私たちの生活は、スマートシティとその外部との断層の方こそを生きていると言うことができる。なぜなら、住むという行為は、それを放棄しえないからこそ存立しているからである。つまり、住む行為とは、住むことを自己統治することでもあるのだ。あるいは住むとは、同時に都市やコミュニティ、住宅といった空間的な諸関係のなかに住まわされているという、両義性を纏っているのである。翻って、オルタナティブなスマートシティ(コミュニティ)において、コミュナルなものが都市の自然性を統治することはすなわちコミュナルであることを自らが統治していくことを意味している。

ここでもう一度、冒頭のアーリーの描くディストピアの問題に戻ってみよう。自動車が電子的パノプティコンに取り込まれるのは、自動車に近代のテクノロジーが集約されると同時に、自動車の移動の基盤となる道路もまた近代的な都市計画として設計、敷設されたものであるからだ。コミュニケーション・デバイスとインフラが結びつくことで電子的パノプティコンは形成されていく。いうなれば、自動車が可能にした移動が従来のインフラとともに成立している以上、監視社会化は必然である。だとすれば、移動それ自体を問い直すこと、多様な移動の種差性を想像し直すことが、インフラや都市計画も再定義させていく契機となる。

スマートシティによる統治は今後ますます増大していくだろう。しかし、先述したように地球環境問題を解決するためのスマートシティという言説は、むしろ解決しえない問題を電子的パノプティコンから外部化する。分析の批判的なベクトルは、このスマートシティの統治が抱えている矛盾の方へむけられるべきである。統治しえないものを看取することを担保するのは、コミュナルなもの＝多様であることである。あらためて述べるならば、住む行為は自らを放棄することができないからこそ、外部化された問題もまたコミュナルなものであるからである。

注

（1）Navigant Research Leaderboard Report: Smart City Suppliers - Assessment of Strategy and Execution for 16 Smart City Suppliers.

（2）本稿ではsocial capitalについて、「社会関係資本」を人びとのネットワークや社交、「社会資本」をインフラストラクチャーの意味で用いる。

（3）このようなＩＣＴによって社会が情報化されるという「情報社会」的言説は、スマートシティを説明したことにならない。

（4）スマートシティとサステナビリティについて特集された日本建築学会編（二〇一五）では、「スマートシティの時代の都市計画・制度」という座談会が組まれている。引用した論点は、田島泰氏と長谷川隆三氏の発言をまとめたものである。

（5）このような逆転は、建築が空間をデザインすることを手放すことを意味してしまうのではないかとさえ思える。というのも、建築空間のデザインは、クライアント（公共建築であれば市民、住居であれば住まい手）に対してどこか賭けのような側面があるからだ。つまり、建築家はクライアントが想像していないような空間のデザインをその質感とともに提供するが、この想像のフレームを越えるということを、クライアントが受容するかどうかは常に問われているからだ。

（6）二〇〇八年以降のスマートシティに関する議論を包括的に整理しているのが、Albino, Berardi & Dangelico, 2015である。それに対して、日本ではスマートシティについての議論はあまり蓄積されていない。

（7）現在のスマートシティ構想は、この通信テクノロジーの5Gを前提にして考えられている。

（8）「Society 5.0」の政府広報では、次のように未来社会が語られる。「Society 5.0では、フィジカル空間のセンサーからの膨大な情報がサイバー空間に集積されます。サイバー空間では、このビッグデータを人工知能（ＡＩ）が解析し、その解析結果がフィジカル空間の人間にさまざまな形でフィードバックされます。今までの情報社会では、人間が情報を解析することで価値が生まれてきました。Society 5.0では、膨大なビッグデータを人間の能力を超えたＡＩが解析し、その結果がロボットなどを通して人間にフィードバックされることで、これまでには出来なかった新たな価値が産業や社会にもたらされることになります」(http://www8.cao.go.jp/cstp/society5_0/index.html)

(9) 参考ウェブサイト、国立研究開発法人 情報通信研究機構を参照。

(10) ジョン・アーリーは、ネットワーク社会の不均衡や不平等が構造化されるメカニズムを「ネットワーク資本」という概念から議論している(Urry 2007＝二〇一五)。

(11) 『監獄の誕生』が出版されたのが一九七五年。セキュリティや統治の問題にとりかかったコレージュ・ド・フランスでの講義『安全・領土・人口』は、一九七八年から七九年である。重田(二〇一八)は、この講義録とともに統治の問題を詳細に検討している。

(12) フーコーが、一七世紀から一八世紀にかけての内政と統治を問題にしたように、アンソニー・ギデンズも『国民国家と暴力』において社会統計が、国民国家の形成の重要な役割・機能を果たしていることを議論している(Giddens 1987＝一九九九)。

(13) 日本での文献・資料には「最適解(optimal solution)」という言葉がしばしば登場する。例えば、二〇一八年八月にまとめられた国交省の「スマートシティの実現に向けて」の中間報告では、さまざまな分野でICT等の新技術の導入によってこれまで想定すらできなかったような最適解の発見と具体化を実現してきた、としたうえで「元来都市は多様な主体が多様な活動を行っている場であり、一つの分野、あるいは一つの主体にとって最適解が都市全体にとっての最適解にならない場合が多々あることから、都市計画とは分野間、主体間の総合調整、合意形成により全体最適を目指す営みそのものとなっている。そのような認識の下、(中略)ニーズとシーズに立脚した、都市全体の観点からの全体最適を提供することをスマートシティの取り組みのコンセプトとする」(参考ウェブサイト、国土交通省都市局)と述べられている。そもそも全体最適という言葉は、企業や組織の経営やマネージメントを論じるときにしばしば用いられる言葉である。企業内で生産性や効率性をめぐって、相互の調整や強力なリーダーシップによって企業を全体的に統治していくようなときに用いられる。

(14) フーコーの議論との関連から、人口学の誕生や保険やリスク社会の形成については、重田(二〇一八)を参照のこと。

(15) スマートシティは、都市を都市から防衛するのだと比喩的に言うことができる。

(16) 例えば、電子カードを次々とかざしながら通っていく朝・夕の通勤通学ラッシュの駅の改札の様子は、効率的に、そしてストレスを軽減させながら、私たちの行動が慣習化されている典型的な例である。スマートシティとは、このようなハビトゥスのレベルでもとらえるべきである。

(17) ホーランズは、アジア型なスマートシティとヨーロッパ型のスマートシティとの違いは、スマートシティのスケールの違いとして現れるという。アジア型の方が大きなスケールとなり、企業や国家主導型で作られる傾向がある。それに対してヨーロッパでは、小さなスケールで多様なスマートシティが生まれてくる傾向にある。それは、例えば「海賊党」のように企業に対抗し、ソーシャルメディアを活用したオープンソースやコピー・フリーのネットワーク化を行うような文化が背景にあると指摘する(Hollands 2016)。

参考文献

Albino, V., Berardi, U. & Dangelico, R. M. (2015) "Smart Cities: Definitions, Dimensions, Performance, and Initiatives," *Journal of Urban Technology*, Vol. 22, No. 3021.

Bauman, Z. & Lyon, D. (2013) *Liquid Surveilance*, Polity.（バウマン、ジグムント、ライアン、デイヴィッド（二〇一三）伊藤茂訳『私たちが、すすんで監視し、監視される、この世界について』青土社）

Belina, B. (2011) "Kapitalistische Raumproduktionen und ökonomische Krise; Zum Begriff des Spatial fix bei David Harvey," *Zeitschrift für Wirtschaftsgeographie*.（ベリナ、ベルント（二〇一三）遠藤明雄訳「空間の資本制的生産と経済危機——デヴィッド・ハーベイの「空間的回避」の概念について」『空間・社会・地理思想』第一六号）

Deakin, M. (ed.) (2014) *Smart City*, Routledge.

Dean, J. (2002) *Publicity's Secret: How Technoculture Capitalizes on Democracy*, Cornel University Press.

Elliot, A. & Urry, J. (2010) *Mobile Lives*, Routledge.（エリオット、アンソニー、アーリ、ジョン（二〇一六）遠藤英樹監訳『モバイル・ライブズ——「移動」が社会を変える』ミネルヴァ書房）

Feartherstone, M., Thrift, N. & Urry, J. (2005) *Aoutmobilities*, SAGE.（フェザーストーン、マイク、スリフト、ナイジェル、アーリ、ジョン（二〇一〇）近森高明訳『自動車と移動の社会学』法政大学出版局）

Foucault, M. (1975) *Surveiller et punir*, Gallimard.（フーコー、ミシェル（一九七七）田村俶訳『監獄の誕生』新潮社）

Foucault, M. (1976) *Histoire de la sexualité I, La volonté de savoir*, Gallimarrd.（フーコー、ミシェル（一九八六）渡辺守章訳『性の歴史Ⅰ 知への意志』新潮社）

Foucault, M. (2004) *Sécurité, territoire, population*, Seuil/Gallimard.（フーコー、ミシェル（二〇〇七）高桑和巳訳『安全・領土・人口』筑摩書房）

Gardner, N. & Hesphanol, L. (2018) "SMIXL: Scaling the Smart City, from Metoropolis to Individual," *City, Culture and Society* 12.

Giddens, A. (1987) *The Nation-State and Violence*, University of California Press.（ギデンズ、アンソニー（一九九九）松尾精文・小幡正敏訳『国民国家と暴力』而立社）

Harvey, D.（2010）*The Enigma of Capital and the Crises of Capitalism*, Profile Books.（ハーヴェイ、デヴィッド（二〇一二）森田成也・大屋定晴・中村好孝・新井田智幸訳『資本の〈謎〉——世界金融恐慌と21世紀資本主義』作品社）
檜垣立哉（二〇一〇）『フーコー講義』河出書房新社
Hollands, R. G.（2008）“Will the real smart city please stand up?” Online: 26 Nov 2008, Routledge, https://www.tandfonline.com/doi/abs/10.1080/13604810802479126（2018/09/15 閲覧）
Hollands, R. G.（2016）“Beyond the corporate smart city? Glimpses of other possibilities of smartness,” Marvin, E., Luque-Ayala, A. & Mcfarlane, C.（ed.）, *Smart Urbanism: Utopian Vision or False Dawn?*, Routledge.
Karvonen, A., Cugurullo, F. & Caprotti, F.（2019）*Inside Smart Citues: Place, Politics and Urban Innovation,* Routledge.
Kitchin, R., Lauriault, T. P. & McArdle, G.（2016）“Smart cities and the politics of urban data,” Marvin, E., Luque-Ayala, A. & Mcfarlane, C.（ed.）, *Smart Urbanism: Utopian Vision or False Dawn?*, Routledge.
Klauser, F. R. & Söderström, O.（2016）“Smart city initiatives and the Foucauldian logics of governing through code,” Marvin, E., Luque-Ayala, A. & Mcfarlane, C.（ed）, *Smart Urbanism: Utopian Vision or False Dawn?*, Routledge.
Lash, S.（2002）*Critique of Information*, Sage.（ラッシュ、スコット（二〇〇六）相田敏彦訳『情報批判論——情報社会における批判理論は可能か』ＮＴＴ出版）
Le Grand, J.（2007＝二〇一〇）*The Other Invisible Hand*, Princeton University Press.（ルグラン、ジュリアン（二〇一〇）後房雄訳『準市場——もう一つの見えざる手』法律文化社）
March, H. & Ribera-Fumaz, R.（2019）“Barcelona: from corporate smart city to technological sovereignty” Karvonen, A., Cugurullo, F., & Caprotti, F.,（ed.）*Inside Smart Cities*, Routledge.
McNeill, D.（2016）“IBM and the visual formation of smart cities,” Marvin, E., Luque-Ayala, A. and Mcfarlane, C.（ed.）, *Smart Urbanism: Utopian Vision or False Dawn?*, Routledge.
McQuire, S.（2016）*Geomedia Networked Cities and the Future of Public Space*, Polity Press.
望月洋介（二〇一二）『スマートシティ・ビジネス入門——４００兆円市場への挑戦』日経ＢＰコンサルティング
日本建築学会編（二〇一五）『スマートシティ時代のサステナブル都市・建築デザイン』彰国社
野尻亘（二〇一三）「David Harvey の建造環境について」『桃山学院大学人間科学』第四四号
重田園江（二〇一八）『統治の抗争史』勁草書房

Townsend, A. M.（2014）*Smart Cities: Big date, Civic Hackers, and the Quest for a New Utopia*, W. W. Norton & Company, Inc.

Urry, J.（2007）*Mobilities*, Polity Press Ltd.（アーリ、ジョン（二〇一五）吉原直樹・伊藤嘉高訳『モビリティーズ――移動の社会学』作品社）

Zuboff, S.（2019）*The Age of Surveillance Capitalism*, Profile Books.

参考ウェブサイト

Ciaco Japan Blog, Cisco Kinetic for Cities「街のためのデジタルプラットフォームの再構築、連携、そして進化」https://gblogs.cisco.com/jp/2017/12/announcing-kinetic-forcities/?doing_wp_cron=1540361920.9337430000305175781250（2018/10/01 閲覧）

シスコシステムズ株式会社「スマートシティの事例　スマートシティがもたらす地域イノベーション」http://www.soumu.go.jp/main_content/000447791.pdf（2018/10/01 閲覧）

Enterprise Zine, 世界中の都市をスマートにするＩＢＭの取り組み「スマーター・シティー」とは？ https://enterprisezine.jp/iti/detail/4373（2018/10/01 閲覧）

国土交通省都市局「スマートシティの実現に向けて【中間とりまとめ】」http://www.mlit.go.jp/common/001249774.pdf（2018/10/01 閲覧）

国立研究開発法人 情報通信研究機構「欧州におけるＩｏＴとスマートシティの研究開発に関する動向」https://www.nict.go.jp/global/lde9n2000000bmum-att/a1489129184837.pdf（2018/10/01 閲覧）

内閣府「未来投資戦略 ２０１８――「Society 5.0」「データ駆動社会」への改革」https://www.kantei.go.jp/jp/singi/keizaisaisei/pdf/miraitousi2017_t.pdf（2019/4/15 閲覧）

日本経済新聞、世界１００都市をスマートシティに　日本ＩＢＭの小林氏に聞く https://www.nikkei.com/article/DGXBZO40274310Z00C12A4000000/（2018/10/01 閲覧）

日経×TECH（クロステック）、５Ｇの経済効果はどのくらい？ https://tech.nikkeibp.co.jp/it/atcl/column/17/092200393/092200003/（2018/10/01 閲覧）

NTTdocomo, ５G（第５世代移動通信システム）https://www.nttdocomo.co.jp/corporate/technology/rd/lecture/5g/（2018/10/01 閲覧）

ResearchGate. 5GI MPACTS ON SMART CITY 2030, https://www.researchgate.net/publication/31504922_5G_impact_On_Smart_Cities（2018/10/01 閲覧）

ZDNet Japan, スマートシティのシステムに重大な脆弱性、ＩＢＭが発見 https://japan.zdnet.com/article/35123857/（2018/10/01 閲覧）

第7章　生資本主義《バイオ》時代の生と芸術
——クトゥルー新世・人工生命・生哲学

清水知子

私は未来を見た。空っぽだった。
平たくまっさらな状態で、完璧にデザインされていた
——ヒト・シュタイエル

情報が存在する限り倫理が存在するのである。つまり、存在のさまざまな要素が不均等に存在している状態を乗り越える意味作用があり、内部にあるものがまた外部にもあるようになるのである
——ジルベール・シモンドン

亡霊との共在はまた、〈単に〉そうだというわけではないが、記憶の、相続の、世代＝生殖の政治学〈でも〉あることになるだろう
——ジャック・デリダ

1 〈クトゥルー新世〉の世界へようこそ

スイスのベストセラー作家マルティン・ズーターの小説『エレファント』は、今日のイデオロギーを見事に描き出している。ある日、洞穴に暮らすホームレスが小さなピンクのゾウに遭遇する。サーカスのメスゾウを代理母とし、遺伝子工学によってデザインされたゾウだ。泥酔状態だった彼ははじめ幻かと思うが、そうではない。物語は、このピンクのゾウをめぐって様々な私利私欲、情動、そして政治的正しさが渦巻くなかで展開する。ゾウを何頭も製造し、アラブの富豪に子どもの玩具として売ろうと夢見る博士、ゾウの世話をしながら宗教上ゾウを神と崇めるビルマ人、そして、このゾウとともに、いやこのゾウのために生きていくことを決意するホームレス。ホームレスとピンクのゾウが、ともに「人間」なるものを特権化してきた近代から放擲された存在であり、非人間的な契機がことさらあふれる現代の資本主義経済と生政治を象徴する形象であるとしたら、この物語は、どこかダナ・ハラウェイが「クトゥルー新世」と呼んだ神話を想起させはしまいか。

ハラウェイは、「避難先のない人間や人間以外の難民的存在」であふれかえった今日のグローバルな資本主義社会に対して、人新世、植民新世、資本新世に加えて「クトゥルー新世」なるものを提起した。「クトゥルー新世」とは、「地球上の他の生き物たちと緊密に関わりつつ共同で作業や遊戯を行」い、「人間も含むさまざまな種が混交する豊饒なアッサンブラージュを謳歌」できるような「過去であり、現在であり、来るべき存在」である。ハラウェイは言う。「いずれ死すべき運命に生き物として良く生き、良く死ぬ方法の一つ」として「力を合わせて避難場所を組成しなおすこと」、「生物・文化・政治・技術の部分的な力強い回復と再組成をできるかぎり可能にすること」、そして「赤ん坊ではなく類縁関係をつくろう」、と[(1)]（ハラウェイ二〇一七）。

フーコーが生政治という新しい権力、政治の形態をあらためて世に問い直したのは一九七〇年代のことである。彼によれば、一七世紀以降、西洋では権力のメカニズムに大きな変化が生じた。「死なせて、生きるに任せる」「殺す」権力から、「生かして、死へと廃棄する」「生かす」権力（フーコー 一九八六、一八一頁）へ。この「生かす」権力は、規律権力と生政治という二つの仕方で展開してきた。規律権力は、軍隊、病院、学校、家族といった閉じられた環境のなかで身体を個別化しながら調教し、主体化＝従属化を通じて経済的な管理システムのなかに組み込む。規律社会はのちにドゥルーズが指摘した制御社会に取って代わり、そこで私たちは分割不可能な個人（individus）ではなく、分割可能な分人（dividuels）として管理され、個人からなる群れはサンプルかデータ、あるいは「データバンク」として把握されることになる（ドゥルーズ 二〇〇七、三六一頁）。

対して、生政治は、個体化された身体ではなく、種としての人間に焦点をあわせる。生政治は「人口の政治学」として人口管理、衛生管理、生物種としての繁殖率、出生率、死亡率など数値に基づいた統計学のテクネーを軸に、集団レベルで全体を調整し合理化する。気候や環境に左右される偶然に満ちた自然、食糧不足や生殖という剝き出しの自然性と偶然性を備えた生物としての身体、つまり完全には統治不可能なものに、あるいは種としての自然なヒトに目を向ける。それゆえ、完璧な安全ではなく、自然に対するリスクを最小限にすべく、安全性の確率を基盤としたセキュリティ統治の技術が前景化する。ここで重要なのは、生政治が「生を産出する権力」であり、「生命を調整するだけではなく、生命を増やし、生物を創り、怪物を創り、究極的には制御不能で普遍的な破壊能をもつウィルスを創る」ような権力でもあるということだ（フーコー 二〇〇七、二二六頁）。つまり、「生かす権力」は、それまで存在していなかったものにさえ生命を与えるというわけである。

今日、ヨーロッパの難民問題にみるように、生身の人間の生が放逐される一方で、デジタル・テクノロジー、生命科学、生命工学、思弁的実在論をはじめとする様々な研究分野の進展により、生の産出は細胞ないし遺伝子レベルにおいて実践されつつある。クローン羊のドリーをはじめ、生殖や血統とは絶縁した新たな生命が生産され、もはや私たちは、「生命」を単純に「自然な」ものとして、あるいは「生物学的」なものとして考えることは難しくなっている。ハラウェイが「クトゥルー新世」と呼ぶ時空間は、かつて「人間」——西欧、男性、白人、異性愛者として生殖を担う市民——を中心に打ち立てられた古典的ヒューマニズムに依拠せず、網状に張りめぐらされた異質なものがまるであやとりをするかのように新しい物語を編んで世界を共制作《シンポイエーシス》していくものだ。

では、そのとき「人間」という近代的な形成物の境界はどのように書き換えられ、それは何に生成変化しようとしているのだろうか。また、このような「生の技法」の転回とも呼びうる状況にあって、〈コモン〉とは何であり、「批判的《クリティカル》」であるとは何を意味するのだろうか。本章では、生政治の時代に浮上するこれらの問いについて、生をめぐる現代の資本主義のメカニズムと統治性の問題に光をあてながら、人間的な思考の限界と、「人間」ならざるものたちとの共生の可能性と陥穽について検討していきたい。

2　生資本主義とデザイン

スラヴォイ・ジジェクは、今日の「国家のイデオロギー装置」とはデザインであるという。ひとは「道具をつくる動物」ではなく、「道具をデザインする動物」になった、と。彼は次のように述べている。

> 「デザイン」は二つの極を揺れ動いている。製品の美学的形式をデザインする「単なるデザイン」と、生命体の内的な核である遺伝的公式を構築するという意味のデザインだ。おそらく、その究極の教訓は、これら二極が本質的に結びついているということであり、両者の結びつきが証言するのは、デザインの巨大な力だけでなく、デザインが多大な倫理的責任を負っているということである。(Zizek 2006)

では、生の全域がデザインの対象となっている世界において、「デザイン」が揺れ動く二つの極はどのように「本質的に結びついている」のだろうか。まずは「製品の美学的形式をデザインする」ひとつめの極から見てみよう。ジジェクが言う「単なるデザイン」は、製品の意匠や趣味に限らず、むしろジェントリフィケーションをはじめとする、私たちの生をとりまく環境である都市／空間そのもののアーキテクチャとして捉えることができる。たとえば、人間による使い方とその環境によって建築そのものが有機的に変化していくメタボリズム建築（ゴードン・パスクの「不完全指定」理論を想起しよう）や環境管理型デザイン――回転率をあげるためのマクドナルドの座りにくい椅子やホームレス対策として設置された公園のベンチにみる「排除アート」――がそうだ。つまり、それは身体とそれをとりまく空間の配置としてのデザインである。それは可塑的に世界を広げていく一方で、ときに環境を媒介として権力を合理的に循環させるための装置としても機能している。

現在の都市は、ニール・ブレナーとクリスチャン・シュミットが指摘するように、もはや従来のように農村との対比で規定されるわけではない。というのも、私たちは地球規模でジェントリフィケーションが起き、資本が再編される「プラネタリー・アーバニゼーション」の時代に突入しているからだ（ブレナー、シュミット 二〇一八、一〇三―一〇六頁）。スマートシティの構想、無数の監視カメラの導入、Uberをはじめとするシェアリング・エコノミーなど、かつて「広告都市」の舞台装置として成立していた都市はデジタル・ネットワークとそのテクノロジーに包囲され、膨大な情報を数量的に蓄積するヴァーチャル／リアルな空間へと変容した。ＡＩをはじめとするＩＴ技術が社会規模の事業のインフラをなす「デジタル・レーニン主義」さながらの社会において、私たちはデータの集積体として管理され、人的資本として能動的に資本主義に参与するよう促されている。

ビアトリス・コロミーナとマーク・ウィグリーによれば、デザインは「常に人間の役に立つものとしてその姿を現すが、その本当の狙いは人間をリ・デザイン」することであり、私たちの生活する空間、人間とモノ、人間同士の関係は根底から再定義されつつあるという（コロミーナ、ウィグリー 二〇一七、九頁）。だが、ここで言う「人間」とは誰／何か。デザインが、「すばらしい新世界」を想起させる便利な快適さを望む功利主義的な欲望に基づいた社会を創出しながら人間を放逐する装置として一役かっているとしたら、そこでの生は、「人間」にとって意味のある社会的政治的生としてのビオスだろう。ビオスにとって「剝き出しの生」であるゾーエはその外部にある無能な身体でしかない。にもかかわらず、ビオスの生はゾーエなしに存在することはできない。逆に言えば、ビオスから排除されたゾーエは逆説的にビオスを生産し可能なものとするパラドクシカルな関係を結んでいるのである(2)。本節ではまず、このしくみを明らかにすべく、今日の「国家のイデオロギー装置」たるデザインの根底をなす現代の資本主義の構造について確認しておきたい。

一九七一年にアメリカが金本位制を放棄したとき、資本主義の内実は大きな変化を遂げた。クリスティアン・マラッツィは、フォーディズムからポストフォーディズムへの移行期において、「資本のコミュニズム」と呼びうる「経済の生政治的転回」が生じたと述べている。ポストフォーディズムは、物質的な製品を生産する労働の搾取ではなく、知識、情報、情動、コミュニケーション、文化、アイデンティティ、そして生命といった社会的な生そのものの生産に関わる生政治的な労働を基盤としている。企業の収益は何かを生産し、売ることよりも、信用、債務、そして規制されたレントを操作することによってもたらされるようになった。マラッツィは経済のこの生政治的転回を生資本《バイオ》主義と呼んでいる（マラッツィ二〇一〇、水嶋二〇一〇、一六七―一八九頁）。

この動向は、フーコーの生政治のみならず、イタリアのオペライズモないしポストオペライズモの論者が言う「認知資本主義」、あるいはジョディ・ディーンが「コミュニケーション資本主義」と呼ぶ潮流と深く結びついている。そこでは、情報通信技術、知識、情報よりも、それを使いこなし、流通＝循環させ、またそれらを生み出す種としての人間の能力そのものが労働として重視される。

生資本《バイオ》主義ないし認知資本主義は、どちらもデジタル化及び金融化と密接に関連しながら新しい蓄積パラダイムを引き起こした。アンドレア・フマガリによれば、生資本主義ないし認知資本主義の到来は、今日の先進諸国における所得格差の両極化を引き起こしただけでなく、搾取のプロセスにおいても地殻変動を引き起こした（フマガリ二〇一〇、九五―一〇九頁）。商品を通じて貨幣を生産するのではなく、生を商品化することで貨幣を生産する。そこでは、富と価値の生産は、たんに物質的なものを生産するだけでなく、計量困難な非物質的なもの、つまり人間の関係性や感情、認知能力の活用が引き出され、身体と精神の二分法は廃絶に向かっていく。フマガリは「人間の知識と経験を通じた富の創造」、「有形かつ協働的で知的な、暗に存在しているそれらの資産の活用を通じて行われる富の創造」、そして生産のあらゆるプロセスが「物質だけでなく社会実体をも再生産している」点を強調している。

ここで注意したいのは、計量困難だと思われていた非物質的なものが測定可能なものとして数値化され可視化されたことだ。それによって交換不可能だと思われていたものが貨幣という等質性に回収されて交換可能なものへと設定されることになったからである。つい最近、北京では、二〇二〇年までに「市民ポイント」制が導入されることが発表された。テクノロジーを駆使して、負債、個人行動、企業の不正を記録し市民や企業に対する「社会信用体系」の構築を目指すという。信用に値すると判断された個人にはメリットが与えられ、ブラックリストに掲載された人物は身動きがとれなくなる。「信頼性」の基準を国家が規定し、測定する現実。それは、人びとの望みを最大限に尊重し、自ら合理的な行動様式を選択するよう促し、人びとの欲望を把握しながら、数値化を通じてその環境を制御していく生資本主義の一つの光景である。

デヴィッド・グレーバーは、金融化された経済においては「信用創造の諸手段の資金に身を置く人々のみが普遍主義の言葉を語りうる立場にあ」り、そのなかで階級諸勢力の配置構造がいかに大胆に刷新されたかについて次のように述べている。

> 何よりそれは、テクノクラート・マネージメント階級と労働者階級を対立させるのだが、前者はますます、職がなくならないように存在するだけの「くそくだらない仕事《ブルシット・ジョブ》」——新自由主義的再分配システムの一環をなす——のもとで雇われるようになっている一方、後者の労働者階級《ワーキング・クラス》は、今日では、「ケア労働者階級《ケアリング・クラス》」として捉えたほうがよいような存在となっている。つまり、今日の労働者階級とは、養育し、看護し、面倒を見たり、支援したりする人びとなのであって、旧来型の生産者の色彩は弱まっているのだ。
>
> デジタル化がもたらした逆説的な効果のひとつは、産業的生産をかぎりなく効率的なものに変えた一方で、それが保健や教育や他のケア部門の労働を、非効率的なものにしてしまったということである。しかもそれには、新自由主義のもとで進んだ、資源配分の流れの管理職階級の側への転換（またそれに伴う福祉国家の縮小）というもうひとつの事実が組み合わせられる。こうしたことの結果として、事実上どこにおいても、戦闘的労働運動の最前線には教師が、看護師が、介護施設職員が、救急医療士が、また他のケア労働者階級の人びとが、見出されるのである。
>
> （グレーバー 二〇一九、一二六—一二七頁）

グレーバーによれば、「金融権力の蒼ざめた普遍主義の側」にいない者たちの個別の欲求や利害に基づく政治的要素はどれも、原ファシズム的な何らかのアイデンティティ政治の表明として扱われてしまう。二〇一八年の年の瀬にパリで発生した「黄色いベスト」運動は、たんに右派か左派かではなく、「弱者」、「貧者」、「ただ解決されるべき問題」とみなされた「ケア労働者階級」によるものだった。彼らは政治組織や労組に不信を抱き、中間団体に「回収」されることを拒み、国家に「裏切られた」と感じて立ち上がった者たちであり、生政治的に転換した経済において非効率的だとみなされた者たちなのだ。だからこそ、この運動では、旧来の社会運動のようにパリ・コミューンや〈六八年五月〉ではなく、一七八九年の最初の革命と結びついた一連の表象が参照されたのだと言う[3]（片岡 二〇一九、一二九―一三〇頁）。

とはいえ、フランスに限らず、今日のヨーロッパは、先の見えない「不安定」な状況に身を置き、一つの要塞と化している。加えてドイツを中心とする北ヨーロッパとギリシアを焦点とした南ヨーロッパが対立しあう境界画定の「危機」、そして「壁なきヨーロッパ」という理念を掲げて一〇〇万単位の難民がヨーロッパとその外部を隔てる壁のなかになだれ込み、内部からヨーロッパの南北の境界を無効化しようとするもう一つの「危機」に直面している。こうしたなかにあってヨーロッパの他者として烙印を押された者たちは、使い捨て可能な身体として「人間」以下の地位に還元され、「民主主義のゴミ箱」へ投じられているのが現状だ（廣瀬 二〇一九、一三一―一三九頁）。こうしたいくつもの「危機」は、かつてヨーロッパ中心主義を核として唱えられてきた「人間」の境界画定のプロセスと「人間性」の陥穽が決定的に露呈したことを示していると言えよう。

3　「人間の終焉」と「人権」の顚末

では、ヨーロッパにおいて培われてきた「人間」とは何か。フーコーが『言葉と物』で唱えた「人間の終焉」は、近代の人間科学をモデル化した「表象」とそれを貫く歴史性のなかで成立した「人間」的なるものの理念の死を意味していた。ロージ・ブライドッティが指摘するように、この「人間」は、ヒューマニズムの寓意であるレオナルド・ダ・ヴィンチのウィトルウィウス的人体図（図1-1）の表象のごとく、「健康な精神は健康な肉体に宿る」という古典的な格言に沿い、「人間の個人的および集合的な完全性を追い求めるほとんど無際限な人間の能力の揺るぎない確信」を主張してきた（ブライドッティ 二〇一九、二八頁）。この人文主義的普遍主義において、ウィトルウィウス的女性は一九六〇年以降の第二波フェミニズムとともに政治的な女性の結束原理へと展開し、さらにはシドニー・ハリスの風刺画のごとく動物、人間、その他の諸身体が行いうる価値を倫理的に見定めようとする価値的転換（ブライドッティ 二〇一九、一一二

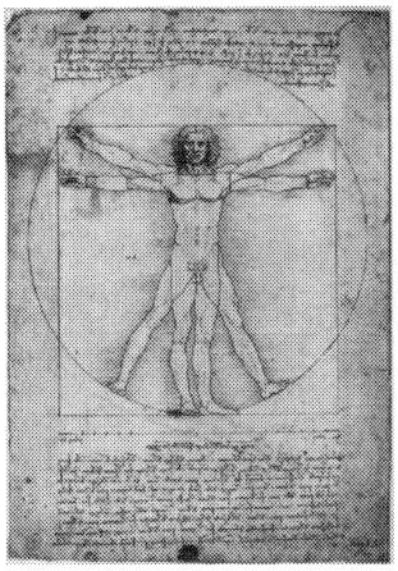

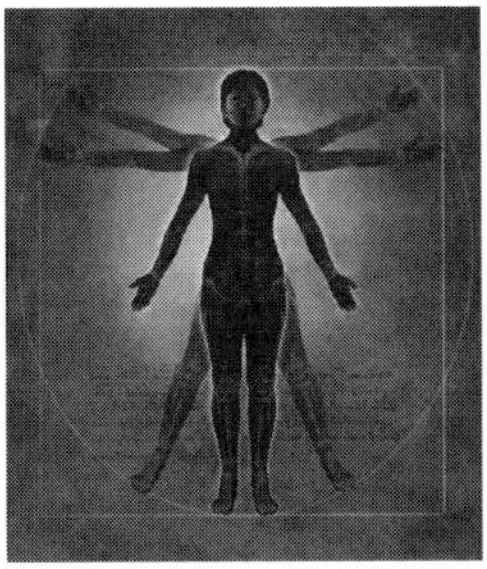

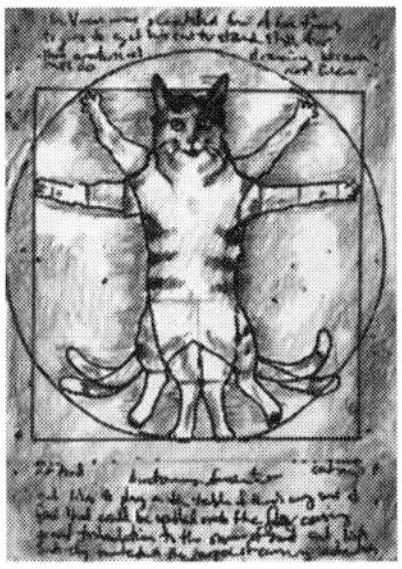

左から，**図 1-1**　ウィトルウィウス的人体図（レオナルド・ダ・ヴィンチ，1492 年），**図 1-2**　新しいウィトルウィウス的女体図，**図 1-3**　レオナルド・ダ・ヴィンチの犬（シドニー・ハリス，1996 年），**図 1-4**　ウィトルウィウス的猫（マギー・スティーフヴェイダー）

頁）、あるいは「テクノヒューマニズムの夢」へと展開していった（ハラウェイ二〇一三、一八―一九頁）（図１－２、１－３、１－４）。だが、ヨーロッパ中心主義で規範的、合理的、普遍主義的なこの人文主義《ヒューマニズム》は、その後のポスト構造主義の潮流のなかで再考され、異論を唱えられるようになる。

一九五五年にニューヨーク近代美術館（MoMA）を皮切りに始まったエドワード・スタイケンの「ファミリー・オブ・マン」展（一九五五年）を思い出そう。ヒューマニズムを称揚し世界平和の希求を謳ったこの展示は、しかし、ロラン・バルトが批判したように「神話作用」として機能しているがゆえの純粋な美しさだった。バルトは言う。

> 「ファミリー・オブ・マン」展が有する神話は、ふたつの次元で機能している。まず、人間の形態の差異が主張され、エキゾティシズムが誇大に強調され、種の無限のヴァリエーション、肌や頭蓋骨、慣習の多様性が示され、バベルのイメージが、世界のそれへと気まぐれに悦に入って語られるというレベルだ。次いで、この多元主義から同一性 unity が魔術的に引き出される。人間は至るところで同じ仕方で生まれ、働き、笑い、死ぬというものだ。（Barthes 1972: 100）

「ファミリー・オブ・マン」展の美しいヒューマニズムは、「普遍的価値」ないし冷戦下にあるアメリカ的価値としてのデモクラシーとともにスタイケンの神話のナラティブのなかで、個々の写真がもつ複数の軋みや緊張感を骨抜きにし、同一性に収斂する。欧米の「良心」的なもののなかに隠匿された暴力性を、バルトは鋭く見抜いていた。スタイケンの展示は、これだけの他者性を重視しながら、あらゆる人間に通じる「同一性」ではなく、いわば剰余によって特徴づけられる過激で非人間的な「他者性」を見落としていたのである。じっさい、この美しいヒューマニズムの行方は、九・一一以後のアメリカによる「対テロ戦争」をはじめとする「人道的介入」の現実においてより鮮明に見てとれよう。

バリバールが指摘するように、今日の「人権」は根本的なパラドクスのなかに取り込まれている（バリバール一九九九、五四―六九頁）。そのパラドクスとは、人権の対象となる人間にはまず「市民権」がなければならないというものだ。つまり、特定の政治的共同体に属す政治的権利としての市民権を有してはじめて「人間」としてカウントされ、政治以前の普遍的な「人権」の対象になりうるというわけである。中国の芸術家アイ・ウェイウェイは欧州の難民問題に対して次のように述べた。「これは我々の人道的な救済に対する挑戦でもあり、制度的に何ができるのか、ヨーロッパのような先進諸国の集合体の基盤、非常に根源的な価値、人権、人道的な課題、キリスト教的価値観などに対する挑戦でもある。いかなる政治的な決断がなされ、メディアが何を報道するか、民主主義社会が試されている」と（ウェイウェイ二〇一六、二二頁）。

ここでアイ・ウェイウェイが問うているのは、非人間として扱われる、難民と呼ばれる存在と「人権」をめぐるパラドクスである。このパラドクスは、一見すると「たんに生きているだけ」のゾーエに切り詰められた「ホモ・サケル」を想起させる。しかし、バトラーが言うように、あらゆる形式の行為能力を剝奪され、政治の領域から追放された、たんなる存在として彼らをゾーエと捉えるのは早急である。なぜなら、今日「人権」という普遍主義は、誰が生きるに値し、誰がそうでないのかという資格を付与する権力の差別的形式《デザイン》によって作動しているからだ（バトラー二〇一八、一〇七頁）。

アレントは『全体主義の起原』のなかで、難民とは「諸権利をもつ権利を奪われた」存在であると述べた。しかし難民とは、バトラーが言うように、身分を奪われているだけでなく、無国籍という「身分を与えられている」のである。つまり彼らは、無国籍者として生産され、同時に法制的な帰属形態から放逐されることによって、「内部化された外部としてポリスのなかに包摂されている」のだ（バトラー、スピヴァク二〇〇八、一〇―一一頁）。換言すれば、「普遍的人権」

は「市民」の政治的権利に基づいた利益の交渉という、いわばポスト政治的な行為のなかで空洞化されているのである。

この点について考えるうえできわめて示唆的なのは、ドイツの映画監督／作家クリストフ・シュリンゲンジーフの挑発的なプロジェクト《オーストリアを愛してくれ》だろう。二〇〇〇年にウィーン芸術週間に向けて企画されたこのプロジェクトは、イェルク・ハイダー率いる極右のオーストリア自由党が躍進していた当時のオーストリアに対する皮肉に満ちたものだ。シュリンゲンジーフは、ウィーン国立歌劇場の外に輸送コンテナを設置し、その頂上に「外国人は出《アウスレンダー・》て行け《ラウス》」と書かれた横断幕を掲げた。このコンテナで暮らしたのは郊外の留置所から亡命を希望する難民たちである。彼らの行動はリアリティＴＶさながらの「ウェブフリーＴＶ」で放映された。観者は連日この放送局に投票し、それによりもっとも人気のない難民が脱落していく、という露悪的なプロジェクトである。投票は六日間に亘り、毎日夜八時に投票数がもっとも少ない二人の住人が拘置所に送り返された。一連のこのプロジェクトはオーストリアの映像作家パウル・ポエートによって映画『外国人は出て行け！』として記録された。

難民として参加した者たちはカツラや帽子、サングラスで変装していた。その姿が露わになることはほとんどない。市民は広場に置かれたコンテナの覗き穴から難民たちを覗き見した。パフォーマンスのほとんどはシュリンゲンジーフ自身が行っていたといってもよい。彼はメガホンを手に「横断幕を取り外せ」とオーストリア自由党を挑発し、観客には写真を撮って拡散するように勧めた。彼は「これはパフォーマンスだ、絶対的真実だ」と矛盾に満ちた弁をまくし立て、同時にレイシズム的な意見や侮辱の言葉をそのまま群衆に言い放った。観客には「外国人よ、出て行け」というプロジェクトを文字通りに受け取って歓迎する極右の老年男性、恥ずべきスペクタクルを設けたお前こそ国外退去に値する薄汚い外国人だ、とシュリンゲンジーフを非難する白人中年女性、コンテナの難民を「解放」しようと試みる左派の学生運動家、プロジェクトの応援に駆けつけた多くの左派知識人、ウェブフリーＴＶを観て難民の退去に投票する一般市民など、現場には多様な立場の者たちが集い、プロジェクトは日々炎上した。

ここに登場した「難民」がじっさいに退去施設に隔離されていた者たちかどうかを確かめる術はない。しかし、彼らは「難民」という「当事者」性を背負って「委任されたパフォーマンス」をこなした。そしてシュリンゲンジーフは彼らの存在を通じて、オーストリア社会に潜む数々の「敵対性」を露呈させた。美術批評家クレア・ビショップは、まさにこの点において、このプロジェクトが真にデモクラシー的だったという（ビショップ 二〇一六）。じっさい、ウィーンの市街地から数マイル離れた現実の国外退去施設に隔離され、ふだんは「現れ」ることのない「難民」の存在は、シュリンゲンジーフの「非民主主義的」な活動モデルを通じて初めて可視化され、マジョリティの意識を構成する様々な亀裂と温度差を浮き彫りにした。確かに、この点において、シュリンゲンジーフのプロジェクトはある種の公共性を上演したと言えよう。「芸術としての拘留の表現」のほうが、実際の拘留制度よりもずっと不和を引き起こす力をもっていたのだから。

だが、シュリンゲンジーフが卓越していたとすれば、このプロジェクトがたんに不可視化されていた難民を可視化し、表面化していなかった不和を露呈させたからだけではない。むしろ注目すべきは、難民という、ビオスによる価値体系から締め出された者たちが、普遍的な行為者として自らを措定できる権利——普遍的な人権——について何一つ言葉を語ることなくゾーエとして産出されていくさまだ。その光景は、私たちが市民の政治的権利を理解しようと試みる瞬間に、政治というものを失ってしまうことを示しているのではないだろうか。

シュリンゲンジーフはなぜ当時人気のあったリアリティTVの構造を模倣したのか。かつてジョージ・オーウェルが描いた「ビッグ・ブラザー」は、包摂によって自由を奪われた社会において人々の生を監視する社会主義的なディストピアを示した。しかし、ソーシャルメディアが登場する以前の時代にリアリティTVが示唆していたのは、自らの快適で合理的な生活への欲望を糧に「今いる場所」に「適さない」人びとを視聴者が選出し排除する新自由主義的な心性によって支えられている。ここでのポイントは、リアリティTVの視聴者が娯楽を楽しむ消費者であるだけでなく、けっして排除されることのない安全なポジションに身を置いているような幻想を与えていることである。視聴者はテレビあるいはパソコンのディスプレイを通して、その場にそぐわない「他者」を選出する。排除を決定する側に自らを位置づけ、傍観者という立場をとりながら共犯者としてこの生き残りゲームに参加する。それは、「排除型社会」の心理を巧みに取り込むことで、視聴者、参加者、そして難民のあいだに生じている不均衡な力関係を追体験しながら再生産する装置として機能しているのである（清水 二〇一三、二二〇—二二一頁）。

この構造は、現代のグローバル社会においてゾーエが産出される構造そのものを再現しているように思われる。一見すると能動的に「参加」しているようにみえるその光景は、今日ではソーシャルメディアを通じた「相互受動性」によって進行している。追放者を選択し、魔女狩りのごとく、徹底的に社会的に抹殺していく光景は当の自分たちがいつでもその対象になりうる現実を棚に置きながら、そのシステムを再生産しているのである。それは、ある意味で、「死《ネクロ》政治《ポリティクス》」（アシル・ムベンベ）へと向かう光景ではないだろうか。

このように考えると、かねてよりヨーロッパで称揚され、第二次世界大戦後に欧米で再設定された「人間」ないし「人権」概念の闇が浮かびあがってくるだろう。「人間」に値しないと判定された者たちを民主主義のゴミ箱へ廃棄し、あたかも存在しないかのように蓋を閉めること。彼らは、人口として数値化されることも可視化されることもない（したがって資本主義的な貨幣価値へと交換される経済的な主体になることはないが、廃棄される）幽霊のごとくゾーエとして産出される。こうして生政治は生物学的な生を統治し、同時にそれを死政治へと反転させる。それは、「すべての動物は平等である。しかしある動物は他の動物よりさらに平等である」という『動物農場』さながらの論理で生に介入し、社会をデザインする生資本主義の一局面を示しているのである。

4　生資本とゲノムの物神化——人工生命と「第二の自然」

では、ジジェクのいうデザインのもう一つの極である「生命体の内的な核である遺伝的公式」の構築についてはどうだろうか。生命そのものが資本となる「資本のコミュニズム」の時代には、生命についての情報はグローバルな商品として流通する。労働や生産を担う主体たる身体ではなく、資本としての身体が断片化され、それによって分離した情報がそれ自体として流通し商品化されていく。生命は、情報化を経ることによって物質化ないし物象化された生資本として商品化されるというわけだ。もちろん、身体の商品化といっても、臓器移植から代理母にいたるまでその内実は多彩である。しかし、ここでは人間という個体としての生体部位ではなく、生体の究極の個人情報ともいえるゲノムに目を向けてみたい。

二〇一五年、香港の街角にタバコをポイ捨てしたヒトのポスターが掲示された。路上に捨てられたタバコに付着した

図2　香港の非営利団体 Hong Kong Clean Up による「フェイス・オブ・リッター」（ゴミの顔）キャンペーン

微少の唾液から作成されたデジタル写真である。「フェイス・オブ・リッター」（ゴミの顔）と呼ばれるこのキャンペーンは、広告代理店オグルヴィが香港の非営利団体 Hong Kong Clean Up のために制作したものである[4]（図2）。まるでSFのようなこの出来事は、いくつかの点で生命の情報化とその行方を示している。

　このプロジェクトはニューヨークに在住するアーティスト、ヘザー・デューイ＝ハグボーグのプロジェクト「ストレンジャー・ヴィジョンズ」（二〇一三年）にヒントを得たものである[5]。彼女は街角に落ちている髪の毛やタバコの吸い殻、チューインガムを集めてそこから抽出したゲノム情報からヒトの顔を特定し3Dプリントで再現してみせた。さらに二〇一四年にはプライバシーを保護すべくDNAを除去するスプレー「インヴィジブル」を開発している。目的はアートを通じて「遺伝子の監視社会」と呼びうる未来の可能性について提示し、プライバシーの尊重、所有者の同意なき遺伝情報の利用といった諸問題を提起するスペキュラティヴなものだ。

　レフ・マノヴィッチによれば、今日、既存のあらゆるメディアは、コンピュータを通じてアクセス可能な数字に翻訳されつつある。デジタル時代においては、映画、アニメーション、音楽、写真といった個々のメディウムは、コンピュータのなかで数字へと還元される。デジタルデータは可変的だ。デジタルデータベースの海のなかで、それぞれのメディウム間の差異は消滅していく（マノヴィッチ 二〇一四）。マノヴィッチは、こうしたコンピュータを中心にしたデジタルメディアを「ニューメディア」と呼び、その美学を「ポストメディアの美学」ないし「情報美学」として捉えている（Manovich 2001）。マノヴィッチは「ニューメディア」について「メタメディウム」という言葉で説明するが、その特徴はコンピュータを通じて既存のメディア、身体、そして世界をシミュレートするところにある。ゲノム情報から特定されたヒトの「顔」もまた、生命データを解析して制作されシミュレートされた身体であると言えよう。

このように、生命科学が情報科学と化した現在、生命存在の根幹に関わるかたちで経済活動が編成される一方で、クレイグ・ヴェンターに見るように「コンピュータを生物らしくする」ことよりも「生物をコンピュータのように」扱おうという潮流が生じている。「コンピュータのようにプログラム可能な生命」について考えることは、「生命体へと生成する物質」と「物質へと生成する生命体」（＝メディウムとしての生命体）について考えるということだ（久保田 二〇一六、一〇—一九頁）。

もちろん、物質から生命が立ち上がること、人為的に生命現象を合成すること、つまり人工生命に対する人間の欲望は、クリストファー・ラングトンにかぎらず、メアリー・シェリーの『フランケンシュタイン』（一八一一年初版、一八三一年決定稿）、E・T・A・ホフマンの『砂男』（一八一五年）、H・G・ウェルズ『モロー博士の島』（一八九六年）など一八世紀末から一九世紀にかけてのロマン派の文学のなかにも、すでに見ることができる。また一九二〇年に発表されたカレル・チャペックの戯曲『R. U. R.』やフィリップ・K・ディックの『変種第二号』（一九五三年）をはじめとする一連のロボット小説もこうした観点から捉え直すことができるだろう。

さらに、人工生命とその理論的背景を考えようとするならば、マルクスの「第二の自然」についても留意しておきたい。マルクスは『資本論』のなかでなぜ「代謝的 metaphoric」と「有機的 organic」という、生命現象にまつわるメタファーを多数使っているのか。アレクサンダー・ギャロウェイは、マルクスがいかに「物質と生命」を重視していたかという点に着目し、『資本論』にみる生命力主義の核心は、物質＝生命を「感性的＝美学的なオブジェクトへと変容させること」にあると述べている。このとき、資本主義のメカニズムは、成長と代謝の有機的な、そして人工的な「第二の自然」であり、一種の人工生命である、というわけだ(6)（ギャロウェイ 二〇一七）。

じっさい数値化されることで可視化され、「計算可能」となった生命は、富と健康を生み出す資源《リソース》として物神化を引き起こし、その結果、ゲノム情報そのものの「バイオ・キャピタル化」が生じている（ローズ 二〇一四、ラジャン 二〇一

一、塚原 二〇一一）。ここではその特徴として以下の三点をあげておこう。

第一に、自然や身体といったこれまで偶然の領域にあったものが技術によって計算可能なものとなり、人間によって操作できるという認識論的かつ倫理、政治的転換が生じた。ニコラス・ローズはこう述べている。「ありとあらゆるものは原則として理解可能であるようにみえ、それゆえ、自分が希望する人間になったり、希望する子供を作成したりできる、計算された（生命への）介入の道が開かれているように思われる」と（ローズ 二〇一四、一四頁）。生の情報化は、こうした認識論的転回を引き起こし、これまで偶然ないし自然に任せていた生物学的存在としての自己に対して、「生物学的市民」としてどのような身体を「選択」することで自己を「管理」するのかという「自己責任」を課すことになった。

第二に、生価値をつくりだすための生産性は、たんに商業化の論理に貫かれているのではなく、むしろ遺伝病に困窮する患者組織そのものが「健康」な「正しい」身体を求めて「治療」として希求しているという点である。再びローズを参照すれば、生価値の新たな循環とそれらが住みつく新たな市場は、富を産出する新たな可能性を創出するだけでなく、新たな倫理的価値観を産出している。ゲノムはブランド化し、経済的交換を統治する道徳性そのものが構成され、倫理それ自体が新たな価値を具現化している（ローズ 二〇一四、二八一―二八二頁）。そこでは統治者、専門家、市民が結託して生権力を構成しているのである。

そして第三に、カウシック・スンダー・ラジャンが指摘するように、生資本が「思索《スペキュレーション》の対象」であると同時に「投機《スペキュレーション》の対象」となっている点である。これまで治癒不可能であったものが管理可能になるという、生をめぐる認識の移行は、アメリカにおいては「新生（再生）」、「希望」ないし「救済の措置」として薬やバイオテクノロジーをめぐる物語と結びつき、市場はそうした道徳を体現するための装置として機能している。他方、インドにおいては、アメリカのようにグローバルな自由市場のプレイヤーになりたいという欲望がこのシステムを支えているのである。このように両国の異なる構造が縫い目なく連続することで「ゲノム学的物神化」による生資本主義が展開しているというわけだ（ラジャン 二〇一一）。

だが、かつてフーコーが論じたように、性を中心とした生命の管理は「血／健康」という生物学的資源としての遺伝の問題とともに資本主義の支配的階層の自己への配慮として活用され、健康論、優生学、そして人種主義として展開してきた。この点を考慮すれば、「生を奪い取る」のではなく生を調整し、また「生を産出する」生権力が「生命とそのメカニズムを、明確な計算の領域」に持ち込む統治の実践として遺伝子工学的な生資本主義とともに作動していく危うさを見てとれよう（フーコー 一九八六、一八一頁）。

しかしその一方で、W・J・T・ミッチェルが「バイオサイバネティクス複製＝生殖技術時代の芸術作品」で指摘するように、情報へと還元された生命は、バイオサイバネティクスによる新しいメディア環境のなかで、生及び生物そのものの様式を変容させつつある。ミッチェルは、ベンヤミンの「複製技術時代の芸術作品」と照らし合わせながら、「バイオサイバネティクス複製＝生殖技術時代の芸術作品」の新たな様式について述べている。曰く、複製はオリジナルの劣化ではなく改良であり、翻ってオリジナルよりもアウラがあること、アーティストと作品、作品とそのモデルとの関係はともに複製技術時代のそれよりも距離があり、また親密であること、そして私たちの歴史感覚において、出来事を浸食し過去を深化する新たな時間性が特異な「加速主義的状況」を生みだしている、と（Mitchell 2006）。

このことは、アウラがそもそもどのように生まれるのかという問いへ、つまり、芸術作品をはじめとする事物がいかに生を有するのかという問いへ私たちを引き戻すだろう。じっさいボリス・グロイスは、ベンヤミンのアウラをめぐる議論を踏まえながら、現代が「人工物や複製物から生あるもの、オリジナルを生み出す戦略」を手に入れてきた点に着目する。グロイスによれば、オリジナルとコピーの区別がトポロジー的で文脈的なものにすぎないのならば、オリジナルから場所を奪うだけでなく、コピーに再び固有の場所を与えるという操作も可能である。この意味で、今日、芸術作品に代わって台頭しつつあるアート・ドキュメンテーション（芸術の記録）とインスタレーションの実践は、生をその固有の場から切り離し、「生きたものを人工的なもの」に置き換え、「反復不可能なものを複製可能なもの」に置き換えるクローン作成に象徴される現代の生政治とは異なり、「状況と文脈に応じた新たな場を設定し、そこに自らを書き込む戦略をデザインすることで、人工物を生あるものに、反復不可能なものを何か唯一無二のものに変容させる」もうひとつの生政治の道であり、芸術は今日このようにして生そのものになろうとしているのだと述べている（グロイス 二〇一七、九三―九四頁）。曰く、「いまやオリジナルであること、アウラを有することは、生きているのと同じこと」を意味し、生とは「生あるものが「それ自体の内に」所有しているようなものではなく、むしろ、この生あるものが、一つの生のコンテクストに――生の持続と生の空間に――自らを書き込むこと」であるというわけだ（グロイス 二〇一七、一〇七―一〇九頁）。

芸術と生をめぐるこうした新しい状況を、人間的思考からなるビオスの生ではなく、ゾーエの生から捉え直すとき、そこには新たな別の地平が切り拓かれつつあるのではないだろうか。

5　「人間」の行方と未来の芸術

「遺伝子の物神化」を最初に問題にしたダナ・ハラウェイは、生権力に目を向けたフーコーはすでに種中心主義だったと述べている（ハラウェイ 二〇一三、九二頁）。ハラウェイはかつてこう言っていた。書かねばならないのは『監獄の誕生』ではなく『犬舎の誕生』なのかもしれない、と。なぜなら、「米国の消費万能でテクノサイエンスに満ちあふれた」犬の世界こそ、「古典的で激烈な商品化が生き残って繁栄していることの証左」だからである。これまでサイボーグ、猿、類人猿、オンコマウス（ガン治療の実験用に開発されたマウス）といった「形象」の内側から考察を続けてきたハラウェイは、生きた資本として、人間の伴侶として、そしてバイオテクノロジー、働き手、テクノサイエンスの知の生成を媒介する主体として犬に目を向け、また「冷たい海の底に棲むカレイ由来の遺伝子をもったトマトのような新しい魅力的な生き物」に心惹かれて止まない。ハラウェイの言葉を借りれば、「マルクスの物語には、伴侶種も、相互誘導も、複数種のエピジェネティクスも不在」である。それゆえ、今日『生-資本論』を書くならば、「人間例外主義に慰めを求めるのではなく、使用価値、交換価値、そして様々な生物学的種の主体が、重みをもって関与する「出会い」の価値という「三者の間の構造」について検討することが重要であるという（ハラウェイ 二〇一三、七三―七四頁）。じっさいハラウェイは「ポストヒューマン」という言葉に内在する人間例外主義からは距離をとり、むしろ「堆肥体compost」という言葉を提起することによって、他種とともに生き、そして土に還る死すべき存在として、互いに予測不可能な仕方でトラブルに巻きこまれながら生成していく未知の可能性に賭けている（Haraway 2016、ハラウェイ 二〇一九）。では、「ゲノム学的物神化」からなる生きた資本の時代の「異種協働のポリティクス」について、私たちはどのように考えることができるのだろうか。まずは「サイボーグ」という言葉が誕生した二〇世紀半ばに時計の針を巻き戻してみよう。

冷戦体制のさなか、「アコースティック・キティ（Acoustic Kitty）」なるものが誕生した（図3）。「アコースティック・キティ」とは、一九六〇年代にワシントンDCにあったソビエト連邦大使館近辺でアメリカ中央情報局（CIA）がロシア人を監視する極秘計画として立案したプロジェクトのコードネームである（Wallace et. al 2008）。彼らは猫に外科手術を施し、マイクと無線機を仕込んでソ連大使館に潜り込ませ、その動きを探り出そうとした。一九六〇年代のCIA長官事務補佐官ヴィクター・マーケッティは「猫を切開し、電池を入れ、配線をつないだ」と証言している。さらに猫がネズミに気をとられ、注意散漫になることを防ぐため、猫には空腹を感じない手術を施した。約六億円を注ぎ込んで改造／訓練されたこの盗聴用猫は、しかし、最初のミッションで大使館に向かって突進し、出し抜けに通過したタクシーに轢かれてこの世を去った。

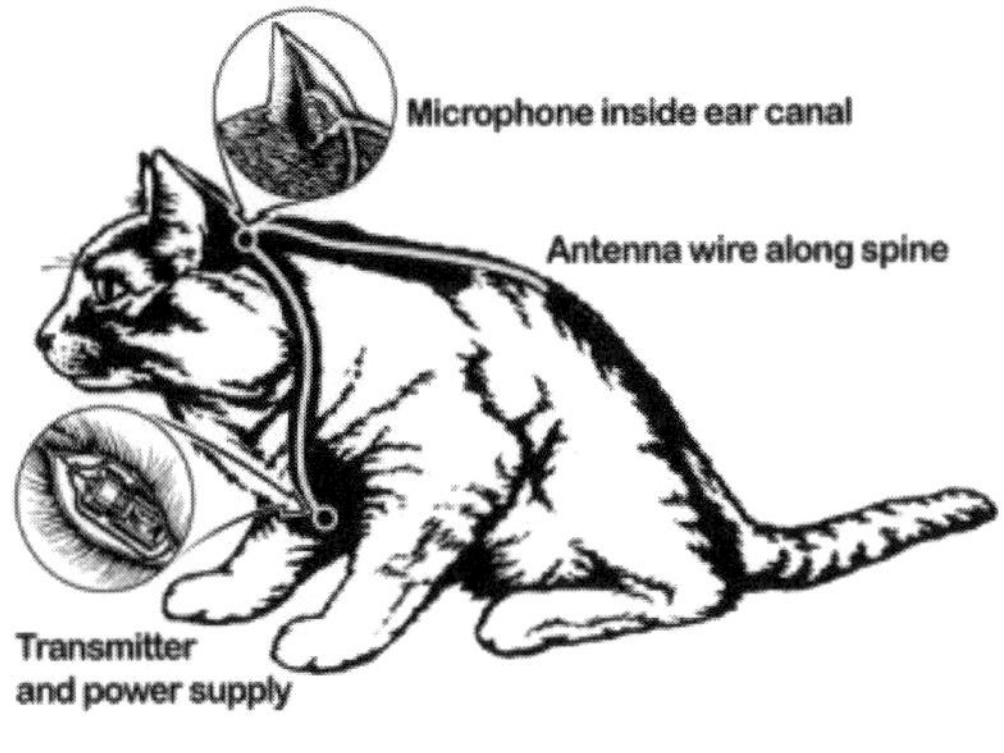

図3　アコースティック・キティ

この猫は、いわば有機的な生身の生体とテクノロジーを折り込んだ動物の「サイボーグ」である。「サイボーグ」という言葉は、もともと一九六〇年にNASAの研究者マンフレッド・E・クリネスとネイサン・S・クラインがつくった「サイバネティクス」（第二次大戦後にノーバート・ウィーナーが提唱した動物と機械における制御と通信の理論）と「オルガニズム」の合成語だ。しかし、のちにハラウェイは、たんに「人間と機械の融合体」ではなく、「人間／動物／機械の混成体、ハイブリッド」を「サイボーグ」と名づけ、より大きな視点からサイボーグの本質を問い直そうとした。

ハラウェイはこう言っている。「20世紀後半という我々の時代、この神話的な時代にあって、我々は皆、キメラ、すなわち、機械と生体のハイブリッドという理論化され製造された産物であり、要するに、我々はサイボーグである。サイボーグは、我々が存在する所以《オントロジー》であり、我々にポリティクスを与えてくれる。サイボーグは、想像と物質的リアリティが凝縮したイメージであり、この二つの連結した中心が、可能性としての歴史の変容を形づくっている」（ハラウェイ二〇〇〇、二八八頁）。

だが、ハラウェイにとって重要なのは、サイボーグがたんにハイブリッドであるということではない。議論のポイントは、そもそも人間、機械、植物、動物、自然、人工といったカテゴリーそのものが易々と確定できるものではないという点にある。むしろサイボーグとは「そこにいることによってさまざまなカテゴリー自体をばらばらにしてしまう存在」なのである（マイアソン二〇〇四、一九頁）。「境界を曖昧にする快楽と、境界を構築する責任」（ハラウェイ二〇〇〇、二八八頁）。この意味において、オンコマウスをはじめとする遺伝子工学の物語もまた、既存のあらゆるカテゴリーが砕け壊れていくことをめぐる解体と再生の物語なのだ。

とはいえ、「アコースティック・キティ」は、国益とセキュリティのために一部の人間が知と技術を占有し、人間の目的にそって、動物の生体と機械を融合させ、道具として動物を利用した一例のように思われる。この猫はスパイとしての機能を果たすべく、人工的に見えてはならず、あくまで「自然」な猫であることが求められた。そこに読み取れるのは、動物の身体の解剖政治学とも言いうるものである。このサイボーグ猫は、有機的な生体にテクノロジーを折り込んでいる点でブリュノ・ラトゥールがいう「大いなる分岐」に基づき、また人間／動物、人間／非人間という対比によって人間を規定し、排除と包摂によって作動する「人類学的機械」（アガンベン）の一つの帰結のように思われる。

アコースティック・キティの登場から六〇年近くたった現在、自らを「サイボーグ」と呼ぶバイオハッカー（バイオハッキングの実践者）たちが登場している。ゲノム編集技術の「クリスパー」が誕生したことでバイオハッキングは一気に加速した。バイオハッカーたちは、専門技術に乏しい者も含めて、クリスパーを用いて自分たちの遺伝子を「編集」しようと身を乗り出している。その事例はじつに多様である。バイオハッキングは「失った機能の回復」を目的とした医療行為として活用されるだけではない。バイオハッカーたちは、交通系ＩＣカードのチップを自らの身体に埋め込み、自身の生体と機械を融合することで「人間の身体の拡張」を図る、いわゆるトランスヒューマンを目指す。しかし他方で、「人間」であるがゆえに抱えてしまう悩みに疲弊し、ひとたび人間を「休憩」するためにヤギになることを試みたデザイナー、トーマス・トゥウェイツのような男も登場している（トゥェイツ二〇一七）。

そしてバイオサイバネティクス複製＝生殖技術時代を迎えた今日、事態は新たな展開を迎えている。琥珀の中に閉じ込められた古代の蚊から恐竜のＤＮＡを採取し、現代に恐竜を蘇らせた映画『ジュラシック・パーク』のように、あるいは、ロシア宇宙主義の論者ニコライ・ヒョードロフの考案にならって、子どもが自身のゲノムをもとに父を復活させ、父がその父を復活させるような死者の復活による亡霊的時空間が出現する未来が唱えられてもいる。そうした時代が到来したとき、果たして「人間であること」は何を意味するのだろうか。

じっさい現代アートの世界では、「人間」を再考するという観点から、起こりうる未来を想像し「未来を拡張する」取り組みとして、問題を解決するのではなく、問題を提起する「スペキュラティヴ・デザイン」ないし「スペキュラティヴ・アート」がつぎつぎと誕生している。なかでもとりわけ物議を醸したのは、バイオアートの創始者エドワルド・カッツによる、ＧＦＰウサギのＡＬＢＡ（二〇〇〇年）だろう（Kac 2009, 2014, カッツ二〇一七）（図4）。アルバはもともと白ウサギの子孫だが、ＥＧＦＰ（オワンクラゲで見出された野生型蛍光性遺伝子のオリジナルの拡張ヴァージョン）を用いて作出され、青色の光で照らされると明るい緑色に輝く。カッツによれば、「トランスジェニック・アート」は「比類のない生き物を創り出すために、遺伝子工学を使用することに基礎をおいた新しい芸術形式」であり、その意義は、「人間にとっての有用性を目的として実践しているのではな」く、「バイオ・テクノロジーによって生み出された他なる生命への尊敬と責任を全うすることを目的として」おり、「それゆえ、他の生命を人間のコントロール下に置こうとするテクノロジー使用に対するオルタナティヴに他ならない」という（Kac 1998）。

図4　エドワルド・カッツによるGFP ウサギ「ALBA」（2000 年）

つまり、彼の意図としては、アコースティック・キティのように「人間」の目的のためにバイオテクノロジーを使用するのではなく、むしろ生命の可塑性という考え方に立脚しているというわけだ。もちろん、ゲノムの編集については、たとえばネズミを全滅させるように子孫を残さない「絶滅」へ向けた編集も可能であり、この意味で、その実践が、誰が生きるに値し、誰が生きるに値しないのかを定める生権力——生と死のマネージメント——ないし「死政治」と表裏一体の関係にある点は注意しておきたい(7)。

にもかかわらず、同時にここで注目したいのは、生をめぐる「可塑性」という考え方である。この思考は「個々の生物は死にうる。しかし、生一般の死は、個々の生物の死とは異なる秩序に属す何かを要求するだろう」というユージーン・サッカーの「生哲学」をめぐる言葉へと私たちを誘う（サッカー 二〇一五b、九頁）。サッカーによれば、「生物学の哲学」は、生物学的決定論、二元論、目的論であり、生物学的知識の哲学的側面を強調する。それは人間という概念を中心化し、「どのカテゴリーか」を問う「認識論的試み」である。生物学の哲学は「生の本質を記述するような、「生」の概念を分節すること」に関心を抱き、生を数へ還元する（サッカー 二〇一五a、六頁）。

これに対し、「生哲学」は生物学の哲学を反転させる。生哲学は「生を絶えず変形する諸々のもの」に関心をもち、「触発されるか、するか」を問う「存在論的試み」である。生哲学は「自然と文化、生物学と科学技術人間と機械の両極の間で永遠に捉えられたままの「生それ自体」の概念を放棄」し、代わりに「つねにネットワークを通り抜け、それを形成する諸概念を練り上げる」。生哲学においては「生＝多様性」なのだ。サッカーは次のように述べている。

> 生哲学は無邪気に「生」を奉ずるものではないし、地球上のすべての生に対する利他的ホーリズムの信条でもない。しかし生哲学は、生物学の哲学の二重の方法（生の原理、分節化の諸境界）と、そこから生まれる様々な分割を厳密に問いかける。生哲学はつねに問う。「どのような諸関係が、しかじかの分類によって、しかじかの階層化によって、排除されているのか。……生哲学にはルサンチマンがない。ただその「分子的な関係全体に及ぶ」パースペクティブを伴って「生命の政治」へコミットメントをするのみである。生哲学は、生物学の哲学に置き去りにされた次のような存在論的問いを続行し、活気づかせる。すなわち、なぜ「生」なのか。（サッカー 二〇一五a、六頁）

つまり、生哲学について語ることは、人間的に意味づけられた生、いわばビオスについて語ることではなく、人間的な価値からすると意味をなさない生であるゾーエについて、あるいは人間不在の世界について思考をめぐらすことなのである。

やくしまるえつこがバイオテクノロジーを駆使して制作した楽曲「わたしは人類」を思い出そう（図５）。やくしまるは、らん藻（シアノバクテリア）の一種、シネココッカスの塩基配列から楽曲を制作し、楽曲情報を三つ組みの塩基配列からなるコドンに変換。その後、人工合成したDNAを微生物の染色体に組み込み、その微生物に「わたしは人類」と名づけた（やくしまる 二〇一六）。ここではDNAは記録メディアとしての役割を担う。DNAの寿命は物理化学的には五〇万年だと言われている。「わたしは人類」に組みこまれた楽曲情報は、痕跡及び痕跡の痕跡として未来の生命体へと投企され、自己複製し、変異を起こし、拡散する。A、G、C、Tという四つの塩基をもつDNAの配列からなる遺伝子と0か1の状態になるデジタルデータと化した音楽。彼女がここで挑んでいるのは未来への投企であり、偶然性に満ちあふれた、ある種の「賭け」である。生物学的世界は時間において進化し、境界を書き換え、「自己」を肯定的に多様な仕方で生成する。そこでのコミュニケーションは、「言葉よりもむしろダンス」に似たものであり、ハラウェイが言うように、ここにおいて種は楽曲とともに「同類（kin）と同種（kind）をつなぐダンスをめぐる存在」となっている（ハラウェイ 二〇一三、三一、四五—四六頁）。

図５　やくしまるえつこ「わたしは人類」

デザインをする者はその機能性のみならず、意味を分節化する機能を担う、とジジェクは言う。そうであるなら、デザインする倫理的責任にこそ、「批判的」でありうる「生存の美学」——「倫理的なもの（生）」と「感性的なもの（芸術）」のあいだに位置づけられる、ひとつの美学（武田 二〇一四、一八頁）——の可能性が賭けられていると言えよう。なぜなら倫理は、絶対的な規則を提示する道徳とは違い、個別的な様々な状況のなかに差し戻され、ある出来事の文脈が備えている具体的条件のうちに内在しながら形成されるからだ。

今日のグローバルな生資本主義社会においては、難民、奴隷、非「市民」のみならず、誰もが生政治の対象としてその戦略的な配慮に即して生きるよう、究極的には「人間」として生きるに値しないものとして「排除」されうる。そこでは公的な空間そのものが後期資本主義的に「行政化《デザイン》」され、民主主義の諸制度を逆手にとって、為政者の思想を流布する装置が作動している。こうしたなかにあって、「人間的生」はそれが依拠するすべての生の過程を名指すことはできない。「人間的生」は必ずしも生の全体ではありえないからだ。このとき「生きるに値する生とは何か」、「何が生としてカウントされるのか」という問いは、「人間的」と「生」の緊張関係との交渉からしか構成されえないだろう（バトラー 二〇一八、五九頁）。したがって、その未来は、私とあなたの、そしてまた「私」を織りなし、「私」を越えた他なる生の諸形式との「間」に生起しうる関係にこそ賭けられているのである。

ただし、そこに拓かれるのは、「生殖的未来主義」に支配された政治文化とは別のよりクィアなヴィジョンかもしれない。「赤ん坊ではなく類縁関係をつくろう」とハラウェイが言うとき、そこで重要なのは、牧歌的な人間主義《ヒューマニズム》ではなく、血縁によって形成される所有の関係性とは異なる、より肯定的で遊戯的な他種との関係性であり、トラブルに巻きこまれながら組成される〈コモン〉としての避難場所だからだ。フェリックス・ガタリのよき読者ならば、ここで彼が「エコゾフィーへ向かって」のなかで「どうやったら人間に責任感を与え直す――かつて責任感があったとして――ことができる社会的実践を再発明しうるか、という問い」を思い出すに違いない。ガタリは次のように述べていたはずだ。

この責任感は、単に〝人間が延命することへの〟責任感だけでなく、同時に〝この地球上のすべての生きとし生けるものの未来への〟責任感であり、動物種や植物種の未来のみならず、あえて言うなら、音楽、芸術、映画といった非身体的な（無形の）種、さらには時間との関係、他者への愛や思いやり、宇宙との融合感覚といったようなものへの責任感でもある。……ここで問われているのは、潜在的なもののエコロジーの総体であり、私の言う〈エコゾフィ〉こそが、われわれの倫理的――政治的なアンガジュマンを通して、すでに存在する生きた継承や来るべき新たな形象に対するわれわれの責任を結び合わせ、集合的な知性と想像力の扉を打ち開くのである。（ガタリ 二〇一五、五八頁）

したがって、生政治とテクノロジーが結合した今日の喫緊の問いとは、多面的で加速主義的な統治の時間性と所有の論理にのみこまれることなく、いかにして私たちの生——人間、モノ、情報、環境との相互行為体としての関係性——を思考やコミュニケーションの可能性から再構成される肯定的な条件のなかに〈コモン〉として位置づけ直す倫理的感性を練りあげることができるのか、ということなのである。

注

(1) クトゥルーというと、SF作家H・P・ラヴクラフトの手になる怪物を思い出すが、ハラウェイによれば、これにちなんだわけではなく、むしろ「森羅万象と共振するような（そこに人々が実際に参画している）フォースやパワー」のための名称であるという。

(2) 檜垣は「生態論的転回」におけるビオスとゾーエを再考し次のように述べている。「ビオスとゾーエは、生命としての主体がもつ、特有のパラドックス関係において、その重なりとズレにおいてとらえられるべきである。それは生命と言語、環境と主体との複合性をとりだすための、基本的な装置であるべきである。身体的な質料性とは、現前に依拠しきった何かではなく、身体が自然の無限性と非場所性に晒された「言葉にできないもの」にそもそも触れており、そうでありながら剝き出しの自然史性と、その根源的な暴力性とを前提に、「言葉」の生を支えていること、これが明確にされるべきである」（檜垣 二〇一二、四六—五四頁）。

(3) 同じことは、英国にもあてはまる。オーウェン・ジョーンズが「チャブ」をはじめとするアンダークラスは社会の厄介者で、彼らに税金を使うのは無駄遣いであり、まるで存在しないかのように扱われていると指摘していたことを踏まえておきたい。彼らは抑圧、差別されるのではなく、あたかも存在しないかのように不在化され、階級闘争そのものが排除されていると言えよう。

(4) https://www.sankei.com/wired/news/150522/wir1505220001-n1.html このプロジェクトではポイ捨てしたタバコの持ち主の許可を得てポスター制作が行われた。

(5) Heather Dewey-Hagborg, http://deweyhagborg.com また本章は、以下の拙稿の一部をヴァージョンアップしたものであり、重複する記述が含まれていることをお断りしておきたい。清水知子「Face Value の時代の生と倫理」『福音と世界』二〇一九年二月号、一二—一七頁。

(6) ギャロウェイは、物象化に関するマルクスの議論は、「生命が物質へと生成することへの恐怖に基づいている」一方で、「商品のフェティシズム（物神崇拝）についての理論はいかにして物質が命を帯びることができるのかを鮮明に示している」（ギャロウェイ二〇一七、一五九頁）と述べている。ギャロウェイがマルクスに読み取った物象化とフェティシズムに関する両義性は、物神崇拝に関して、主体が客体（物神）に支配されていると信じ、また主体が自分は物神から解放されて行動していると信じている近代人にありがちな幻想ないし錯覚に依拠したものだ。だが、今日必要なのは、ラトゥールが『近代の〈物神事実〉について』のなかで指摘するように、そうした近代人特有の幻想に固執することではなく、個々の存在が他の存在との関係によって可能になっていることであり、この関係を、行為と行為の関係としてより動的に捉え直すことだろう。

（7）　長谷川愛は実在する同性カップルの一部の遺伝情報から出来うる子どもの姿、性格等を予測し「家族写真」を制作した「インポシブルベイビー」やイルカの代理母になる世界を描いた映像作品など、数々のスペキュラティヴ・アートに取り組んでいる。モンサント社の資本主義的な怖さが先に立って遺伝子組み換え作物の怖さを語る人々が多いが、長谷川が危惧しているのは、むしろそこで展開される技術の配分の不公平さである。この意味でも、生資本主義を考えうるうえで、技術や研究が明るみにならないことによって広がる格差という問題は重要である。

参考文献

バリバール、エティエンヌ（一九九九）「「人権」と「市民権」——現代における平等と自由の弁証法」『現代思想』一九九九年五月号、五四—六九頁

ブレナー、ニール、シュミット、クリスチャン（二〇一八）「プラネタリー・アーバニゼーション」平田周訳、『空間・社会・地理思想』第二一号、一〇三—一〇六頁

ビショップ、クレア（二〇一六）『人工地獄——現代アートと観客の政治学』大森俊克訳、フィルムアート社、kindle

ブライドッティ、ロージ（二〇一九）『ポストヒューマン——新しい人文学に向けて』門林岳史・大貫菜穂・篠木涼・唄邦弘・福田安佐子・増田展大・松谷容作訳、フィルムアート社

バトラー、ジュディス、スピヴァク、ガヤトリ（二〇〇八）『国歌を歌うのは誰か？——グローバル・ステイトにおける言語・政治・帰属』竹村和子訳、岩波書店

バトラー、ジュディス（二〇一八）『アセンブリ——行為遂行性・複数性・政治』佐藤嘉幸・清水知子訳、青土社

コロミーナ、ビアトリス、ウィグリー、マーク（二〇一七）『我々は人間なのか？——デザインと人間をめぐる考古学的覚書き』牧尾晴喜訳、ビー・エヌ・エヌ新社

ドゥルーズ、ジル（二〇〇七）「追伸――管理社会について」宮林寛訳、『記号と事件』河出文庫
フーコー、ミシェル（一九八六）『性の歴史Ⅰ　知への意思』渡辺守章訳、新潮社
フーコー、ミシェル（二〇〇七）『ミシェル・フーコー講義集成〈6〉社会は防衛しなければならない』石田英敬・小野正嗣訳、筑摩書房
フマガリ、アンドレア（二〇一〇）「バイオ資本主義とベーシック・インカム」柴田努訳、『現代思想』二〇一〇年六月号、九五―一〇九頁
ガタリ、フェリックス（二〇一五）『エコゾフィーとは何か――ガタリが遺したもの』杉村昌昭訳、青土社
ギャロウェイ、アレクサンダー・R（二〇一七）『プロトコル――脱中心化以後のコントロールはいかに作動するのか』北野圭介訳、人文書院
グレーバー、デヴィッド（二〇一九）「〈黄色いベスト〉運動」片岡大右訳、『世界』二〇一九年二月号、一二四―一三〇頁
グロイス、ボリス（二〇一七）「生政治時代の芸術――芸術作品からアート・ドキュメンテーションへ」『アートパワー』石田圭子・齋木克裕・三本松倫代・角尾宣信訳、現代企画室
ハラウェイ、ダナ（二〇〇〇）『猿と女とサイボーグ――自然の再発明』高橋さきの訳、青土社
ハラウェイ、ダナ（二〇一三）『犬と人が出会うとき――異種協働のポリティクス』高橋さきの訳、青土社
ハラウェイ、ダナ（二〇一七）「人新世、資本新世、植民新世、クトゥルー新世」高橋さきの訳、『現代思想』二〇一七年一二月号、kindle
ハラウェイ、ダナ（インタビュー、聞き手サラ・フランクリン）「子どもではなく類縁関係をつくろう――サイボーグ、伴侶種、堆肥体、クトゥルー新世―ダナ・ハラウェイが次なる千年紀に向けて語る」逆巻しとね訳 *Hagazine* https://hagamag.com/uncategory/4293（二〇一九年五月二四日）
檜垣立哉（二〇一二）『ヴィータ・テクニカ――生命と技術の哲学』青土社
廣瀬純（二〇一九）「ヨーロッパに幽霊が出ている――金融資本と移民」『世界』二〇一九年二月号、一三一―一三九頁
片岡大右（二〇一九）「解説〈黄色いベスト〉と民主主義の未来」『世界』二〇一九年二月号、一二九―一三〇頁
久保田晃弘（二〇一六）「反転の美学――ポストゲノム時代のバイオアート」、ウィリアム・マイヤーズ『バイオアート――バイオテクノロジーは未来を救うのか。』久保田晃弘監修、岩井木綿子・上原晶子訳、ビー・エヌ・エヌ新社
カッツ、エドワルド（二〇一七）「生命の変容――芸術の突然変異」村上彩訳、『Я［アール］』、『金沢21世紀美術館研究紀要』第

7号　http://www.kanazawa21.jp/tmpImages/videoFiles/file-52-11-file-2.pdf

マノヴィッチ、レフ（二〇一四）『ニューメディアの言語――デジタル時代のアート、デザイン、映画』堀潤之訳、みすず書房

マラッツィ、クリスティアン（二〇一〇）『資本と言語――ニューエコノミーのサイクルと危機』柱本元彦訳、水嶋一憲監修、人文書院

マイアソン、ジョージ（二〇〇四）『ダナ・ハラウェイと遺伝子組み換え食品』須藤彩子訳、岩波書店

水嶋一憲（二〇一〇）「追伸――〈金融〉と〈生〉について」、クリスティアン・マラッツィ『資本と言語――ニューエコノミーのサイクルと危機』柱本元彦訳、水嶋一憲監修、人文書院、解説、一六七―一八九頁

ラジャン、カウシック・S（二〇一一）『バイオ・キャピタル――ポストゲノム時代の資本主義』塚原東吾訳、青土社

ローズ、ニコラス（二〇一四）『生そのものの政治学――二十一世紀の生物医学、権力、主体性』檜垣立哉・小倉拓也・佐古仁志・山崎吾郎訳、法政大学出版局

清水知子（二〇一三）『文化と暴力――揺曳するユニオンジャック』月曜社

武田宙也（二〇一四）『フーコーの美学――生と芸術のあいだで』人文書院

塚原東吾（二〇一一）「バイオ資本主義の系譜学――生資本という概念について」『現代思想』二〇一一年三月号、二一四―二三七頁

サッカー、ユージーン（二〇一五ａ）「二一世紀のための生哲学」島田貴史訳、『現代思想』二〇一五年六月号、kindle

サッカー、ユージーン（二〇一五ｂ）「絶滅と存在についての覚え書き」島田貴史訳、『現代思想』二〇一五年九月号、kindle

トウェイツ、トーマス（二〇一七）『人間をお休みしてヤギになってみた結果』村井理子訳、新潮文庫、kindle

ウェイウェイ、アイ（二〇一六）「アイ・ウェイウェイ」インタビュー聞き手、片岡真実、『美術手帖』二〇一六年六月号

やくしまるえつこ（二〇一六）「微生物に「わたしは人類」と言わせたい――やくしまるえつこ　微生物と音楽をめぐる対話」インタビュー　https://wired.jp/special/2016/dear-synechococcus/

Barthes, Roland (1972) *Mythologies*, Jonathan Capes.

Haraway, D.J. (2016) *Staying with the Trouble: Making Kin in the Chthulucene*, Duke University Press.

Kac, E. (1998) "Transgenetic Art," Originally published in *Leonardo Electronic Almanac*, Vol. 6, N. 11, December 1998, n/p/n (http://mitpress.mit.edu/e-journals/LEA/) ISSN: 1071-4391. http://www.ekac.org/transgenic.html

Kac, E. (ed.) (2009) *Signs of Life: Bio Art and Beyond*, The MIT Press.

Kac, E. (2014) "GFP Bunny," Bureaud, A. Malina, R. F. & Whiteley, L. (eds.) *Meta-Life: Biotechnologies, Synthetic Biology, A Life and the Arts*, kindle.
Manovich, L. (2001) "Post-media Aesthetics," http://manovich.net/content/04-projects/032-post-media-aesthetics/29_article_2001.pdf
Mitchell, W. J. T. (2006) *What Do Pictures Want?: The Lives And Loves of Images*, Univ of Chicago Pr; New version, kindle.
Wallace, R., Melton, H. K. & Schlesinger, H. R. (2008) *Spycraft: The Secret History of the CIA's Spytechs, from Communism to Al-Qaeda*, Plume, kindle.
Zizek, S (2006) "Design as an Ideological State-Apparatus," *International Council of Design*, 13 November http://www.ico-d.org/connect/features/post/236.php

第Ⅲ部　コミュニケーション資本主義における抗争

第8章　デジタルメディア時代のジェンダー力学
――韓国のインターネット空間における「女性」

平田由紀江

1　はじめに

「ニュース」や「意見」を誰もが発信できる今、世論は既存の大手メディアの専有物ではなくなりつつある。あるひとつの情報やイメージは、ユーザーの力に大きく依存しながら様々なメディア・プラットフォームを駆け巡る。人間関係もまた、インターネット空間と切り離せなくなってきている。そして、急速なデジタルテクノロジーの変容は、「つながり方」においても世代間の差を生み出した。

二〇〇五年から二〇一二年にアメリカの一〇代のソーシャルメディアへの接し方に関するフィールド調査を行ったダナ・ボイド（2014＝二〇一四）は、若者たちの居場所探しが「ネットワーク化された公共」に参加またはそれを作り出すきっかけとなっていると述べた。今更言うまでもなく、これはインターネット環境が整っている日本をはじめとする他の国地域の若者やネットを使用するその他の人々にも当てはまる。

日常とデジタルメディアの世界は今や、切っても切り離せない相互作用的なものだ。ネット空間で起こり続けるある一連の出来事は、私たちが実際に生きる世界に、スピードと、そしてときにはパワーを持って迫ってくる。人々のあらゆるコミュニケーションは、確実に、その少なくない部分がインターネットを通じて行われている。重要なニュースや政治・社会問題などにかんするあらゆる議論も同様である。

さらにその空間は無数に細分化されており、その細分化されたそれぞれの空間の閉鎖性や匿名性ゆえに、論争や誹謗中傷がなされやすい場所となっているという側面も見逃すことはできない。ネット上での個人や特定グループによる攻撃もまた、日常化しているといっていいだろう。

そして、多くの研究で明らかにされているように、実社会同様、インターネット空間もまた、ジェンダー化された空間である。本章は、こうしたジェンダー化されたインターネット空間と「女性」の関係について考察する。「女性」はどのように表象され、また行動してきたか／いるか。本章では、そのひとつの事例として、韓国のインターネット空間における女性の位置を探る。主に二〇一八年の #Metoo 前夜までの「女性」表象をめぐる議論を通じ、インターネット空間における「女性」をめぐる「言葉」あるいは「情報」の意味作用について検討する。ここでの「韓国のインターネット空間」とは、主に韓国をはじめとするサーバー上にハングルで書かれた記事やコメントを指すものとする。(1)

2　「ネットワーク化された公共圏」における女性嫌悪（ミソジニー）

インターネット空間における情報は無数だが、ユーザーの情報への接し方は限定的だ。サンスティーンは、SNSが個人の好む情報に囲まれている状態、すなわち「インフォメーションコクーン（情報の繭）」により、社会は分断され、民主主義にとって重要な変化をもたらしていることから、情報コミュニケーションにおけるパブリックフォーラムの重要性を指摘する。「選ぶつもりのなかった情報、話題、立場に触れることの価値」「多様な共通経験の重要性」「政策と原則という本質的問題ならびにこういう問題にかんする多様な立場に関心を向ける必要性」についての懸念をサンスティーンは述べている（2017＝二〇一八）。

情報や価値観だけではない。アルゴリズムによって、「怒り」など、同じ感情を抱いている人ともたやすくつながることができるようになったインターネット世界において、バートレットが「再部族化行為」（バートレット 2018＝二〇一

八、五七頁）と呼ぶのは、ネット上の情報により、ある集団への強い帰属・連帯意識をもつ「部族」が登場し、それぞれの部族間の差異が強調され、巨大な隔たりとなっていく過程である。

さらに、ジョディ・ディーンは、「コミュニケーション資本主義」という概念を用いて、情報ネットワーク上でのコミュニケーションのあり方について考察している（Dean 2009）。「コミュニケーション資本主義」とは、「回答なき対話」という特徴を持つ政治経済的形態であり（Dean 2009: 24）、そこでは、メッセージはその使用価値より交換価値のほうが重要になる。すなわち、メッセージの流通自体が目的化してその意味は薄れ、一方で情報ネットワークは活性化していく。

こうした、インターネット空間についてのやや悲観的とも言える現状分析が、近年増加している。確かに、トゥフェックチーの言葉通り、「ネットワーク化された公共圏は、障壁もない、構造もない、平坦なオープンスペースではな」く、「ネットワーク化された公共圏のゲートキーパーは、マスメディアによるゲートキーパーよりも、集中的で、時には強力でもある」（トゥフェックチー 2017＝二〇一八、一九三頁）。グーグルとフェイスブックが、その二大勢力として挙げられているが、このことに疑問を挟む者はいないだろう。「the Four（日本語訳では「四騎士」）」すなわちGAFA（グーグル、アップル、フェイスブック、アマゾン）についてギャロウェイは、人間の本能を刺激する「神、愛情、セックス、消費の具現者」（ギャロウェイ 2017＝二〇一八、四〇九頁）としているが、それらは同時に、個人情報を収集し、またそれを武器として利益を上げ、監視や規制の役割を静かにそしてかつてないほど強力に果たしている。

しかしながら、そのように前置きした上で、トゥフェックチーは社会運動の観点から、ネット世界においては社会運動の可能性も限界も全く新しいものであると述べている。

すなわち、我々は、数回クリックするだけで社会運動が数億人に広がる可能性を持った世界にいる。マスメディアに意義を申し立てたり、いっそマスメディアを所有するために財源をかき集めたりする必要もない。しかし、同時に、社会運動が発する重要で意義のあるメッセージが、サービス利用規約違反だとする通報や、アルゴリズムの仕業で沈黙させられる可能性があることも意味する。メディアにとっても、社会運動にとっても、これは全く新しい

世界なのである。（トゥフェックチー 2017＝二〇一八、一九三頁）

「ネットワーク化された公共圏」における全く新しい秩序やルール、新しい巨大なパワーの登場は、ジェンダー構造など「さほど新しくないもの」との遭遇、衝突、摩擦あるいは融合の過程を経て、さらに複雑なものとなる。

また、『バーチャルパブに出入りする――オンラインにおけるマスキュリニティと関係』の著者であるケンドールは、あるテキストベースのオンラインフォーラムに関し、「スピーチのパターン、持続的なトピック、そして女性と性についてのある特定のスタイルが男性好みのジェンダー化された環境を作り出している」（Kendall 2002: 72）と指摘している。「バーチャルパブ」というメタファーは、ホモソーシャルな環境をよく表す言葉として象徴的だ。

イギリス文学を読み解き、ホモソーシャルがその背後にある女性嫌悪と同性愛恐怖によって成り立っていると論じたセジウィックは、女性を排除するかたちで成り立つ男同士の絆について明らかにした。

セジウィックは、「資本主義的男性」が「……女性が目的であるように見えながら、実は女性を介して他の男たちと三角形の取引をしている時こそ、彼は真の権力獲得にもっとも無意識でありながらそれに一番近い」（セジウィック 1985＝二〇〇一、二七四頁）と論じている。また上野千鶴子は、「……異性愛秩序の核心に女ぎらい《ミソジニー》があることはふしぎではない。なぜなら自分は女ではない、というアイデンティティだけが、「男らしさ」を支えているからだ。そして女を性的客体としてみずからが性的主体であることを証明したときにはじめて、男は同性の集団から、男として認められる、すなわちホモソーシャルな集団の正式のメンバーとしての参入を承認される」（上野 二〇一〇、二五九頁）と論じ、男性集団内のつながりは「異性愛秩序の中にいる男性」以外を排除するかたちで持続することを指摘している。

インターネット空間において、これらの「らしさ」や「男」「女」という属性は、ステレオタイプ化され、密やかにあるいはおおっぴらに語られ、ときには名前が付けられ、多かれ少なかれアルゴリズムによってそこに「関心のある」ユーザーの目に留まる。あるいは、冗談（のつもりの言葉）、卑猥な言葉、ポルノ、隠しカメラの映像などによって、性的対象としての女性が強調されたりもする。支配と権力への欲求が、「女性」を周辺化し、そしてそうした「女性」イメージやテクストがネット空間を回避する。だがそれは、身体と完全に切り離されたものではない。そして、映像とともに、言語はそこで、強大なパワーを持つ。バトラーは、言語による中傷について、次のように述べる。

> 他方で、言語による中傷を記述するさいに、身体的比喩がほとんどの場面で使われているということは、言葉によって受ける痛みを理解するうえで、身体的次元が重要であることを示唆するものである。ある種の言葉やある種の名指され方が身体上の安寧に対して脅威としてはたらくだけではなく、名指しの方法によって身体が支えられたり、身体が脅かされていることが、これではっきりとわかる。（バトラー 1997＝二〇一五、八頁）

二〇一〇年に「マンスプレイニング」という流行語を生むきっかけとなったエッセイの著者であり、アメリカの作家、レベッカ・ソルニットは、『説教したがる男たち』の後日譚において、次のように述べている。

> ……ささやかな社会的悲劇と、暴力的に沈黙を強いる行為、暴力が招く死はつながっているということが明瞭になった（レイプや殺人、オンラインや家庭や職場や道端で起きるハラスメントや脅迫を、ドメスティック・バイオレンスと切り離して考えるよりも、権力が行使される局面の相対としてとらえた方が、女性嫌悪《ミソジニー》や女性に対する暴力をうまく理解できるはずだ。並べてみると、そこには明らかなパターンがある）。（ソルニット 2015＝二〇一八、二四頁）

「女性嫌悪」という言葉が韓国社会で物議を醸した二〇一六年、『82年生まれ、キム・ジヨン』（チョ・ナムジュ著）という小説が出版された（チョ 2016＝二〇一八）。K－POPアイドルグループのRed Velvetのメンバー、アイリーンが、この小説を読んだと発言したことで、バッシングを受けた。小説の映画化が報道された際には、青瓦台の国民請願ホームページに、映画化に反対する請願が登場した。この映画への「ジヨン氏」役での出演が決まったチョン・ユミに対してはネット上で非難のコメントが投稿された。『82年生まれ、キム・ジヨン』は大ベストセラーとして話題になった一方で、このようなフェミニズム小説を読んだことが批判の対象となりもした。それ自体、韓国における「フェミニズム」「女性差別」に対する様々な意味での関心の高さを物語っている。

小説は、夫と一歳の娘と暮らす三五歳のキム・ジヨン氏の異変からはじまり、続いて幼少期から現在に至るまでのジヨン氏の日常が淡々と描かれる。女の子、少女あるいは女性という理由で誰しもが直面しそうな差別や生きづらさが網羅されている。

小説の中には、インターネット関連のエピソードも登場する。ひとつは、ジヨン氏が見知らぬ男性から「ママ虫」（韓国語はマムチュン）と呼ばれる場面だ。「ママ虫」はネットスラングで、もともと「子どもをきちんとしつけていない母親」を非難する言葉だが、現在では、（夫が働いているのに）外食などを楽しむ主婦を非難する言葉として使われる。母親に育児の責任を押し付け、母親の自由を許さない態度がよく表れている言葉である。

実際、ネット上ではずいぶん以前から、「韓国女性」を卑下する「名づけ」が目につくようになった。「犬の糞女《ケトンニョ》」「韓国味噌女《テンジャンニョ》」「キムチ女《キムチニョ》」などである。とりわけ「キムチ女」は、二〇〇〇年代はじめ頃から「（社会的、経済的）義務を果たさず、男性に依存するのを当然と考え、女性としての権利だけを主張する韓国女性」を卑下する言葉として広範囲で使われ、「（韓国男性からみて）非常識で気に食わない女」の総称のようになっている。[2]

キム・ジヨンという名はありふれている。そして、ひとりの女性としてのキム・ジヨン氏が尊重されることはないが、「韓国女性」としてのキム・ジヨン氏は、「ママ虫」などと名付けられ、批判や嫌悪の対象とされる。

小説におけるインターネット関連のもうひとつのエピソードは、ジヨン氏が退職した職場での出来事である。職場の女子トイレに隠しカメラがつけられ、その画像はインターネットを通じて男子職員が共有できるようになっていた、というものだ。

二〇一九年、日本でもよく知られるBIGBANGのV.I（スンリ）等、K－POPスターが複数関わったとされる「バーニングサン事件」では、有名男性スターらが女性の盗撮動画を共有したことなどが韓国社会に大きな衝撃を与えた。このようなインターネットを通じて女性の動画を共有する「男性ネットワーク」の存在もまた、小説の中だけの出来事ではないという認識が広がった。

インターネット空間は、実社会の様々なものを取り込み、変容させ、そしてより「鮮明」に映し出す。

3　「希望」「変革」そして「葛藤」の空間

一九九〇年代は、パソコン通信からインターネットへの移行期である。インターネットが一般化する以前のパソコン通信の時代から、オンラインの空間にはいろいろな集まりが作られており、インターネット空間にもまた、様々なコミュニティサイトが登場した。

韓国初のポータルサイトとしては、一九九五年に設立されたダウムコミュニケーションが知られており、ダウムは一九九七年に無料のウェブメールサービスを開始している。一九九九年にはポータルサイトのネイバーがサービスを開始、また、SNSサイトであり、主に二〇〇〇年代に絶大な人気を博したCyworldもこの年に登場した。

一部では、サイバースペースは当初からその問題点が指摘されていたものの、現実のつながりとは異なる種類のつながり、例えばCyworldのコミュニティのような、ある特定の興味関心を共有する人たちのつながりなど、より望ましいつながりを実現することができるであろう「希望」の空間とみなされていたという側面がある。

一九九七年に公開された韓国映画『接続（ザ・コンタクト）』では、都会でそれぞれの孤独を抱えながら暮らす見ず知らずの男女がパソコン通信で出会い、せつなさと少しの希望をもって対話を重ねる様子が描かれている。当時この映画の人気は「接続シンドローム」と呼ばれるほどだった。「つながること＝希望」という図式は確かに存在していたといえる。

サイバー空間はまた、既存勢力への抵抗あるいは「変革」のための空間としても注目を集めた。

二〇〇〇年二月に第一号が創刊された『オーマイニュース』は、「市民みんなが記者」をコンセプトとした市民参加型のインターネット新聞である。(3) こうしたインターネット新聞の登場と成功には、既存の保守メディアに対する不満という社会背景がある。(4)

同時期に、『プレシアン』等のネット新聞が複数立ち上げられた。『プレシアン』は、研究者や評論家など様々な論客が執筆する人気のサイトで、二〇一三年に協同組合となったことでも知られている。(5)

韓国のネット空間はこの時期、左派的な空間として認識されていたといえる。二〇〇二年の大統領選挙はインターネットが候補者の当落に大きな影響を及ぼしたと言われており、『オーマイニュース』創設者の呉連鎬は、「二〇〇二年の大統領選挙は、単に李会昌候補と盧武鉉候補の対決ではなかった。オールド・メディアとニュー・メディアの対決だった」（呉 2004＝二〇〇五、一五五頁）と語っている。勝ったのはニュー・メディアだという認識も共有された。

一方で、電話回線でつながっていたパソコン通信の時代にもフェミニストの「広場」があり、インターネットが一般に普及していく一九九〇年代後半から二〇〇〇年前後には、女性ユーザーを想定した女性向けサイトが次々に立ち上げられ、女性主義サイトも登場した。

女性向けサイトは美容やファッションなどの記事がメインの商業性の強いものが多いが、一方で、女性ユーザーが単なる受動的消費者としてではなく、商品評価など一定の能動性を持って参加できるようなサイトも登場した。

また、女性主義サイトは、会員同士が日常での経験、女性としての経験等を語る空間や、情報を共有する空間を提供することにより、オン・オフラインの境界を超えたコミュニティ形成の可能性を提示した（平田 二〇〇四、四―五頁）。

代表的な女性主義サイト「オンニネ（韓国語で「お姉さんの家」の意）」は「……闘争的フェミニズムというよりは女性としてのアイデンティティを日常の中から表現することのできるフェミニズムの土壌で育った世代」（『女性新聞』五七一号、二〇〇〇年四月一四日付）が二〇〇〇年に立ち上げたサイトだ。[6]「オンニネ」で特徴的なのは、「自分だけの部屋」という、会員自身が管理する自分だけの掲示板であり、そこで女性としての自身の経験を書く（語る）ことで他のユーザーと経験を共有する。匿名であることと、サイトや他の利用者への信頼、他の会員たちも同様に悩みや自身の経験を書き込んでいることが、語りの場としての「自分だけの部屋」がその機能を十分に果たすための前提（ソン 2002: 52-60）である。二〇〇三年時点で「オンニネ」のコンテンツは、「自分の部屋」以外にも、会員同士の情報交換やエンパワーメントの場が豊富に設けられていた（以上、平田 二〇〇四）。

「オンニネ」の会員登録の際の質問は、「女性主義に同意しますか？」であり、最も多いときで約一三八〇の「私だけの部屋」があったという（クォンキム 2017: 47）。

また、前出のCyworldにおける「♀悪い女になって欲しいものはすべて手に入れろ」という、二〇代のシングル女性たちが主に参加しているクラブ（コミュニティ）を調査したイとチェは、コミュニティに参加した女性たちは、「サイバー上で一種のプライベートな世界の社会化を経験する」ことになり、「これ以上自分の日常的経験が個人的レベルの問題ではないということに気づく」と指摘する[7]（イ、チェ 2005）。

これら「女性〇〇サイト」の事例は逆説的に、ネット空間がジェンダー化された空間であることを示している。「サイバースペースはヤング・フェミニストたちにとって重要な挑戦の空間のうちの一つでした」（クォンキム 2017: 18）という言葉からは、サイバースペースでもジェンダー「葛藤」を経験せざるを得ない状況と、「変革」への「希望」とを同時に読み取ることができる[8]。

「希望」も「葛藤」もオン・オフラインを行き来しながらより鮮明化していく。「男性 vs. 女性」という対立の構図、すなわち互いにひどい言葉をかけあい〝ディス〟る文化は一九九九年から始まったという指摘がある（クォンキム 2017: 45）。軍加算点をめぐる論争である[9]。韓国では成人男子に兵役の義務が課せられている。徴兵検査を受け、適正と判定されると入隊が求められる。

軍加算とは一九六一年に始まった制度であり、当初は兵役を終えた者に対し、国家（三級以下）・地方（二級以下）・教育公務員、国営企業や国家の支援を受ける法人の採用試験を受ける際に五パーセントが加算されるというものだった。一九八四年にはその範囲は一六人以上を雇用する企業、団体へと拡がった（権 2005＝二〇〇六、二三二、二四八頁）。一九九八年に女性五名と障がい者男性一名が憲法裁判所に提訴し、一九九九年に憲法裁判所より違憲判決が出されてこの制度は廃止されたが、違憲判決後の拒否反応はサイバー空間にもはっきりと現れた。権仁淑は、当時の状況を以下のように記述している。少し長くなるが、当時の反応がどれほどのものだったのかをよく表している文章なので、以下に引用する。

判決の後、女性民友会は殺到する誹謗中傷のため掲示板を閉鎖した。全国女性労組と梨花女子大学のホームページもハッカーが侵入し、誹謗中傷で溢れ返った。女性団体や女性省に対する各種の悪質な噂も流布された。例えば、女性省や女性団体が女性の性器を模ったチョリポン［麦を揚げて作ったお菓子の名前。その形が女性の性器に似ているという」や、男性性器の形をした〝ソナタⅢ〟［現代（HYUNDAI）の自動車。男性性器を連想させる前方の形のせいでたくさん売れたと言われた］の販売禁止や、セックスの場面を連想させるテトリスゲーム［穴に男性性器が挿入される形のゲームだと言われた］の不買運動を開始したというものである。これらは女性団体や女性省を、〝被害妄想集団〟としてイメージ化するのに一役買った。団体のみならず、インターネット上の論争サイトで軍加算点廃止を擁護する女性もひどい攻撃を受けた。(10)（権 2005＝二〇〇六、二二九頁）

また権は、「兵役に行った者の犠牲と社会的弱者の論理は、〝軍隊に行かなければならない男〟と〝軍隊に行かなくてもよい女〟のみならず、憲法裁判所への提訴者－高学歴の名門大学の学生（強者）、徴兵者－日陰の息子たち（弱者）という構図の中でこの論争が感情的になったことを示している」（権 2005＝二〇〇六、二三三頁）として、提訴者の中には障がいを持つ男性が含まれていたにもかかわらず、「女性 vs. 男性」の対立構図ができあがっていったことを指摘している。

4　女性嫌悪のネット文化

近年、韓国のインターネット空間における特定のコミュニティの性格を示す言葉として、「男超サイト」「女超サイト」がある。それぞれ、コミュニティにおいて「閲覧する男性の数が（女性より）多い」「閲覧する女性の数が（男性より）多い」という意味であり、コミュニティ内における言説も、それぞれ「男性中心的」「女性中心的」傾向を持つ。

二〇一〇年に、同好会サイトであるDCインサイドから（有害・過激とされて管理人に削除されたものを保管する場所として）派生した「日刊ベスト貯蔵所（通称：イルベ）」は、代表的な「男超サイト」として知られており、また、嫌悪表現が乱舞する場所として韓国社会の注目を集めている。主な嫌悪の対象には「女性」も含まれる。

ある記事によると、イルベは一〇～二〇代の男性会員が多いという。(11) 基本的にユーモアサイトの性格を持つイルベは社会現象となり、イルベにおける「嫌悪」をどう見るかをめぐって、オン・オフラインで様々な意見が交わされた。

週刊誌『時事ＩＮ』の記者であるチョン・グァンニュルによると、イルベが主に敵とみなしているのは、「女性、進歩・改革陣営、湖南（全羅道）」である。チョンはイルベの考え方を以下のように分析する。

国家建設の主役は男性・産業化勢力、嶺南（慶尚道）であり、それゆえに彼らは大韓民国の主流となった。すなわち、「国家建設に」寄与しただけ受け取った。しかし女性、進歩、湖南は非主流の権利を主張し、寄与したよりもっと大きい保障を要求する。ここで二等市民が特権階級へと変身する。義務なしに権利だけを得ようとする「無賃乗車」だ。一方で兵役と納税の義務を果たし、誠実に体制の要求に従う一等市民は突然不当に権利を奪われる犠牲者となった。（チョン・グァンニュル 2014: 39）

チョンは、イルベが嫌悪するのは「無賃乗車」であり、「特権」だと述べている。社会の急激な変化と経済状況の変化に伴い、社会的に既得権を持っていた「男性、産業化勢力、嶺南（慶尚道）」はこれ以上安泰ではいられなくなってきた。イルベはそれへの拒否反応のひとつとして捉えられている。

一方で、「女性嫌悪」関連については、イルベにとって、「キムチ女」が誕生する場所はデートの経験（挫折）だとする記事が週刊誌『時事ＩＮ』に掲載された。二〇一一年から二〇一四年の三年間にイルベにアップされた四三万の文章をもとに作られた「イルベの「女性嫌悪」言説地図」において目立ったキーワードは「キムチ女（八六九七回）」「女性（一万一五九回、女子などの類似語も含む）」「男子」「結婚」だった。このことから、この記事では、軍隊や女性部が女性嫌悪の核心ではないとし、デートでの挫折が女性嫌悪の原体験だと断言している。[12] さらに興味深いのは、デートでの挫折はイルベが求める家族ファンタジーと衝突するものであり、恋愛市場において流通する貨幣が「愛」だと考えるイルベに対し、「キムチ女」は「愛」ではなく「男性の経済力」だとする。[13] つまり、イルベは愛を基盤とした「家族像」を求めるが、現代の女性（キムチ女）は男性に経済力を求めるため両者は対立するのだというわけである。

こうした分析の妥当性はさておき、総合すると、韓国社会において、イルベは韓国社会の地域対立、若者を取り巻く経済状況の悪化、家父長制社会のひずみを象徴したものだと捉えられている。また、その過剰な表現やサイト内における「遊び」文化についての批判も数多くなされ、青瓦台（大統領府）ホームページへの、イルベ閉鎖の国民請願は二〇万人を超えた。

「特権」と「差別」をめぐっては、二〇一四年一〇月に自身のTwitter上にISに合流したいという意思を示してトルコに向かったとされる通称「キム君」のニュースが、二〇一五年はじめの韓国社会に大きな衝撃を与えた。韓国の若者がISに合流した可能性とともに、彼がTwitter上に残した「フェミニストが嫌い」「だからISが好き」「しかし、今は男性が差別を受ける時代」という言葉が伝えられたのである。[14]

5　論争が明らかにするジェンダー不平等のかたちとそこからの模索

一方で、「女性嫌悪」にミラーリングという手法で反応するサイト「メガリア」[15]が開設されたのは二〇一五年のことだ。

「メガリア」は、女性嫌悪表現にミラーリングで対抗し、激しい言葉で応酬、「反女性嫌悪」で世間の注目を集め、その結果「女（版）イルベ」とも呼ばれ、「メガリアは果たしてフェミニズムなのか」という問いを含む議論が巻き起こった。

メガリアはまた、盗撮動画やリベンジポルノ等が掲示されていた韓国最大のポルノサイト「ソラネット」に対する閉鎖運動を行った。一九九九年から運営されてきた「ソラネット」は、メガリアの署名運動、国会議員への請願等により、警察が捜査に乗り出し、二〇一六年四月に閉鎖された。

さらに、フェイスブックページの「メガリア4」は、ページが削除されたことで韓国フェイスブックを訴えるための資金集めを行った際、資金集めのために販売されたTシャツを着て認証ショットをSNSにアップした人気ゲームの声優がゲーム会社から契約解除されるなどしたため、注目を集めた。

Tシャツには「GIRLS Do Not NEED A PRINCE（王子様はいらない）」というロゴが書かれていた。二〇一六年六月のある記事は、出来事の詳細を以下のように記している。

先月二五日、メガリア運営陣は「昨年の今頃、国内外のフェミニズム問題を紹介する形で運営されていた「メガリア2」と続く「メガリア3」が突然削除された」、「複数の男超サイト（男性の方が多く見るサイト）に残された「認証ショット」の写真を通した「偏向した発言」が削除原因である事実を知った」と明らかにした。さらに「「キムチ女をこんなふうに殴り殺したい」といった動画を流す「キムチ女」というページは数多くの削除要請にもかかわらず、まったく削除されなかった」、「フェイスブックのこうした偏向した措置に怒りを覚え、民事訴訟を進めることにした」と説明した(16)。

また、二〇一六年五月、ソウル市江南駅近くの男女共用トイレで二〇代の女性が男性に殺害されるという事件が起きた。これに反応した多くの人々が、江南駅一〇番出口にメッセージをポストイットに書いて貼り、追悼した。容疑者が、「女性に日ごろ無視されていたので」女性を狙ったと供述したというニュースが流れたこと、女性の前に男性も複数人トイレを使用したが、あえて男性ではなく女性を狙ったという事実から、通り魔殺人ではなく「女性嫌悪」殺人であると社会的に認識され、追悼場所が各地に登場した。これにより、「女性嫌悪」というキーワードは社会現象となったといえる。

『京郷新聞』の社会部事件チームが江南駅での被害者への追悼メッセージが書かれたポストイット一〇〇四枚を調査したところによると、「故人」「冥福」「祈ります」以外にポストイットに書かれていた言葉には、「すまない」（111）「申し訳ない」（36）「女性嫌悪」（116）「生き残った」（132）などだった（京郷新聞社会部事件チーム 2016）。「生き残った」というのは、「ポストイットにメッセージを書いた自分も女性であり、被害者は女性だからという理由で殺されたのなら、自分は、女性だけれども運良く「生き残った」ということになる」という意味である。

江南駅女性殺人事件、そして反女性嫌悪をかかげるメガリアについての韓国社会の反応は大きかった。その両方について、学術誌や週刊誌は特集を組み、とりわけフェミニズム関連の討論会などが開かれ、関連の論考が数多く出版された。

言語分析の観点から論じたユ・ミンソクは、メガリアはジェンダー二分法を強化させるというメガリア批判と、メガリアのミラーリング戦略について以下のように述べている。

> メガリアは、慎ましやかで従順で、人の言うとおりにするのが美徳だと考えられていた伝統的な女性性を脱皮し、男性だけが口にすることができた険悪な悪口と、性器および外見評価などを試みた。女性にとって禁忌視されてきた言語（「キムチ男」「韓男虫」）を使用し、支配的な女性性にジェンダー・トラブルを引き起こしたのである。こうした実践は既存の慣習的で規範的な女性性を拒否しつつ、女性性を再意味化する。このように反乱的な女性性は、女性の言語についての規範のみならず、女性性についての既存の規範を再構成することにより、性別二分法にヒビを入れる。ゆえに「メガリアはジェンダー二分法ないしは性別固定観念を強化する」という主張には、再考の余地がある。むしろメガリアは、こうした女性に強要されてきた固定観念を攪乱し、転覆させ、反乱的な女性性を行っているからだ。……（中略）……結局性器中心主義や外見中心主義、ジェンダー二分法、性労働者卑下などを再生産する危険がある。ミラーリングの力は既存の原本から出てくるので、原本の抑圧的性格から完全に脱皮するのは難しい。（ユ 2016: 107–108）

さらに、著名なフェミニスト論客であるチョン・ヒジンは、「メガリアを中心としたオンラインでの「ジェンダー・ウォー」は、人類の歴史上最も長い差別であるミソジニーとこれに対する抵抗を同じ場所に位置づけた。女性運動を男性への嫌悪だと非難する〝論理〟は、過去三〇年以上積み重ねてきた［韓国における］女性運動の成果を水の泡にするものだ」（チョン・ヒジン 2017: 25）と論じ、その背景にある、韓国社会で広く認識されている「ジェンダー平等」言説の問題点を指摘している。ジェンダーの複数性を論じつつ、チョンは、「ジェンダー平等」言説が、「男性のジェンダー役割と女性のジェンダー役割の位階を批判しないままに男性を基準とした論理」（チョン・ヒジン 2017: 49–50）であり、「私的領域における男性の労働が社会的・政治的イシューとして前面に登場しない限り、平等論争は意味がない」（チョン・ヒジン 2017: 55）と述べている。

数々の議論を巻き起こしたメガリアのウェブサイトは二〇一七年に閉鎖された。それまで「男性」が行ってきた「キムチ女」など「女性」に対する嘲笑的な「名づけ」や、悪質で性的な「冗談」「ののしり」等へのミラーリング戦略は、憎悪を繰り返すだけという批判も多かったが、ひっくり返してみると、「男性」によって常習的に行われてきた「女性」への「名づけ」「冗談」「ののしり」などがいかに悪質で暴力的なものだったかを暴露する結果となった。しかし、これを単純に「女性」vs.「男性」の構図に回収してしまうことはできない。両者のあいだの構造的な力の不均衡は、長らく続いてきたし、現在も続いているからだ。そして、この場合の「男性」「女性」とは誰を指すのかという問題も残る。しかしながら、「女性嫌悪」に対して、より冷静に連帯と理解を追求すべきだとの声もある。こうした議論自体が、ジェンダー葛藤の解決策を模索するための重要な試みだといえる(17)。

また、イ・ミンギョンは、江南駅女性殺人事件をきっかけに、『口が覚める《トゥイヌン》フェミニズム』(日本語翻訳版タイトルは『私たちにはことばが必要だ――フェミニストは黙らない』二〇一八)を著し、難しいフェミニズム理論ではなく、生活していく上で必要な実践知識として女性差別発言、女性嫌悪表現に抵抗するための「護身術」の必要性を説き、具体的な方法を提示している。

6　ジェンダー葛藤の社会背景

急激な産業化と経済成長、一九八七年の民主化宣言を経て、韓国社会は一九九〇年代以降、グローバル化を志向し、一九九六年にOECDに加盟するなど、さらなる変化を遂げていく。続いて起こった一九九七年のアジア通貨危機では「一九八〇年代後半以降、財閥企業をはじめとする大企業の男子正規労働者を中心にして着実に形成されてきた内部労働市場体制」(横田 二〇〇三、三六頁)は大きく揺らぎ、正規労働者の解雇は非正規労働者を急速に増加させた。アジア通貨危機後に金大中政権のとった新自由主義政策により、労働市場の柔軟化が進んだ結果である。失業者は男女ともに急増したが、ジェンダー差別的な解雇による失業や非正規職への転換は、男性より女性労働者に多く見られたといい、女性の非正規労働者はほとんどすべての年齢層・職種において急増した(春木 二〇〇六、六二頁)。

さらに、近年社会問題となっているのは「青年失業」問題である。「88万ウォン世代」（禹・朴 2007＝二〇〇九）という言葉は、非正規雇用の若者が増加する中、当時の一〇〜二〇代の月給が八八万ウォン程度だということを示すものであり、大卒者もこの中に含まれる。裵は青年失業の背景として、「経済危機と産業構造の高度化に起因する雇用悪化の問題、急激な高学歴化すなわち学歴インフレによる労働力需要のミスマッチ、そして青年雇用をサポートする制度の不備が複合的に作用」（裵 二〇一五、一一五頁）したものと論じている。[18] ただし、ここでいう「青年」とは、「男性のみを指し、女性はこの苦痛とは無関係な「韓国味噌女」になってしまった」という指摘がある（ユン 2016: 26）。

確かに、八八万ウォン世代という言葉や、その少しあとに登場した、経済的事情等により恋愛・結婚・出産等々を諦めるという意味の「N放世代」も、男性がその主人公として語られる傾向がある。一方で、女性を卑下する言葉である「韓国味噌女」とは、外国や外国のものに憧れ、他人の（男性や家族の）経済力に頼って身の丈に合わない消費をする韓国人女性を卑下する言葉である。男性は経済危機の被害者であり、女性は経済危機には全く関係のない場所にいて他人のお金で消費を楽しむというある種のファンタジーは、女性が韓国社会の経済を担う構成員としては捉えられていないことを示すものでもある。

実際、雇用問題や、賃金格差において、女性の立場はそれほど向上していない。二〇一六年の調査では、時間当たりの賃金は男性一〇〇に対し、女性は六八・〇パーセントで、依然として男女の賃金格差があることがわかる。[19]

経済成長と経済危機を経て、家族に対する意識も急速に多様化した。一九九〇年に二四・八歳だった女性の平均初婚年齢は、二〇一五年にはじめて三〇歳を超え、二〇一六年には三〇・一歳となった。

少子化もまた、社会問題のひとつとなっている。韓国の出生率は、二〇一五年に一・二四人であり、OECD加盟国のなかで最低水準だった。韓国において少子化は、「将来の労働力不足、社会保障負担の増大、経済成長の鈍化などをもたらすマクロ経済問題として捉えられている」（春木 二〇一一、三二頁）。

一方で、前述した軍加算点制度の廃止や、二〇〇一年の女性部設置、憲法裁判所による二〇〇五年の戸主制の憲法不合致決定、それに続く二〇〇八年からはじまった「家族関係登録簿」制のように、韓国社会では近年、女性差別的な法や制度の改正・改善が行われてきた。そして女性運動団体がそれらの主要アクターとして活動してきた（春木 二〇〇六、一一七頁)。

女性差別的な制度を改めようとする政府の動きが活発化し、晩婚化、非婚化など人々の意識やライフスタイルが変化していく一方で、「出産と育児、教育と社会化の一時的責任を女性に課していた伝統的なジェンダー観念はもはや現代社会の複雑な要求とはマッチしなくなったにもかかわらず、依然としてイデオロギーとして強化・維持されている」状況の中、「ジェンダー葛藤はより深刻化」していった(金 二〇一四、一三―一四頁)。非正規雇用者の増大や男女間の家族への意識の差が、「伝統的」家族意識と異なる意識を持つ女性への「攻撃」へとつながることは想像に難くない。

インターネット空間におけるジェンダー葛藤の社会的背景には、変化に対する「韓国社会の困惑」という側面もあるだろう。急速に変わりゆくライフスタイルや意識の変化のなかで、「女性」を「伝統的な」ジェンダー枠組みのなかにとどめておこうとする強い力と、「性差別のない社会」を求める力とがせめぎあっているのである。

7　おわりに

「ジェンダー葛藤の深刻化」そして「女性嫌悪」が、インターネット空間を経て再び現実世界で議論される状況の中、その特徴である匿名性、インターネット空間内部の限りない細分化による閉鎖性、そしてネットワークによる拡散性の高さが、「女性嫌悪」問題を逆説的に社会に広く認識させるきっかけを作り出したということは、注目に値する。賛否が分かれるにせよ、これらの「激しい」応酬が、「女性嫌悪」問題とは何かということを、鮮烈に社会に問うきっかけとなったことは間違いない。

二〇一七年七月、女性卑下で論争をひきおこしたウェブトゥーン作家について「ハンナムチュン(韓男虫)」(韓国男性を卑下する言葉)だとネット上に書き込みをした大学院生が、この言葉が「侮辱的」だとして罰金三〇万ウォンの宣告を受けたというニュースが流れた[20]。女性新聞の記事では、「キムチ女」などの女性卑下表現は野放しにされている状況下においてのこうした判決について、強い疑問が呈された[21]。

その後、アメリカから出発し韓国にも到達した「#Metoo」は、二〇一八年一月に、韓国の現職検事が検察内部での性被害を告発したことからはじまり、演劇界、文学界などの性被害・性暴力行為を明るみに出した。

前出の『82年生まれ、キム・ジヨン』をめぐって、また堕胎罪廃止をめぐって、韓国社会では常に様々な観点からジェンダー問題に関する議論が活発に行われている。(22)「ネットワーク化された公共圏」の制約と可能性に左右されつつ、かたちを変えながら、性差別なき社会を求める運動は、続いている。

本章では、インターネット空間における「女性」表象と「女性」の行動、そしてその社会的背景について、韓国の例を見てきた。長らく女性を周辺化するかたちで成り立ってきた家父長制社会がインターネット空間と出会い、「女性嫌悪」表現と反「女性嫌悪」の（非対称的な）対立は、インターネット空間を超えて議論の対象となった。

最後に、言うまでもないが、実社会／ネット空間におけるジェンダー葛藤は、韓国にのみ起こっているのではない。前出の韓国小説『82年生まれ、キム・ジヨン』は、翻訳出版されて以来、日本でも大きな反響を呼んでおり、韓国と日本では女性の置かれている状況が似ているという声も多く聞かれる。日本を含む様々な場所で、葛藤、衝突、そしてそれを越えようとする動きは続いている。

注

（1）参考までに、二〇一六年の統計によると、韓国における満三歳以上人口のインターネット利用率は、八八・三パーセントと非常に高い。そして一週間のインターネット平均利用時間は一四・三時間で、これを年代別に見ていくと、二〇代が二二・八時間と最も高く、続いて三〇代で一九・五時間、一〇代で一五・四時間、四〇代で一五・三時間となっており、二〇代、三〇代のインターネット使用時間が最も長くなっていることがわかる。

（2）二〇一〇年代以降、「寿司女《スシニョ》」という言葉も時々登場するようになった。これは日本の女性のことを指すものである。「日本女性」は、男性と食事などをする際には「割り勘」をしたり、結婚の際にはその費用を分担するが（つまり自分も経済的負担を負うが）、それにもかかわらず男性を尊敬し感謝し配慮するという認識で、男性にとって「都合のいい女」として描写される。これに対し、「キムチ女」とは、「（責任や義務を背負わずに）権利を主張し、経済的には当然のように男性に頼る」韓国女性ということになる。「寿司女」は、既存の「日本女性」イメージを踏襲している。このようなイメージには、性文化が高度に発展していると考えられている日本のイメージと相まって、道徳的ではない性観念を持つという否定的な意味が内包されている（『韓国のなかのトンデモ日本人』（野平・大北 二〇〇四）では、韓国のドラマ、映画、アダルトビデオが多数紹介されているが、そのなかの「日本女性」の特徴もまた、愛嬌があり性的に奔放で男性に従順なものとなっている）。「キムチ女」と対比されて語られる「寿司女」は「常識のある女性（すなわち韓国語の表現で「概念女《ゲニョムニョ》」）」とイコールで語られることが多い。この場合「常識がある」とはすなわち、男性に感謝することのできる、ということも含まれている。すなわち、日本女性に限らず、その時の用途によって「女性」は都合よく語られる。

（3）『オーマイニュース』創設者である呉連鎬によると、大手メディアが情報に堂々と接することができるのに比べ、非主流メディア（月刊『マル』）の記者だった彼が受けた差別的な待遇が、「市民みんなが記者」という理念につながったという（呉 2004＝二〇〇五、二〇―二四頁）。

（4）「公正性を欠く報道ぶりは、新聞記者協会からもことあるごとに批判されてきた」（玄 二〇〇五、七六頁）という『朝鮮日報』『中央日報』『東亜日報』（合わせて一般的に「朝中東（チョヂュンドン）」と呼ばれる）の大手新聞に対する批判が、紙媒体を持たずにインターネット上だけで運営される新聞への期待を集めた。

（5）「世界初！　韓国「協同組合メディア」の挑戦――出資は1人3000円以下、全く新しいネットメディアが登場」『東洋経済ONLINE』二〇一三年七月二四日入力記事 http://toyokeizai.net/articles/-/15943（二〇一九年四月二二日最終アクセス）

（6）以下は筆者による「オンニネ」関連論文（平田 二〇〇四）からの抜粋部分が含まれる。

（7）この研究の調査期間は二〇〇四年七月から二〇〇五年一月までとなっている（イ、チェ 2005）。

（8）韓国において「ヤング・フェミニスト」とは一九九〇年代後半から二〇〇〇年代の若いフェミニストたちを指すが、インターネットの普及過程とヤング・フェミニストたちが活発に活動した時期はほぼ一致している。

（9）軍加算点制度については、復活させようという動きが持続的にあり、その度に大きな注目を集めている。

（10）文中の［　］内は日本語版の訳者注である。

（11）「〝イルベ〟とはどんな所……一〇代後半～二〇代前半の男性会員多く」『京郷新聞』インターネット版二〇一三年五月二一日入力記事 http://news.khan.co.kr/kh_news/khan_art_view.html?artid=201305212243525&code=940202（二〇一九年四月二二日最終アクセス）

（12）「イルベの「女性嫌悪」言説地図」において浮上したその他のキーワードとしては、「軍隊」「能力」「義務」「平等」「セックス」「割り勘」「顔」「脚」「胸」「性暴力」「性売買」「被害意識」「強姦」「女性部」「廃止」「軍加算点」「寿司女」などがあった。

（13）「女性嫌悪の根っこは?-」『時事ＩＮ』二〇一五年九月一二日付、第四一七号（「여성혐오의 뿌리는?-」『시사ＩＮ』）

(14)　「トルコで失踪したキム君「フェミニストが嫌いでISに合流したい」」『ハンギョレ新聞　インターネット日本語版』二〇一五年一月二〇日入力記事 http://japan.hani.co.kr/arti/politics/19391.html（二〇一九年四月二二日最終アクセス）

(15)　「メガリア」とは「MERS（中東呼吸器症候群、韓国式の読み方はメルス）」とノルウェーのブランテンベルグによって書かれた小説『イガリアの娘たち』の「イガリア」を合わせた造語である。ユン・ボラによれば、DCインサイドの「MERS」ギャラリーができたタイミングで、同じくDCインサイドの別のギャラリーである「男性芸能人ギャラリー」で書き込みをしたある男性をめぐる騒動が、「MERS」ギャラリーに飛び火し、それが「メガリア」ができるきっかけとなったという（ユン 2017: 11-15）。

(16)　「韓国で反フェイスブックのフェミニズム旋風　訴訟費用募金に約1千万円」『ハンギョレ新聞　インターネット日本語版』二〇一六年六月一四日入力記事 http://japan.hani.co.kr/arti/politics/24388.html（二〇一九年六月三〇日最終アクセス）

(17)　メガリアはその後分化し、その派生サイトであるWomadは、性的少数者を含むすべての生物学的男性に対し「男性嫌悪」を掲げ、その過激な行動は批判の対象となった。一方で、二〇一八年五月には、弘益大学での授業で撮影された男性ヌードモデルのヌード写真がWomadに掲載され、その盗撮の被疑者女性が拘束されたことに対するデモが、「ダウム」のカフェ（「違法撮影に対する不公正操作を糾弾するデモ」）主催で行われた。報道によると、一万二千人が参加した。「ソラネット閉鎖まで一七年、弘益大学での検挙まで七日」のプラカードからは、女性が被害者の場合とは異なり、男性が被害者だと捜査が迅速に行われる事に対する怒りが読み取れる（「盗撮事件「公平に捜査せよ」……恵化駅埋め尽くした怒り」『ハンギョレ新聞　インターネット日本語版』二〇一八年五月二一日入力記事 http://japan.hani.co.kr/arti/politics/30635.html（二〇一九年六月三〇日最終アクセス））。

(18)　ただし、特に女性の場合、学歴の高さは就業に結びついているわけではない。森田（二〇一一）が行った調査（二〇〇四―二〇〇五年）では、「大学を出ないと結婚できない」という発言もあったといい、教育同類婚という文化的要因から、就業だけではなく結婚にも学歴が有利に働くということがいえるだろう（森田 二〇一一、二二一―二二三頁）。

(19)　ここまでの統計は、韓国・統計庁『韓国の社会指標２０１６』より引用した。

(20)　「女性卑下論争ウェブトゥーン作家「韓男虫」とした大学院生、罰金三〇万ウォン刑」『ソウル新聞』二〇一七年七月一八日入力記事 http://www.seoul.co.kr/news/newsView.php?id=20170718500040（二〇一九年四月二二日最終アクセス）

(21)　「「韓男虫」は侮辱罪？　じゃあマム虫、キムチ女は?」」『女性新聞』二〇一七年七月二四日入力記事 http://www.womennews.co.kr/news/115864（二〇一九年四月二二日最終アクセス）

(22)　妊婦が中絶した際に一年以下の懲役もしくは二〇〇万ウォン以下の罰金を課す等の内容である「堕胎罪」は一九五三年以降

存続してきたが、二〇一九年四月一一日に憲法裁判所より違憲判決が出された。近年は堕胎罪廃止の世論が高まっていた。

参考文献
イ・ミンギョン（二〇一八）『私たちにはことばが必要だ――フェミニストは黙らない』すんみ・小山内園子訳、タバブックス（이민경（2016）『우리에겐 언어가 필요하다：입이 트이는 페미니즘』봄알람）
上野千鶴子（二〇一〇）『女ぎらい――ニッポンのミソジニー』紀伊國屋書店
禹晳薫・朴権一（二〇〇九）『韓国ワーキングプア 88万ウォン世代――絶望の時代に向けた希望の経済学』金友子・金聖一・朴昌明訳、明石書店（우석훈、박권일（2007）『88 만원세대：절망의 시대에 쓰는 희망의 경제학』레디앙）
呉連鎬（二〇〇五）『オーマイニュースの挑戦――韓国「インターネット新聞」事始め』大畑龍次・大畑正姫訳、太田出版（오연호（2004）『대한민국 특산품 오마이뉴스』휴머니스트）
金賢美（二〇一四）「「社会的再生産」の危機と韓国家族の多層化」、平田由紀江・小島優生編『韓国家族――グローバル化と「伝統文化」のせめぎあいの中で』亜紀書房
ギャロウェイ、スコット（二〇一八）『the four GAFA――四騎士が創り変えた世界』渡会圭子訳、東洋経済新報社（Galloway, Scott (2017) *The Four: The hidden DNA of Amazon, Apple, Facebook, and Google*, Portfolio.）
権仁淑（二〇〇六）『韓国の軍事文化とジェンダー』山下英愛訳、御茶の水書房（권인숙（2005）『대한민국은 군대다－여성학적 시각에서 본 평화、군사주의、남성성』청년사）
サンスティーン、キャス（二〇一八）『#リパブリック――インターネットは民主主義になにをもたらすのか』伊達尚美訳、勁草書房（Sunstein, C. R.（2017）*#Republic*, Princeton University Press.）
セジウィック、イヴ・K（二〇〇一）『男同士の絆――イギリス文学とホモソーシャルな欲望』上原早苗・亀澤美由紀訳、名古屋大学出版会（Sedgewick, E. K. (1985) *Between Men: English Literature and Male Homosocial Desire*, Columbia University Press.）
ソルニット、レベッカ（二〇一八）『説教したがる男たち』ハーン小路恭子訳、左右社（Solnit, R. (2015) *Men Explain Things to Me*, Haymarket Books.）
チョ・ナムジュ（二〇一八）『82年生まれ、キム・ジヨン』斎藤真理子訳、筑摩書房（조남주（2016）『82년생 김지영』민음사）
トゥフェックチー、ゼイナップ（二〇一八）『ツイッターと催涙ガス――ネット時代の政治運動における強さと脆さ』毛利嘉孝監修、中林敦子訳、Pヴァイン（Tufekci, Z. (2017) *Twitter And Tear Gas: The Power and Fragility of Networked Protest*, Yale University

Press.)

野平俊水・大北章二（二〇〇四）『韓国の中のトンデモ日本人』双葉社

春木育美（二〇〇六）『現代韓国と女性』新幹社

春木育美（二〇一一）「少子化対策に関する日韓比較——共通課題と異なる政策方向」、春木育美・薛東勲編『韓国の少子高齢化と格差社会——日韓比較の視座から』慶應義塾大学出版会

バートレット、ジェイミー（二〇一八）『操られる民主主義——デジタル・テクノロジーはいかにして社会を破壊するか』秋山勝訳、草思社（Bartlett, J. (2018) *The People vs Tech: How the Internet is Killing Democracy (and How We Save It)*, Ebury Press.）

バトラー、ジュディス（二〇一五）『触発する言葉——言語・権力・行為体』竹村和子訳、岩波書店（Butler, J.（1997）*Excitable Speech: A Politics of the Performative*, New York: Routledge.）

平田由紀江（二〇〇四）「韓国・サイバースペースにおける〝女性コミュニティー〟の発達——20代女性たちが立ち上げた女性のための休憩室「オンニネ」を中心に」『アジア女性研究』第一三号

平田由紀江・小島優生編（二〇一四）『韓国家族——グローバル化と「伝統文化」のせめぎあいの中で』亜紀書房

玄武岩（二〇〇五）『韓国のデジタル・デモクラシー』集英社

裵知恵（二〇一五）「韓国の若者政策：現状と課題」、岩上真珠編『国際比較　若者のキャリア——日本・韓国・イタリア・カナダの雇用・ジェンダー・政策』新曜社

ボイド、ダナ（二〇一四）『つながりっぱなしの日常を生きる——ソーシャルメディアが若者にもたらしたもの』野中モモ訳、草思社（Boyd, D. (2014) *It's Complicated: the Social Lives of Networked Teens*, Yale University Press.）

森田園子（二〇一一）『キャリア・パスの壁を破る——韓国の働く女性をめぐって』八千代出版

横田伸子（二〇〇三）「韓国における労働市場の柔軟化と非正規労働者の規模の拡大」『大原社会問題研究所雑誌』第五三五号、三六—五四頁

韓国語・英語文献

京郷新聞社会部事件チーム企画・採録（2016）『江南駅10番出口、1004枚のポストイット——ある哀悼と戦いの記録』ナムヨンピル（경향신문 사회부 사건팀 기획・채록『강남역 10번 출구、1004개의 포스트잇 - 어떤 애도와 싸움의 기록』나무연필）

クォンキム・ヒョンヨン（2017）「ヤングフェミニスト、ネットフェミの新しい挑戦：1990年代半ばから2000年代半ばま

で」クォンキム・ヒョンヨン、ソン・ヒジョン、パク・ウンハ、イ・ミンギョン『大韓民国ネットフェミ史――私たちにも光と影の歴史がある』ナムヨンピル（권김현영「영페미니스트、넷페미의 새로운 도전：1990년대 중반부터 2000년대 중반까지」권김현영、손희정、박은하、이민경『대한민국 넷페미사―우리에게도 빛과 그늘의 역사가 있다』나무연필）
ソン・ランヒ（2002）『女性の自己告白的に書くことによる傷ついた経験の意味化と治癒に関する研究――女性主義サイト〈オンニネ〉の〝私の部屋〟を中心に』漢陽大学校女性学科修士学位論文（송난희「여성의 자기고백적 글쓰기를 통한 상처받은 경험의 의미화와 치유에 관한 연구―여성주의 사이트〈언니네〉의 자기만의 방을 중심으로」한양대학교여성학과 석사학위논문）
ユ・ミンソク（2016）『メガリアの反乱』ポムアルラム（유민석『메갈리아의 반란』봄알람）
ユン・ボラ（2016）「キムチ女と裸の王様――オンライン空間の女性嫌悪」ユン・ボラ、イム・オクヒ、チョン・ヒジン、シウ、ルイン、ナラ『女性嫌悪がなんだって?』現実文化（윤보라「김치녀와 벌거벗은 임금님들：온라인 공간의 여성 혐오」윤보라、임옥희、정희진、시우、루인、나라『여성혐오가 어쨌다구?』현실문화）
ユン・ボラ（2017）「メガリアの〝鏡〟が映すいくつかの問い」ユン・ボラほか『それでもフェミニズム――日常をひっくり返してみるフェミニズムの一二の問い』ウネンナム（윤보라「메갈리아의〝거울〟이비추는 몇 가지 질문들」윤보라 외『그럼에도 페미니즘：일상을 뒤집어 보는 페미니즘의 열두 가지 질문들』은행나무）
イ・ジョンス、チェ・ジヘ（2005）「サイバー空間における女性コミュニティ文化――〈우悪い女になって欲しいものはすべて手に入れろ〉クラブの事例分析」『メディア、ジェンダー&文化』三号、韓国女性コミュニケーション学会（이종수、최지혜「사이버 공간에서의 여성 커뮤니티 문화〈우나쁜 여자가 되어 원하는 것을 다 가져라〉클럽의 사례분석」『미디어、젠더 &문화』한국여성커뮤니케이션학회）
チョン・グァンニュル（2014）「イルベの思考体系と現実政治的含意」『街に出たイルベ、どう見るか』討論会資料集、新政治民主連合（천관율「일베의 사고체계와 현실정치적 함의」『거리에 나온 일베 어떻게 볼 것인가』토론회자료집、새정치민주연합）
チョン・ヒジン（2017）「ジェンダー平等に反対する」チョン・ヒジン編『ジェンダー平等に反対する』キョヤンイン（전희진「양성평등에 반대한다」정희진 엮음『양성평등에 반대한다』서울：교양인）
Dean, J.（2009）*Democracy and Other Neoliberal Fantasies: Communicative Capitalism and Left Politics*, Duke University Press.
Kendall, L.（2002）*Hanging Out in the Virtual Pub: Masculinities and Relationships Online*, University of California Press.

第9章　資本主義リアリズムからアシッド共産主義へ

毛利嘉孝

1　はじめに

「オルタナティヴは存在しない」（There Is No Alternative）——英米圏では、ＴＩＮＡとしばしば略されるこのフレーズほど、マーク・フィッシャーが「資本主義リアリズム」と呼ぶ現在のイデオロギーを示す言葉はない。一九七〇年代の終わりに「鉄の女」と呼ばれた英国保守党の首相マーガレット・サッチャーが用いたこのフレーズは、彼女がロナルド・レーガンとともに導入した新自由主義の時代を象徴する言葉となった（Berlinski 2011）。唯一の選択肢は、資本主義であり、すべてを市場経済に委ねることである。福祉国家の終焉を宣言し、鉄道や郵便など公的セクターの民営化を推進し、小さな政府を目指すとともに、国家の役割を軍事と治安維持とに限定していく。一九八〇年代末にベルリンの壁が崩壊し、ソビエト連邦がロシアとなり、東西冷戦が終結し、自由を尊重する資本主義と平等を尊重する社会主義という対立がなくなると、新自由主義的資本主義という路線は、唯一の〈現実〉の方針として採られるようになった。

実際、一九九七年にイギリスでは保守党の〈オルタナティヴ〉だったトニー・ブレア率いる労働党が「新しい《ニュー・》労働党《レイバー》」を標榜し、政権を取ると、「ほかの選択肢《オルタナティヴ》は存在しない」は、より確固たる現実となった。ブレアは、サッチャリズムが進めた新自由主義路線を基本的に継承した上で、これまでの保守党が取り込まなかった層——その中には

「クール・ブリタニア」のスローガンの下で積極的に推進された音楽や映画、メディア、ファッションなどのクリエイティヴ産業も含まれる——をより巧妙な形で包摂することで新自由主義路線を完成させたのである。後にサッチャーは、「彼女自身の最大の成果は?」と聞かれ「新しい労働党《ニュー・レイバー》だった」とまで答えている (Burns 2008)。ブレアは、皮肉なことにサッチャリズムの最大の後継者になったのだった。

イギリスだけではない。経済政策について言えば、アメリカの二大政党、共和党と民主党もまた今ではほとんど同じ政策を採用している。表面的には保守的な共和党、進歩的な民主党という分類がなされているが、こと経済政策に関しては、金融や情報、テクノロジーや創造産業と密接な関係がある民主党政権の方が、グローバル化したポストフォーディズム的資本主義との親和性は高い。日本においても強調するポイントこそ異なれ、自民党と、共産党を除く野党との間にその経済政策においてそれほど大きな違いは存在しない。そこには何よりもまず資本主義という制度に対する全幅の信頼があり、資本主義という現行の制度の中で——その内実が何を意味するものであれ——ゲームを行うべきものだというのである。

「資本主義の終わりよりも、世界の終わりを想像する方がたやすい」とフレデリック・ジェイムソンは、「誰かが言った」言葉として引用している (Jameson 2003)。また、スラヴォイ・ジジェクも最近の近未来SF映画の終末論的な傾向を分析しながらしばしば同じフレーズを用いている。ハリウッド映画を中心に人類の終焉を描いた作品は決して少なくない。人類の終焉は、今ではSFだけではなく文学や音楽などの芸術や哲学の大きなテーマでもある。エコロジーをめぐる思考は言うまでもないが、近年のAIをはじめとするテクノロジーの進展は知的活動の中で人間が占める割合がラディカルに縮小していることを示している。「人新世(アントロポセン)」や「ポストヒューマニズム」などの最近の流行もこの文脈で捉えることができるだろう。しかし、それはまた「資本主義リアリズム」の思考の枠内でもある。「つまり、それは資本主義が唯一の存続可能な政治・経済的制度であるのみならず、今やそれに対する論理一貫した代替物を想像することすら不可能だ、という意識が蔓延した状態」のことなのだ (フィッシャー 二〇一八、一〇頁)。

本当に、私たちはもはや資本主義のオルタナティヴを想像することはできないのだろうか。

本章は、「資本主義リアリズム」が支配している現在において、あえて資本主義の「オルタナティヴ」を想像しようというものである。この資本主義リアリズムはあまりにも徹底的に浸透しているので、その代替案はともすると現実性を欠いているものに感じられるかもしれない。けれども、それは、現実の世界に存在しないものではなく、これまでも断片的に存在してきたし、現在もなおその破片はいろいろなところで見出すことができる。本章は、その断片的に存在してきた資本主義の「オルタナティヴ」を思弁的《スペキュラティヴ》に組み立てようという試みである。それは、ありえたかもしれない現在を現実に存在している現在の断片の中から組み立てようという試みなのだ。

その「オルタナティヴ」をここではフィッシャーに倣って「アシッド共産主義」ととりあえず呼んでおこう。『資本主義リアリズム』を二〇〇九年に発表後、『わが人生の幽霊たち――うつ病、憑在論、失われた未来』（五井健太郎訳、二〇一九年、Pヴァイン、*Ghosts of My Life: Writings on Depression, Hauntology and Lost Futures.* Winchester: Zero Books, 2014）、『不気味なものとぞっとするもの』（未訳、*The Weird and the Eerie.* Repeater Books, 2017）と続けて著作を発表した後、フィッシャーは『アシッド共産主義』と題した著作を準備していた。残念なことにフィッシャー自身が、彼のテーマである鬱病に悩まされ二〇一七年に自ら命を絶ってしまったために、『アシッド共産主義』は書かれることはなかったが、その序章の草稿は、彼がk-Punk名義で文章を発表していたブログに残されており、それは、死後ブログをまとめた『k-Punk：マーク・フィッシャーの未発表論集（二〇〇四〜二〇一六）』（未訳、*k-punk: The Collected and Unpublished Writings of Mark Fisher (2004–2016*, 2018）の中に収録されている。

「アシッド」とは、もともとは「酸」を意味し、ＬＳＤのようなケミカル・ドラッグを表す語だった。それが、転じて一九八〇年代後半から若者サブカルチャー、特に音楽とダンス・カルチャーの中で「ドラッグ」を示すものとして用いられるようになった。とりわけこの時期にＤＪ文化、ハウス・ミュージック、テクノとともに広まったレイヴ・カルチャーを彩る言葉として用いられたのである。「アシッド・ハウス」「アシッド・ジャズ」などと当時の音楽のジャンルを示す言葉としても用いられている。

とはいえ、フィッシャーは必ずしもここでドラッグと結びつけて「アシッド共産主義」を構想しようとしていたわけではない。彼にとって「アシッド」とはあくまでも一つの文化的傾向を示す形容詞であり、政治中心主義的な共産主義に一九六〇年代以降行われてきた文化的実践を付け加えることで、ありえたかもしれない別の世界の可能性を考えようとしたのだった。

特に文化の中で重要なのは、ポピュラー音楽とダンス・カルチャーである。フィッシャーにとって、ポピュラー音楽は資本主義が生み出した「商品文化」だったが、同時に資本主義に収まらず、しばしば資本主義を超える別のヴィジョンを示す重要な文化的・身体的・政治的な実践だった。「アシッド共産主義」とは、一九六八年以降の政治的なさまざまな実験とサイケデリック文化に見られる先鋭的な文化的実践との交錯点を探りつつ、現在私たちの生活を完全に浸食しているように見える「資本主義リアリズム」のオルタナティヴを構想するものだったのだ。

本章は、フィッシャーの議論を手掛かりにして、現代の資本主義、特にデジタルテクノロジーとメディアが編成しているコミュニケーション的資本主義（Dean 2016）を批判的に検討し、資本主義の中でポピュラー文化、特に音楽が果たしていた役割を検討しながら、これからありうるかもしれない民主主義のあり方を模索するものである。

ポピュラー音楽は、文化の資本主義による包摂の産物である文化産業として登場し、資本主義のイデオロギー装置として機能する一方で（ホルクハイマー、アドルノ　二〇〇七）、たえず資本主義から搾取の対象とされてきた労働者階級、有色人種、奴隷、移民、女性、そして若者たちの自由を保障する文化的領域として機能してきた（毛利　二〇一二）。このことは、しばしばテキスト偏重の読書や執筆という知的営為を中心として発展してきた左翼知識人とは異なった政治へのアプローチを可能にした。そして、主流文化の歴史や空間とは全く異質の政治文化を形成してきたのだ。

またこのことは、私自身も大きく影響を受けてきた英国の文化研究（カルチュラル・スタディーズ）の理論と実践をデジタルメディア文化の時代に対応させ、バージョンアップすることを目指している。音楽は、スチュアート・ホール、ディック・ヘブディジやポール・ギルロイ、アンジェラ・マクロビーなど多くの文化研究の論者にとっても重要な領域だった。音楽を取り巻く環境もまた文化研究が最初の発展を遂げた一九七〇年代と、それから五〇年近くたった今では大きく変わってしまっている。資本主義やメディアテクノロジーの変容を受けて、ありえたかもしれない文化研究の理論的発展を探るというのが本章のもう一つの目的でもある。

2 「資本主義リアリズム」の時代——ポピュラー音楽から考える資本主義の変容

オルタナティヴの終焉、ヒップホップのリアル

「資本主義リアリズム」という条件を考えるにあたって、音楽は興味深い例を提供している。むしろ、音楽はほかの文化様式よりもはるかに資本主義リアリズムの問題を鮮鋭に呈示してきたというべきかもしれない。

たとえば、フィッシャーが資本主義リアリズムの重要な転機として位置付けているのは、ニルヴァーナである。よく知られている通り、一九八〇年代の終わりにデビューしたニルヴァーナは、一九九一年に発表したセカンドアルバム『ネヴァー・マインド』が爆発的なヒットをし、そこからシングルカットされた楽曲「スメルズ・ライク・ティーン・スピリット」とともに「グランジ」と呼ばれるロックのジャンルを確立した。いわばもっとも成功した「オルタナティヴ・ロック」のバンドだったのである。しかし、その成功も長く続かない。奇行を繰り返し、しばしばドラッグへ逃避したバンドのフロントマン、カート・コバーンは、一九九四年に自分の頭をショットガンで撃ち抜き、自殺してしまう。しかし、皮肉なことにこのことがニルヴァーナを二〇世紀末の特別なバンドへと変えたのだった。

フィッシャーによれば、ニルヴァーナは、「オルタナティヴ」や「インディペンデント」といった運動がメインストリームの外部ではなく、メインストリームに従属し、まさにその支配的な形式になった時代に「オルタナティヴ」を演じるバンドとして登場したという。コバーンは、「歴史の後に生まれた世代、あらゆる動きが事前に予測され、追跡され、購入され、売却される世代の声となって、彼らの失望と疲労感をあらわす」（フィッシャー 二〇一八、二八—二九頁、翻訳は筆者。以下、特に未訳の英語文献の訳文はすべて筆者の手による）存在として期待されたのである。コバーンは、すべての抵抗、対抗的な実践が「あらかじめ準備された台本の陳腐なクリシェ」にしかなりえない時代に生まれた最後のロックスターだった。したがって、コバーンの悲劇的な死は、「ロック・ミュージックが抱いたユートピアとプロメテウス的野心の敗北、そしてその消費文化の包摂を告げる決定的な瞬間」（同書、二九頁）だったのだ。

フィッシャーの言う「歴史の後に生まれた世代、あらゆる動きが事前に予測され、追跡され、購入され、売却される

世代」とは、ジル・ドゥルーズが「管理＝制御社会《ソサエティ・オヴ・コントロール》」と呼ぶ社会が全面化した時代の人々を指している（ドゥルーズ 一九九二）。ドゥルーズの議論によれば、フーコーが「規律＝訓練社会《ディシプリナリー・ソサエティ》」と呼んだ近代的権力を特徴づける社会の形式は、管理＝制御社会にとって代わられつつある。規律＝訓練社会が、学校や病院、軍隊や刑務所、そして工場のような閉じた空間の身体に対する規律＝訓練を通じて権力関係を構築していた社会だとすると、管理＝制御社会は、もはや人々の身体を閉じた空間に固定することはない。人々は、生涯教育やオンライン学習、在宅治療や在宅勤務などを通じて、自由に動き回ることができる。しかし、その一方でクレジットカードをはじめとする高度に発達した情報管理システムが、人々の行動や欲望をデータベース化し、それを巧妙に調整し、制御し、管理するようになる。

こうした社会の中心となるのは、犯罪など例外的な出来事を未然に防ぐ予防的な権力である。二〇〇二年に公開されたスピルバーグ監督の映画『マイノリティ・リポート』は、プリコグと名付けられた予知能力者たちを用いた犯罪予防システムが構築された社会を描く近未来SFだが、「管理＝制御社会」とはSF的なディストピアがより巧妙な形で現実化しつつある社会ともいえるかもしれない。

管理＝制御社会の中心となる経済活動は、マーケティングである。ここでいうマーケティングとは単なる市場調査でも市場の予測でもない。そうではなく、伝統的なマーケティングでは予測できないありとあらゆる逸脱的・例外的な活動を市場経済の中で捕捉し、包摂していくような経済実践である。そこでは、反資本主義やアナキズムを含むあらゆるラディカルな政治的な活動がスペクタクル化され、後期資本主義の新しい商品として包摂されてしまう。マット・メイソンが『海賊のジレンマ——ユースカルチャーがいかにして新しい資本主義をつくったか』（メイソン 二〇一二）の中で「パンク資本主義」と呼んだこうした新しいマーケティングの登場は、ユースカルチャーが持っていた価値転覆的な力を一切奪ってしまったのだ。

ニルヴァーナの悲劇は、こうした時代になお例外的であり続けようとしたことだった。そして、このことがコバーンを苦しめることとなった。フィッシャー自身もそうだったように資本主義リアリズムとは、かつてドゥルーズとガタリが分析したように精神分裂の時代ではなく、鬱の時代なのだ。

フィッシャーのポピュラー音楽の議論に戻ろう。フィッシャーによれば、資本主義リアリズムは反体制文化の象徴としてのロックの終焉を宣言するとともに、ヒップホップ文化の登場に対応している。ヒップホップの重要なキーワードのひとつは「リアル」である。ヒップホップの「リアル」とはなにか？　それは資本主義リアリズムとどのような関係を持つのだろうか？

フィッシャーは、サイモン・レイノルズを引用しながら、「リアル」の二つの意味を説明している。それは、第一に妥協のないオーセンティックな音楽としての「リアル」——音楽産業や広告、あるいは政治に妥協して自分たちの主張やメッセージを決して曲げないという意味での「リアル」である。

だがそれだけではない。ヒップホップの「リアル」という言葉は、「この音楽が後期資本主義経済の不安定さ、制度的な人種差別、そして警察による若者の監視とハラスメントの増加を伴う「リアリティ」を反映している」（フィッシャー二〇一八、三〇頁）。「リアル」とは、何よりもヒップホップ文化の中にいる多くの黒人や若者たちの置かれている厳しい状況そのものなのだ。それは、富める者はますます富み、貧しいものはますます貧しくなるという二極化、福祉国家的な「社会」の消滅、そしてそれに伴い増加する犯罪や略奪、そして腐敗の中で、圧倒的多数は貧困に追い込まれることに対する諦念にも似た冷酷な認識から生まれるのだ。

ギャングスターラップに代表されるような一部の男性中心主義的傾向の強いヒップホップが、ともすると犯罪や腐敗に対して肯定的に見える偽悪的な態度を取ったり、悪趣味にさえ感じられる拝金主義や快楽主義に陥っていったりすることを思い起こすべきだろう。そこでは、形骸化しつつも保っていたロックの反体制的な身振りがナイーヴな幻想として退けられ、代わりに現状に対する「リアル」な認識が登場する。

もちろん、それは諦念だけではない。ロンドンのグライム・シーンに見られるように、その「リアル」な認識は、しばしば組織化されない怒りや不満の爆発としての都市暴動に対するシンパシーとして表明される。しかし、その一方で、こうした圧倒的な富の配分の不均衡やそれに伴う犯罪や腐敗の増加は、結果的にそれがあまりにも過剰であるために一種の「不感症」をもたらすことになる。犯罪や腐敗は、単に後期資本主義が生み出した政治的・社会的問題であるばかりか、一種美学的なテーマとして捉えられ、多くのノワールドラマ、犯罪映画、ギャング映画などで表現されることになる。

情動の共同体へ——過剰接続とインタパッシヴィティ

ところで、この「資本主義リアリズム」のメディア環境は——ネットや携帯などのデジタルテクノロジーにアクセスできないほど貧困に追い込まれている層は別にして——実は、多くの人々にとって必ずしも不幸な状況ではない。むしろ、人々はネットワークに繋がれている限り、ゆるやかな快楽を享受し続けている。

フィッシャーは、教育者として学生に接する時のやりとりについて興味深い分析をしている。フィッシャーは、学生に本を、とりわけ古典を読むことを勧める際に、もっとも聞かれる反応は、「むずかしい」「わからない」ではなく、「つまらない」であることを指摘している。学生は、今ではほぼ二四時間、パソコンやスマートフォンに接続しており、読書という行為は、そうした「過剰接続」の状況から切り離されることを意味している。ネットワークに常時接続している学生にとっては、接続を一時解除して、資本主義リアリズムと別の時間に自分の時間を渡すことである。「「つまらない」と感じることは単純に、チャット、YouTube、ファストフードからなるコミュニケーションと感性的刺激の母胎に埋め込まれた状況から離脱させられ、甘ったるい即時満足の果てしないフローを一瞬だけでも遮られることを意味している」（フィッシャー 二〇一八、六六頁）のだ。

こうした多幸的な「過剰接続」の状況における支配的なコミュニケーションの様式は、ロバート・ファラーやスラヴォイ・ジジェクが「インタパッシヴィティ（相互受動性）」と呼ぶ新しい情報接触の様式である（Pfaller 2017、ジジェク 二〇〇八）。これまで一般にインターネットのような双方向型のメディアテクノロジーは、「インタラクティヴィティ（相互能動性）」を高めると考えられていた。インタラクティヴィティは、インターネット、特にソーシャルメディアに代表される新しいデジタルメディアの決定的に重要な長所であり、それゆえ、一方的に情報を与えることでヒエラルキー的な権力関係を構成するテレビのようなマスメディアよりも民主的なメディアと考えられたのである。特にインターネットの黎明期において、こうした説はハワード・ラインゴールドのようなアメリカ西海岸のイデオローグによって積極的に唱えられた（ラインゴールド 一九九五）。

しかし、インターネットが登場してから三〇年以上が経過し、こうしたインターネットに対するユートピア的な期待はほとんど消えてしまった。インターネット空間が、ハーバーマス的な理想的な「公共圏」、積極的に議論を交わし合意形成を図る場所として機能したのは、コンピュータやインターネットにアクセスする人々の属性が、ある程度高学歴でアッパーミドルクラスという比較的均質な集団だったインターネット黎明期に限られていた。インターネットは分散型のネットワーク空間かもしれないが、決してそれ自体では民主的な空間ではなく、むしろ現実の世界の支配関係や権力関係をより歪んだ形で構造化している空間であることが今では明らかになっている。インターネット上に溢れるありとあらゆる差別的発言の渦は、このことを反映したものである。インターネットは、確かにこれまでメディアのアクセスが制限されていた人々にとって安価に情報発信できるメディアだが、同時に十分に資金を有する人や集団にとっては、より効果的かつ独占的に情報を流通させ、恣意的な方向へと議論を誘導することができるメディアであるという特徴をあらわにしたのである。

インタラクティヴィティからインタパッシヴィティへ。この変化は、ネット空間の政治的な可能性の限界を考える時に重要な転機としてあらわれる。もともとインタパッシヴィティという概念は、デジタルメディアの登場に伴って生まれたものではない。たとえば、ジジェクは、インタパッシヴィティの例としてビデオデッキの存在を挙げている。一般にビデオデッキは、後で視聴したい番組を録画するために用いられると考えられている。特に映画マニアは片っ端から録画する傾向にある。しかし、実際にビデオ録画する映画の本数が増えるに伴って、彼らの映画の視聴回数が増えるわけではなく、むしろ録画の過剰によって減少することさえある。このことをジジェクは次のように説明している。

> 実際には映画を観なくとも、大好きな映画が自分のビデオ・ライブラリに入っていると考えるだけで深い満足感が得られ、時には深くリラックスし、無為（far niente）という極上の時を過ごすことができる。まるでビデオデッキが私のために、私の代わりに、映画を観てくれているかのようだ。ここではビデオデッキが〈大文字の他者〉、すなわち象徴的な媒体を体現している。（ジジェク 二〇〇八、五一頁）

ソーシャルメディアは、この〈大文字の他者〉を無数の匿名の他者としてネット上に可視化することになった。今では、人々はもはや自分自身の経験を楽しむのではなく、誰かほかの人が楽しんでいるのを見ることで楽しんでいるのである。

このことは、インスタグラムにアップロードされている大量の食品の写真を見るだけでも理解することができるだろう。「インスタ映え」という流行語が象徴的に示しているように、今では実際に何かおいしいものを食べる経験よりも、視覚的においしそうに見えるものを写真に撮りソーシャルメディアにアップする行為の方が優先されつつある。大量に食べ物の写真をインスタグラムにあげている人は、食事そのものを楽しむのではなく、ほかの人がその写真を見て「おいしそう」だと思い、「いいね！」ボタンをクリックするのを見て楽しんでいる。「いいね！」ボタンをクリックしている人もまた、誰かがおいしそうなものを目の前にしている写真を通じておいしさを享受している。ここで後景化しているのは、写真に写っている食べ物そのものを実際に食べてそのおいしさを享受するという経験そのものである。

インターネットの世界は、こうしたインタパッシヴな行為の連鎖に溢れている。それは、自らの経験を通じて満足する代わりに、誰かほかの人が楽しんでいるのを観察することによって快楽を得ているのである。インタパッシヴィティが駆動しているのは、各個人の言説が発話者ごとに分節化されているテキスト言語の領域ではない。それは、お互いに交換可能でシームレスに連続した画像や映像、イメージなど非テキスト的あるいは前言語的な領域である。ここで人々の行動を組織化するのは、テキストによって輪郭を描くことができるイデオロギーではなく、人々の間に交わされる身体的な経験を中心とする情動《アフェクト》なのだ。

かつてベネディクト・アンダーソンは、活字メディアと俗語の発達が「想像の共同体」を形成し、近代国家のナショナリズムを生み出すと主張した（アンダーソン 一九九七）。それにならえば、GAFAのようなトランスナショナルなメディア産業が提供するプラットフォームは、「情動の共同体」を形成する。「想像の共同体」は、そのナショナルな言語の枠組みのおかげで読書によって啓蒙された個人が積極的にインタラクティヴな議論に参加する公共圏を形成したが、情動の共同体は、インタパッシヴな主体がメディアとデータベースのフローの中で徹底的に断片化され、その情動の多くも「いいね！」ボタンやリツイート機能によってマーケティング活動に捕捉されてしまっている。

資本主義リアリズムは、今ではけだるいインタパッシヴィティの連鎖によって支えられている。「情動の共同体」は、ポスト啓蒙主義の共同体であり、それゆえに「陰謀論」や「ポストトゥルース」といった反知性主義の温床となる場でもあるのだ。

ソーシャルメディア時代の音楽、資本主義が進める個人化と動員

再びポピュラー音楽の現状に戻ろう。ソーシャルメディアの時代において、もはや人々は以前のように音楽を聴いているわけではない。たとえば、今日音楽を最初から最後まで完結した曲として聴く割合はどんどん小さくなっている。今日のヒット曲の九五パーセント以上は、コマーシャルやドラマ、映画のタイアップ曲として一五秒や三〇秒というきわめて短い枠の中で繰り返し日常的に流れている曲である。ソーシャルメディアにおける音楽はシームレスにほかの楽曲と繋がっており、Spotifyのような新しいストリーミングサービスにおいては楽曲やアルバムという単位が全体の音楽のフローの中で希薄になっている。

かつてアドルノが文化産業論の中でフォーディズム的な生産様式のために均質な労働力を生産するイデオロギー装置として扱われた音楽は、今ではすっかりジャンルや世代、階級ごとに細分化され、より流動的で断片的なポストフォーディズム的な労働力の生産に関わるようになっている。そもそも音楽の生産がかつてのように音楽産業の内部のみで行われているわけではない。カラオケの普及は、インターネットの普及以前に人々が音楽の受動的な聴取者ではなく、能動的な生産者とすることを可能にした。デジタルテクノロジーの発達もあり、音楽の生産はもはやレコード会社やプロの音楽家の特権的な営為ではなくなっている。その気になればパソコン一台で音楽を作成して発信することは決して難しくはない。

日本国内に目を向ければ、AKB48やジャニーズによって形式化されたアイドル産業は、既存のポピュラー音楽産業の構造をすっかりと変えてしまった。AKB48が始めた「会いに行けるアイドル」という新しいビジネスモデルはこの一〇年の間に拡大を続け、地下アイドルや地元アイドル、ご当地アイドルといったサブジャンルを形成しながら（潜在的）アイドル層の爆発的な増加をもたらした。その一方で、ジャニーズが主導したファンクラブビジネスは、今では多くのミュージシャンたちによって採用されている。

こうしたアイドル産業においては、レコードやCDといった伝統的な複製メディアは必ずしも主力の商品ではない。毎日のように行われるコンサートやサイン会など各種イベントがその主戦場である。今や主流となっている商品は、聴覚に特化しパッケージ化されたレコードやCD、あるいはデータファイル化された楽曲ではなく、コンサートやイベン

トにおける五感の経験とその経験を記憶するためのTシャツなどの各種マーチャンダイジングこそがその産業の中心となっている。

しかし、この変化を一般に理解されているように「モノ」から「コト」へ、あるいは「パッケージ型」から「体験型」への移行としてのみ理解すべきではないだろう。実際のところ、現代のポピュラー音楽、特にアイドルのコンサート会場の風景ほどインタパッシヴィティの例を示すものはない。人々はコンサートに一回限りのリアルな経験を求めて参加しているように見える。しかし、近年の傾向が示しているのは、ライヴにおいて熱狂的に盛り上がるのは、そこで初めて演奏される新曲ではなく、すでにヒットしてすべての観客があらかじめ知っている楽曲である。人々は、すでに複製技術を通じて知っている曲を確認するためにコンサートに来るのである。さらに近年のPAと映像のテクノロジーは、ライヴの環境を一変させた。会場中に張り巡らされたPAは、かつて問題だった距離の差による不均質な「遅れ」を会場から消去した。高解像度のプロジェクターは、アーティストの映像を最大限まで拡大することにより、視覚的な距離の問題も解決している。端的に言えば、今日のコンサート会場は、ほとんど巨大なヴァーチャル・リアリティのような環境になりつつあるのである。

このことは、一般に音楽聴取の徹底した個人化に対応している。かつて、音楽は家庭のリビングルームで複数の人に聴かれることが前提だった。初期のアナログレコードの時代にステレオセットはテレビと同様に居間に置かれ、ステレオセットとレコードコレクションの主たる管理者である父親を中心に音楽の聴取は編成されていた。核家族化の進行と欧米風の生活様式の浸透による隔離した「子供部屋」という概念の普及、そして、なによりも、サッチャーが英国首相に就任した一九七九年に発売されたウォークマンの登場は、音楽聴取を完全に個人化した。現在では、多くの若者はPCの小さなスピーカーやヘッドフォン、あるいはスマートフォンなどの携帯端末で個人の嗜好に応じて完全に調整された音楽をごく個人的に楽しんでいる。音楽と映像ということに関して言えば、そうした個人的な聴取を、開かれた空間に応用することを現在のコンサートPAは目指している。

それでは、人はなぜ今ライヴを見に行くのか。それは、感動をほかの人と共有するためである。より正確に言えば、ほかの人がライヴを見て熱狂しているのを見に行くのである。かつてコンサートは、生身のミュージシャンが演奏するのを見に行く場所だった。観客は、ミュージシャンの声や演奏に耳をそばだて、一挙一動に注目した。これは音楽だけではない。このPA技術を最初に政治的な道具として活用したのはほかでもないヒットラーだった。マクルーハンは「ヒットラーが歴史上の人物となったのはそもそもラジオと拡声器のおかげだ」（マクルーハン 一九八七、三一一頁）と述べたが、人々はヒットラーの演説を、ラジオのように耳をそばだてて聞いたのである。

今日のコンサートの聴衆は、ソーシャルメディアで音楽を楽しむようにライヴで音楽を楽しんでいる。そこで、重要な価値基準となるのは、自分が音楽をどう楽しんだかではなく会場にいるほかの人がどのように楽しんだかである。アイドルのコンサートでしばしば見られるサイリウム（化学物質が発光した色とりどりの棒状のライト）の一糸乱れぬ動きは、自分自身ではなく、会場の中にいる自分以外の観衆に向けられている。「会場の一体感がすばらしかった」というしばしばライヴのあとで聞かれる感想は、音楽聴取における共有の経験が生み出す情動の連鎖である。

こうした音楽という文化生産物を通じた情動の編成は、これから述べるようにいいものでも悪いものでもない。しかし、多くの人々が自発的に作り上げているかのように見える会場の「ノリ」を制御し、管理し、最終的にマネタイズする仕組みを作り上げているのは、音楽やメディア、広告産業を中心とした巨大な創造産業であることをとりあえずは指摘しておくべきだろう。資本主義リアリズムは、産業と一体化したポピュラー音楽において、なおいっそう強く浸透している。そして、今ではこうした創造産業も「クールジャパン」に代表されるようなナショナリズム的傾向の強い国策プロジェクトとなりつつある。

3　資本主義リアリズムからアシッド共産主義へ

サイケデリック文化の変遷――ケミカル・ドラッグからコンピュータ・テクノロジーへ

さて、今日の資本主義リアリズムのデッドロックから抜け出すためにはどうすればいいのか。ここで、本章のテーマであるアシッド共産主義について考えたい。しかし、一足飛びに二一世紀の「アシッド共産主義」の可能性を議論する前に、そこにいたる想像力の源泉としてのサイケデリック文化について触れておきたい。

一般的にサイケデリック文化は、一九六〇年代のカウンターカルチャー、ヒッピー文化、そして何よりもドラッグ文化と結びつけられている。実際、一般にサイケデリックと言う時に連想されるさまざまな文化のスタイル——強烈な極彩色の渦巻きやペイズリー状の視覚経験、極端にリバーヴを効かせたり音を歪ませたりしつつ、反復的で強迫観念的な音楽による聴覚体験、そして、それに伴う独特のライフスタイル——は、LSDに代表されるドラッグ摂取体験に大きな影響を受けている。メインストリームの音楽シーンでは、ビートルズの一九六六年のアルバム『リボルバー』と翌一九六七年の『サージェント・ペパーズ・ロンリー・ハーツ・クラブ・バンド』がサイケデリック的な美学が中心に躍り出た一つのピークと言えるだろう。『リボルバー』最後の楽曲「トゥモロー・ネバー・ノウズ」の反復的でディープなサウンドは、その啓示的な歌詞とともにサイケデリック文化の全面化を宣言するアンセムとなった。『サージェント・ペパーズ・ロンリー・ハーツ・クラブ・バンド』に収められた「ルーシー・イン・ザ・スカイ・ウィズ・ダイアモンズ」は、曲名の単語の頭文字が「LSD」を示し、この時代のLSD経験を語る際に必ず参照される楽曲である。

こうしたサイケデリック文化とアメリカ西海岸の初期のコンピュータ文化の直接的・間接的なつながりはよく知られている。そもそもアップルの創始者だったスティーヴ・ジョブズが、若い頃にヒッピー文化に入れ込んでいたことは本人も自伝で明らかにしている事実だし、コンピュータ・スクリーン・セーバーの中にしばしば用いられるフラクタル図形などにサイケデリック文化の痕跡を見ることはそれほど難しくない。ドイツの映画監督ルッツ・ダンベックがドキュメンタリー映画『ザ・ネット——ユナボマー、LSD、インターネット』（二〇〇四年）で示したように、現在のデジタル文化のボキャブラリーのほとんどが、一九六〇年代から七〇年代にかけて西海岸で繰り広げられたサイケデリック文化の実験から生まれたものである。「資本主義リアリズム」は、今日のコンピュータや情報メディア産業においては、一九六〇年代のサイケデリック文化を資本主義が包摂することで完成したのである。

クール・ソーシャリズムの試み——マイルス・デイヴィスとスチュアート・ホール

ポピュラー音楽史をあらためて見直すと、サイケデリック文化はメインストリームの文化に必ずしもすべてが包摂されているわけではない。もちろん、このことはサイケデリック文化の重要な構成要素だったドラッグが多くの先進国において非合法だったこととも関連している。けれども、それだけではない。サイケデリック文化は、その文化の発展において独自の政治的可能性を秘めていたのである。ロックにおけるサイケデリックは、二〇世紀ロック史においては異端だった黒人ロック・ミュージシャン（ジミ・ヘンドリックス）や実験的なジャズの試み（マイルス・デイヴィス）、そして何よりもダンス・ミュージック（ニューヨークのハウス・ミュージック、イギリスのレイヴ・カルチャー）へと引き継がれて独自の発展を遂げることになる。

しかし、一般的に、伝統的な批判理論や左翼運動の中で、サイケデリック文化が積極的に肯定されていたとはいいがたい。特に西海岸の中流階級の大学生を中心とした、階級闘争よりも逃避主義的・悦楽主義的傾向の強いヒッピー文化は、労働者階級を中心としたストイックな社会主義的な労働運動からは遠く離れたところに存在していた。

サイケデリック文化の影響が強かった一九六〇年代から一九七〇年代のイギリスの文脈において唯一の例外は文化《カルチュラル・》研究《スタディーズ》である。フィッシャーは、「アシッド共産主義」の中で、文化研究のパイオニア的役割を果たしたスチュアート・ホールについて次のように述べている。

英国では、スチュアート・ホールは、既存の左翼に対して同様の（＝ポピュラー音楽の商品化に対する短絡的な左派からの批判に対して）フラストレーションを感じていた。そしてホールの場合は、このフラストレーションはことのほか強かった。というのも、彼が自分自身を社会主義者だと考えていたからである。けれども、彼が社会主義者として欲したもの――つまり、彼がマイルス・デイヴィスの音楽の中に聴いた希望や夢に関わるような社会主義は、いまだ生み出されていなかった。その到来は、右翼と同じくらい左翼によって妨害されていたのである。（Fisher 2018: 762）

「マイルス・デイヴィスの音楽の中に聴いた希望や夢に関わる社会主義」とは何だったのだろうか？　それは、ポピュラー音楽の中に内在する「ポピュラーなものの力」に希望を寄せて、資本主義に代わる何か別のモデルを提供するというものだったのだろうか。

英国の文化研究においてポピュラー音楽は重要な研究対象だった。とりわけ、ディック・ヘブディジの修士論文を基にした著作『サブカルチャー』は、パンク以降の音楽実践の中にイデオロギー闘争を見出したことにおいてその後のポピュラー音楽研究の先駆であるとともに、ポピュラー音楽研究における文化研究の一つの方向性を示した（ヘブディジ一九八六）。ヘブディジは、初期のホールの論考「エンコーディング／デコーディング」（Hall 1980）の議論を踏まえた上で、サブカルチャーに属する集団がどのようにしてメインストリームの文化の記号を流用し、新しい意味を生成し、伝統的な政治とは異なった様式で文化的な抵抗を行うのかを示したのである。それは、国家のイデオロギー装置から音楽文化が「相対的に自律していること」を逆手にとり、イデオロギーの臨界点の中に抵抗の契機を見出したのだ。

一九七〇年代のポピュラー音楽の文化研究としてしばしば取り上げられるのはこのヘブディジの記号論的分析だが、今日的視点から見るとヘブディジの分析は主として記号のイデオロギー的操作のみに関わるものであり、その記号の転覆を通じた抵抗もパンクやニューウェイヴからありとあらゆる音楽の意匠を市場に回収してきたパンク資本主義の一部に今では取り込まれてしまっているようにみえる。実際のところヘブディジの理論が説得力を持つように感じられるのは、あからさまに政治的運動に関わっていたパンクやレゲエなど当時のイギリスの若者文化の中の音楽であって、マイルス・デイヴィスの音楽にヘブディジの言うような支配的言説に対抗する抵抗の契機を見出すことはむずかしい。では、マイルスの中にホールが見出した社会主義とはいったい何なのか。

よく知られる通り、マイルスは、二〇世紀のジャズの歴史の中でももっとも重要なトランペット奏者である。ホールにとっても、マイルスはとりわけ決定的な意味を持ったミュージシャンだった。二〇一三年に発表されたジョン・アコムフラー監督のドキュメンタリー映画『スチュアート・ホール・プロジェクト』は、ホールの生前に残したテレビやラジオ、写真のアーカイヴに時代ごとのマイルス・デイヴィスの音楽をサウンドトラックとしてかぶせ、いわばホールとともにマイルスに捧げる作品となっている。

映画は、アナログレコードをかけ、マイルスのトランペットが流れるところから始まる。冒頭でホールは、次のように語っている。

私が一八か一九歳の頃、マイルス・デイヴィスに衝撃を受けた。マイルス・デイヴィスのさまざまな雰囲気《ムード》は、私の感情の進化に対応している。（Akomfrah 2013）

実際この映画音楽は、ホールの人生とマイルスの音楽の「対話」の記録である。ジャマイカからイギリスへの移民。オクスフォードでの大学生活。雑誌『ニューレフトレビュー』。ハンガリー危機。公民権運動。ベトナム戦争。「六八年」。黒人と警察との衝突。排外主義の拡大。サッチャリズム。そして、フェミニズム。その時々の時事問題に介入するホールの言葉にマイルスのトランペットが絡まりあう。ホールは、めまぐるしく変容する自分の生活の中に一つの固定したアイデンティティ、起源を見出すことはできなかった。ジャマイカもイギリスも彼の起源にはなりえなかったのである。大陸間を移動しながら目まぐるしくそのスタイルを変え続けるマイルス・デイヴィスの音楽は、ホールにとって唯一しっくりとくる人生のBGMだったのである。

フィッシャーは、やはり『スチュアート・ホール・プロジェクト』のDVDにも短い文章を寄せている（Fisher 2013）。フィッシャーによれば、ホールにとって文化研究とは、クールジャズに対する愛と政治に対する情熱が共存するような場所を作るプロジェクトだった。もちろんこのことは、単に政治をジャズに反映させるということではない。なぜなら文化自体が政治だったのだから。ホールにとって問題なのは、『カインド・オヴ・ブルー』（一九五九年）から『オン・ザ・コーナー』（一九七二年）までというわずか一〇年ちょっとの間に目まぐるしくスタイルを変化させたマイルスのクールジャズに対応するクールな社会主義を生み出すことができなかったことだったのだ。フィッシャーによれば、社会主義の代わりに資本主義がクールを「盗み」、社会主義を変化のない過去の官僚的なものへと閉じ込めてしまったというのである。過去の映像や録音の断片の再構成からなるドキュメンタリー映画『スチュアート・ホール・プロジェクト』とは、ヒップホップ以降にどのようにして再びクールな社会主義――あるいは、別のところでのフィッシャーの言葉を借りればアシッド共産主義を構想することができるのかを考える試みだったというのだ。それは、一切が流動化する重層的情況《コンジャンクチュアル》の「危機」の時代に対応した全く新しい創発的な理論を模索することだったのである。

アフロ・フューチャリズム

映画『スチュアート・ホール・プロジェクト』の中で用いられるマイルスの作品の中で重要な位置を占めているのが『ビッチェズ・ブリュー』（一九六九年）である。このアルバムは、六八年の学生運動とそれに並行して拡大する人種闘争を経て、闘争の文化が新しい社会的敵対性に取って代わられる一九七〇年代の（サッチャリズムの）危機を予兆するものとして映画の中に登場する。

『ビッチェズ・ブリュー』は、マイルスが大々的にエレクトリック楽器とアフロビートを実験的なサウンドとともに取り入れ、これまでのジャズという概念を革新したアルバムとして知られている。その呪術的なフレーズ、反復的で陶酔的なリズム、独特の浮遊感は、マーティン・クライワインの手になるアートワークとあいまってマイルス流のサイケデリックのアプローチと理解することができるだろう。この『ビッチェズ・ブリュー』は四方から圧倒的な音壁に囲まれるクアドロフォニック版（4チャンネル録音）が存在しており、マイルスがこの作品を、始まりと終わりの輪郭がはっきりとした時間芸術ではなく、より音響的な空間芸術として構想したことがわかる。それはきわめて直接的・身体的な作品だったのである。

その混沌とした未来的なサウンドの中に、「アフロ・フューチャリズム」と呼ばれる黒人表現文化の一つの傾向を見出すことは難しくない。「アフロ・フューチャリズム」とは、一九九四年にマーク・デリーがアフリカ系ディアスポラ文化のSF的想像力を総称するのに用いた言葉で、その後グレッグ・テイトやコドゥオ・エシュンなど多くの批評家たちによって理論化されてきた（Eshun 2003）。SF文学において、サミュエル・R・ディレイニーなどごくわずかの例外を除いて黒人の小説家はほとんどいない。また黒人が主人公となるSF映画もごく最近まで決して多くなかった。基本的にSFは西洋白人男性の想像力から生まれていたのである。グレッグ・テイトは、マーク・デリーによるインタビューの中で故郷を追われたディアスポラ的な黒人がSF的な未来を描くことができないのは、奴隷制度の中で過去の歴史を奪われてきたからだと述べた上で、黒人のSF的想像力は、文学や映画ではなく、音楽の中で培われてきたと主張している（Dery 1994）。ここで参照されている音楽は、宇宙やテクノロジーをいささか荒唐無稽な形で結びつけているサン・ラのようなジャズ、パーラメント／ファンカデリックのようなファンク、アース・ウィンド・アンド・ファイアーのようなディスコ、そして、アフリカ・バンバータのようなヒップホップである。こうした音楽は、SF的なテーマである宇宙や最新のテクノロジーにいささか秘儀めいた呪術的な手つきでアクセスし、宇宙やテクノロジーを身体の中でわがものにしている。ここで、太陽や月、宇宙船といったイメージとともに重要な役割を果たしているのはピラミッドやファラオ像などエジプトをめぐる表象である。

アフロ・フューチャリズムにとって、エジプトはことのほか重要である。というのも、アフリカに位置するエジプトは、ギリシャから始まる西洋文明のオルタナティヴな歴史の起源だからだ。ピラミッドに代表される遺跡群は、当時の高い科学技術を想起させる。何よりもその中にはあたかも宇宙人と交信していたかとすら思える痕跡も残されている。アフロ・フューチャリズムを考えることは、西洋文明によって身体以外の私有財産を奪われた奴隷たちとその子孫が持ちえたかもしれないもう一つの歴史を構想することなのだ。

『ビッチェズ・ブリュー』もこの例にもれない。混沌としたキーボード、ドラム、パーカッション、ギターの不協和音からおもむろに始まり、マイルスがトランペットを吹き始めると一気に怒濤のリズムが押し寄せ、二〇分もの間恍惚的なリズムが変奏されながらひたすらと続く印象的な楽曲の一曲目には、「ファラオ・ダンス」という題名が付けられている。それは、古代エジプトの王ファラオを召喚し、あたかも自らに憑依させる儀式の幕開けを宣言しているかのようだ。

アフロ・フューチャリズムの楽曲の多くは、最新の音楽テクノロジーを取り入れ、きわめて先鋭的な音楽的な実験に取り組みつつも、最終的にダンス・ミュージックという形式を取っている。それは、非テキスト的なあるいは前言語的な表現活動の実践である。起承転結を持たず無限のループを繰り返すようにみえるリズムは、古代と未来を一気に結び付ける呪術的な身体技法と関わっている。サイケデリックと名付けられた薬物は、そうした儀式を行うための秘密の薬である。このようなアフロ・フューチャリズムを、前近代的な、あるいは未開の文化として理解してはならない。アフロ・フューチャリズムとは、近代に所属しながらも、「近代的理性」から継続的に除外されてきた人々の知性からなるきわめて同時代的な思想なのである。

サイケデリックからアシッドへ

先に述べたように、フィッシャーのアシッド共産主義とは、一九六八年という政治の転回の中で、その後の社会主義、共産主義、そして新左翼主義の政治と、同時代に始まったサイケデリック文化の交錯点を探るプロジェクトだった。『ビッチェズ・ブリュー』はその実験的な音楽性にもかかわらず、彼の出したアルバムの中でもっとも売れたレコードの一枚となった。マイルス自身は、その後『オン・ザ・コーナー』と同じ傾向のアルバムをリリースしたがまもなく活発な活動をやめ、一九八〇年代にはより商業的なフュージョンへと移行してしまう。

その一方で、アフロ・フューチャリズム的な傾向を持ったサイケデリック音楽は、一九八〇年代にはクラブやレイヴ、ヒップホップ文化と結びつき、「サイケデリック」から「アシッド」へと変容しながら独自のダンス・カルチャーを生み出すことになる。特に二〇〇〇年代のデジタルテクノロジーの発達によって、サウンド的には、既存の楽器では行うことができなかった、より直接的に身体感覚を拡張させ、変容させるようなリズムや音響面の試みが始まる。ドラッグの代わりにエレクトロニクスが五感の配分を再編成するようになったのである。ここで重要なのは、サイケデリックに導かれたアフロ・フューチャリズムが、ミュージシャンの個人的な啓示であることをやめて、参加者を中心とした集合的な意識を形成し始めたことだろう。

イギリスの文脈では、一九八〇年代末のアシッド・カルチャーは、伝統的な社会運動とは異なった政治的な運動でもあった。エクスタシーと呼ばれた新種のドラッグ、大音量の反復的なダンス・ミュージック、トラヴェラーなど新しいライフスタイルの登場、空き家占拠《スクオッティング》、エコロジー運動、DIY経済、フェミニズム、そしてLGBTの権利運動などが混然一体としたレイヴ・ムーブメントは、社会にモラル・パニックを引き起こし、自由なレイヴ・パーティを取り締まるために集会等を規制するクリミナル・ジャスティス・アクトが一九九四年に計画されると、それに反対する若者たちの大規模な運動が繰り広げられた。その一部は、一九九〇年代半ば以降、リクレイム・ザ・ストリーツのような反自動車運動、エコロジー運動、そして反グローバリゼーション運動へと繋がっていった。

こうしたアシッド・ムーヴメントは、人々が後期資本主義、とりわけメディアのもたらすインタパッシヴィティによって分断され、個人化され、徹底的に管理されるなかで、どのように「自律的な」新しい集団的意識を作り出すのかについてのひとつのオルタナティヴな例を示している。それは、進歩主義的な近代化の真っ只中にありながらも、資本主義経済とパラレルに存在している幽霊のようなものである。アシッド共産主義とは、近代の人間中心主義的理性が絶えず排除してきた身体や自然、動物性、人間的主体から切り離され、対象化されてきた〈モノ〉――あるいは「人間」のサブジャンルに長い間閉じ込められていた黒人や女性、ありとあらゆるマイナーなものを召喚するのだ。

4　おわりに――「資本主義リアリズム」の終焉を想像すること

二〇一〇年代が終わりを迎えつつある今、サッチャーとレーガンの時代に始まった新自由主義に牽引された資本主義リアリズムにほころびが見え始めている。皮肉な言い方に聞こえるかもしれないが、アメリカのトランプ大統領の登場やイギリスのBrexit、そして、各地で拡大する排外的民族主義は、東西冷戦終焉後拡大したグローバリゼーションに対する人々の不満を反映したものだ。それは、資本主義リアリズムの時代に進んだ貧富の格差拡大や金融産業やクリエイティヴ産業の発達による産業の構造転換、そしてグローバリゼーションとポストフォーディズム経済の進展によって生まれた労働者の不安の増大に対応しているのである。

こうした復古的で反動的な自国中心主義とナショナリズムの高揚に対抗するように、資本主義リアリズムの時代に一度死に絶えて幽霊として跋扈していた社会主義の夢が、特に若い世代の間でゆっくりとではあるが広がりつつある。特にイギリスでは、「新しい労働党」から「古い労働党」への回帰を呼びかけ、鉄道など公共機関の再国有化や高等教育の無償化など伝統的な社会民主主義路線を提唱するジェレミー・コービンが、二〇一五年に党首になると、二〇一七年の総選挙では三〇議席を増やし、保守党を単独過半数割れになるまで追い込んでいる。アメリカの民主党においても、オバマ―クリントンの新自由主義路線に対して社会主義的傾向の強いバーニー・サンダースがやはり若者層を中心に人気を集め、アレクサンドリア・オカシオ＝コルテスのような若いスター政治家も登場した。新自由主義的イデオロギーによって統一されたかのように見えたグローバリズムは二極化しはじめた。「オルタナティヴが存在しない」という時代が終わりつつあるようにも見える。

興味深いのは、こうした社会主義的政策が、伝統的な社会主義者ではなく、むしろ若い世代を中心に積極的に支持されていることである。とりわけ、二〇一七年のイギリスの総選挙では、これまで政治にあまり興味を示してこなかった若者たちが積極的にキャンペーンに関わった。アシッド共産主義の文脈では、フィッシャーとも交流があり、労働党の政策立案にも関わっているジェレミー・ギルバートが「アシッド・コービン主義」を提唱し、音楽文化を中心として文化政治運動の可能性を探っている。それは、かつての社会主義のようなイデオロギーによる組織化ではなく、音楽と身体的な実践を中心とした別のネットワークの試みである。「アシッド・コービン主義」は労働党の年次大会である二〇一七年の「変容する社会 The World Transformed（TWT）」フォーラムでもテーマとして取り上げられた。

「アシッド・コービン主義」は「主義」と付けられているが、一般的な意味でのイデオロギーではない。むしろ、現在コービンを支援する若者たちの活動をなんとか言語化しようという試みである。ここで言う「アシッド」にはもはやドラッグの意味は全く込められていない。それは、「インプロヴィゼーション的な想像力と、世界を革新するために世界を違った形で理解することに対する信念を示す態度」（Gilbert 2017）を示す形容詞である。アシッド・コービン主義という語そのものは、もちろんフィッシャーのアシッド共産主義から作られた造語だが、共産主義にいたる前段階としての社会主義に対応している。

実際、アシッド・コービン主義としか名付けられない活動が、この間多くみられている。たとえば、イギリス流のヒップホップの解釈であるグライム・シーンからは、選挙に際してGrime4Corbynというプロジェクトが生まれ、ミュージシャンが積極的にコービンを応援するのと同時にソーシャルメディア、YouTubeなどを通じて積極的にコービン支持の情報発信を行った。もちろん、ミュージシャンが現実の政治に関与することには英国内でも大きな議論がある。そもそもアシッド共産主義であれ、アフロ・フューチャリズムであれ、現実の政治と一定の距離を取りつつ一種のSF的想像力を発達させてきたことを考えれば、アシッド共産主義のような理念的な議論を現実のポリティクスに当てはめることには慎重になるべきかもしれない。しかし、その一方で、資本主義リアリズムが冷戦終焉後、どれほど私たちの政治的な可能性の枠を縮小してきたのかを考えると、社会主義／共産主義の理念が再び幽霊のように姿を見せ、ポピュラー文化の中でにわかに脚光を浴びていることは注目すべきだろう。

新しい世代のサイケデリックサウンドの中心人物の一人、ジャム・シティ（ジャック・レイサム）はあるインタビューで次のように答えている。

ぼくたちが今いる状況にはオルタナティヴが存在していないように見える。ぼくも自分が中にいるシステムをどのように終わらせるのか、あるいは変えるのかはわからない。けれども、そのことが可能だということは知っているし、ぼくたちは自分たちが気付いているよりもはるかに大きな力を持っているんだ。（Phull & Stronge 2017）

二〇一五年に発表されたジャム・シティの「アンハッピー」という楽曲のミュージックビデオでは、ジャム・シティが「階級闘争《クラス・ウォー》」と背中に書かれたジャケットをまとい、廃墟のようにも見える広告のような消費社会イメージの断片が散乱している都市をさまよい歩いている。ジャム・シティは、「ぼくたちは不幸せなのか《アー・ウィー・アンハッピー》」と極度にエフェクターによって歪まされた声で問いかける。歌詞は、選択肢を与えられず、疑う時間もない、まさに資本主義リアリズムに囚われて鬱になっている若者の歌である。けれどもこの曲は「君に会ってからは幸せになれるかもしれない」と希望とともに終わる。曲の最後に大きな文字でテロップが流れる——恐れることはない。もう一つの世界は可能だ。

「君」とは一義的には恋人だろう。しかし、同時にこの音楽を聴いている同世代の若者でもある。「もう一つの世界は可能だ」は、反グローバリズム運動の有名なスローガンだ。いずれにしても、ここには、あらためて音楽の情動の力を用いた超個人主義的《トランス・インディヴィジュアル》な意識の可能性が、「資本主義リアリズム」という共通の悪夢の経験から語られている。そこには「共なるもの《コモン》」への希望が描かれているのである。

ホールは、『スチュアート・ホール・プロジェクト』の最後にサッチャリズムの時代を振り返って、次のように述べている。

彼女（サッチャー）がこれまで発言した中でもっとも重大なものは「社会など存在しません。個人の男性と女性が存在するだけです」という発言だ。けれども、実際にストリートに出たり、子供に教育しようとしたり、病気に

> なったりして自分でなんとかしようとしたら、そこにいるのは個人の男性と女性だけではないとすぐに気が付くだろう。そこにあるのは、誰かが分節化しなければならない関係性のネットワークなんだ。（Akomfrah 2013）

サッチャリズムから始まった新自由主義。そしてそれがもたらした「資本主義リアリズム」。「オルタナティヴは存在しない」というデッドロックから抜け出るために、再びサッチャリズムの時に存在したいくつかのありえたかもしれないオルタナティヴな政治と文化、そしてそれをめぐる理論化を模索する時期が来ている。もちろん、音楽の力は限定的であり、そこに過度の政治的な可能性を期待するべきではないかもしれない。けれども、かつてマイルス・デイヴィスがクールな手つきでスタイルをめまぐるしく変遷させながら時代の雰囲気を予兆したように、今日の音楽からもうひとつの政治の可能性を探るのは決して無駄な試みではあるまい。

参考文献

Akomfrah, J. (2013) The Stuart Hall Project: Revolution, Politics Culture and the New Left Experience (DVD), BFI.

アンダーソン、ベネディクト（一九九七）『増補　想像の共同体――ナショナリズムの起源と流行』白石隆・白石さや訳、NTT出版

Berlinski, C. (2011) *There is No Alternative: Why Margaret Thatcher Matters*, Basic Books: London.

Burns, C. (2008) "Margaret Thatcher's Greatest Achievement: New Labour," in Conservative Home| Centre Right, April 11 2008. https://conservativehome.blogs.com/centreright/2008/04/making-history.html（二〇一九年三月二九日最終アクセス）

Dean, J. (2016) *Crowds and Party*, Verso: London.

Dery, M. (1994) "Black to the Future: Interview with Samuel R. Delany, Greg Tate and Tricia Rose," *Frame Wars: The Discourse of Cyber Culture*, Duke University Press: Durham.

ドゥルーズ、ジル（一九九二）「追伸――管理社会について」『記号と事件――一九七二―一九九〇年の対話』宮林寛訳、河出書房新社、三五六―三六六頁

Eshun, K. (2003) "Further Consideration on Afrofuturism," *The New Centennial Review*, Volume 3, Number 2, Summer, Michigan State

University Press, pp. 287–302.

Fisher, M. (2013) "The Stuart Hall Project," Akomfrah, J. (2013) The Stuart Hall Project; Revolution, Politics Culture and the New Left Experience, (DVD) BFI, Leaflet pp. 1–4.

Fisher, M. (2018) *k-punk: The Collected and Unpublished Writings of Mark Fisher (2004–2016)* (edited by Darren Ambrose, foreword by Simon Reynolds), Repeater Books.

フィッシャー、マーク（二〇一八）『資本主義リアリズム』セバスチャン・ブロイ、阿南瑠莉訳、堀之内出版

Gilbert, J. (2017) "What is Acid Corbynism?" in Red Pepper September 2, 2017. https://www.redpepper.org.uk/what-is-acid-corbynism/（二〇一九年三月二九日最終アクセス）

Hall, S. (1980) "Encoding/Decoding," *Culture, Media, Language: Working Papers in Cultural Studies 1972–1979*, Centre for Contemporary Cultural Studies, University of Birmingham: Birmingham pp. 128–138.

ヘブディジ、ディック（一九八六）『サブカルチャー――スタイルの意味するもの』山口淑子訳、未來社

ホルクハイマー、マックス、アドルノ、テオドール（二〇〇七）『啓蒙の弁証法――哲学的断想』徳永恂訳、岩波文庫

Jameson, F. (2003) "Future City," *New Left Review* 21, May-June 2003: London, pp. 65–79.

メイソン、マット（二〇一二）『海賊のジレンマ――ユースカルチャーがいかにして新しい資本主義をつくったか』玉川千絵子ほか訳、フィルムアート社

マクルーハン、マーシャル（一九八七）『メディア論――人間の拡張の諸相』栗原裕・河本仲聖訳、みすず書房

毛利嘉孝（二〇一二）『増補　ポピュラー音楽と資本主義』せりか書房

Pfaller, R. (2017) *Interpassivity: The Aesthetics of Delegated Enjoyment*, Edinburgh University Press: Edinburgh.

Phull, M. & Stronge, W. (2017) "Acid Corbynism's Next Steps: Building a Socialist Dance Culture," Red Pepper September 24, 2017. https://www.redpepper.org.uk/acid-corbynisms-next-steps-building-a-socialist-dance-culture/（二〇一九年三月二九日最終アクセス）

ラインゴールド、ハワード（一九九五）『バーチャル・コミュニティ――コンピューター・ネットワークが創る新しい社会』会津泉訳、三田出版会

ジジェク、スラヴォイ（二〇〇八）『ラカンはこう読め！』鈴木晶訳、紀伊國屋書店

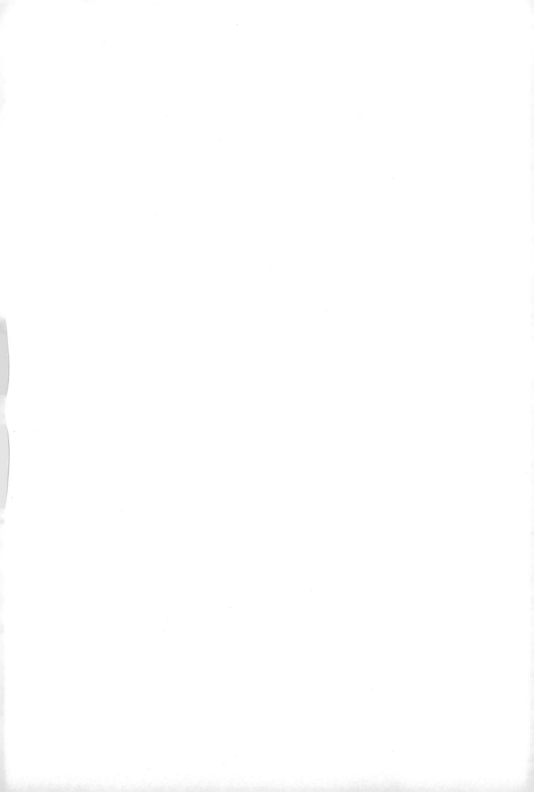

コミュニケーション資本主義を知るためのキーワード

■アテンション・エコノミー（attention economy）

近年におけるコミュニケーション・メディアやテクノロジーの発展に伴い、人間の「アテンション（関心・注目・注意）」に供される、言説・映像・スペクタクル等の情報量が爆発的に増大している。こうした状況に対応すべく現出した、今日のアテンション・エコノミーは——物質的な財を対象とする古典的な経済（＝古典派経済学）が〈生産〉要因の希少性にもとづくものであったのとは対照的に——、情報や文化財をはじめとする非物質的な財の〈受容〉能力の希少性にもとづくものである。

このようにアテンション・エコノミーとは、デジタル・コミュニケーションの急速な発達に伴い、情報が過多に供給される一方で、それらを受容ないし消費するために必要なアテンション（関心・注目・注意）が希少になるという昨今の状況を捉えるために生み出された概念なのである。

現在のアテンション・エコノミーにおける価値の重大な源泉は、私たち一人ひとりのアテンション（関心・注目・注意）にほかならない。そのため、アテンション・エコノミーを組み込んだコミュニケーション資本主義に対処するためには、フェイスブックやYouTubeといった諸種のプラットフォームによる私たちのアテンションの捕獲や流通の仕組み、またそれらを取り巻くさまざまな環境を分析しつつ、集団的なアテンションの再分配や脱商品化をめざす、「アテンションのエコロジー」（イヴ・シットン）という視点が重要となるだろう。（水嶋一憲）

■GAFA

米国を代表する巨大IT企業、グーグル（Google）、アップル（Apple）、フェイスブック（Facebook）、アマゾン（Amazon）の四社の頭文字をつないだ呼称。これら四社に共通するのは、いずれもが世界有数の巨大プラットフォーム企業であるという点だ。

一般的な水準で捉えるなら、プラットフォームとは、さまざまな集団（顧客、広告者、サービス提供者、生産者等々といった）を寄せ集めることのできる中間的な媒介物、いいかえれば、それらの集団を媒介することのできる基礎的な下部構造（＝ベーシックなインフラ）にほかならない。しかも、あるプラットフォーム上で相互作用するユーザーの数が多くなればなるほど、そのプラットフォーム全体が有する価値はより大きくなっていく（ネットワーク効果）。それゆえ、GAFAやUber、Airbnbのように、多くのユーザーを引き寄せ、媒介するのに成功しているプラットフォームには、独占へと向かう傾向が埋め込まれているわけである。たとえば最近、フェイスブックが独自の暗号通貨の発行計画を発表したことからも推測されるように、GAFAはそれぞれのプラットフォームの社会インフラ化とその独占を狙っている、と考えられるだろう。（水嶋一憲）

■ガタリ、フェリックス（Félix Guattari）

フェリックス・ガタリ（一九三〇—九二）は、フランスの精神分析家・思想家・活動家。六八年以降、哲学者ジル・ドゥルーズと出会い、『アンチ・オイディプス』をはじめとする一連の共著を生み出すとともに、『分子革命』、『機械状無意識』、『カオスモーズ』といった単著を発表し、多方面に大きな影響をあたえつづけてきた。

これら現代思想のフロンティアを切り拓いてきたガタリの諸著作が、さまざまな政治的課題や広い意味での政治的活動と分かちがたく結びついたものであった点に留意しなければならない。ここではその一例として、本書の主題にあたるコミュニケーション資本主義との関連で、『三つのエコロジー』と相前後して発表されたエッセイ「ポストメディア時代に向けて」(一九九〇年)に着目することにしよう。

そのなかでガタリは、情報コミュニケーション・ネットワーク社会の揺籃期に含まれていた諸傾向や潜勢力を把捉しようと努めながら、「現代の主観性を押しつぶしているマスメディアの権力が再編されることへの希望」や「ポストメディア時代に入ることへの希望」について語っていた。ガタリの死後、世紀をまたいで加速度的に進展していくことになる、ポストメディア時代へと向かう動きを踏まえて振り返るとき、私たちはガタリのこの「希望」に満ちたヴィジョンが、七〇年代後半のイタリアと八〇年代フランスにおける自由ラジオ運動への参加活動に裏打ちされたものであったということ、また同じくそれが、のちのコミュニケーション資本主義の諸装置による捕獲のリスクを内蔵したものであったということを見出すことになる。今日のインターネット以降のポストメディア状況に向き合うためにも、ガタリ(とドゥルーズ)の理論的・実践的活動に繰り返し立ち返る必要があるだろう。(水嶋一憲)

■監視社会

これまで情報テクノロジーの発展は、人びとの自由なコミュニケーションの拡張を実現してきた。その点で、だれもが容易に発信者になれるデジタルメディア時代は、より自由かつ多様な社会の到来を告げるものと喧伝されがちである。だが、夢のようなメディア社会にはもう一つの顔がある。今日、ビジネスであれ交友関係であれ、人びとのあいだで交わされるさまざまなやり取りは、デジタルメディアを介することで履歴データとして捕捉・収集・管理・分析される。その結果、従来では考えられなかったような詳細な情報監視が技術的に可能になった。だれが/どこで/だれと/なにをしたかは、私たちが肌身離さず持ち歩く小さなスマートフォンに収められた膨大なデータを収集し分析することで、おおよそのことが分かってしまう。デジタル端末から位置情報を発信しながらナビゲーションサービスを用いて見知らぬ街を移動することは、目的地に到達するうえで便利かつ確実な方法である。と同時に、それは自らの行動を第三者の監視の眼差しにさらすことでもある。ネットショッピングで購買履歴を残すことは、今後「おすすめ情報」を受け取るうえで不可欠だが、それは本人も知らぬところで個人情報がマーケティングに活用された結果でもある。今日では、強制や抑圧ではなく各人の自由と楽しさに根ざすことで監視は成り立っている。こうしたデジタルメディア時代における監視の特徴と問題点について、ショシャナ・ズボフは「監視資本主義（surveillance capitalism）」という概念を提唱し詳細に論じている。（阿部潔）

■享楽（jouissance）

享楽はジャック・ラカンによって精神分析の領野に導入された用語である。享楽は無意識の欲望に関わるもので、単なる快楽ではない。たとえば、子どもが空腹に陥って食物を求めたり、寒さのなかで暖かさを求めるといった生理的な欲求は完全に満たされうるものだ。しかし子どもが望むものはつねにすべてが与えられるわけではない。実際の対象ではなく、与えられない対象に向けられるのが要求である。これに対して、欲望は満たされなかった要求からもたらされ、つねに他者との関係、他者の言語活動との関係のなかにある。ラカンによれば、欲望とは〈他者〉の欲望である。享楽は人間の根源的衝動である欲動が完全に満たされた状態を指す。しかしこの始原的享楽は、言語や〈法〉、性差の体制をはじめとする象徴システムに参入するさいに喪失されてしまう。したがって享楽はつねに代償であり、欲望において不足しているものを埋め合わせようとする。逆に言えば、享楽が現れる場合には、安定したシステムないし〈法〉は侵犯され不安定なものへと陥ることになる。（清水知子）

■コミュニケーション資本主義

デジタルテクノロジーがグローバルに、そして日常の隅々まで張り巡らされ、個人が生存するうえでもっとも重要なインフラストラクチャーとなった現代社会の特徴を把握するために、ジョディ・ディーンが提起したのが「コミュニケーション資本主義」という概念である。ＡＩ技術の急速な進展やソーシャルメディアと総称されるFacebook、Twitter、LINEなどの浸透に象徴されるデジタル技術の急速な進展は、オンライン上の個人の交流や意見交換を促し、情報の公開性に寄与するという意味で、「民主的な」ツールと考えられる場合が多い。政府の政策に対する反対意見や反対運動がこうしたメディアを媒介して拡散され、様々な議論を誘発するケースがあることを想起するなら、ソーシャルメディアが民主主義を発展させる一つの契機であると見なすことも可能かもしれない。しかし、一方で、個人の検索、投稿、写真のアップといったメディア利用の履歴、ウェアラブル端末が記録した心拍数や血圧など身体に関する情報は、ビッグデータとして企業によって収集・解析され、企業の商品開発やコミュニティの再開発、個人や企業に向けた最適な広告を提供するマーケティング技術として組織されている。またあらゆる領域の市場化を求める新自由主義的経済のもとで、ＮＰＯ、ＮＧＯ組織や福祉・教育機関の業績や資産に関する情報が集約・解析され、ランキング化され、あらたな投資の対象として組織されてもいる。このように、デジタル通信回路を循環・流通する膨大な情報の活用が、資本の増殖過程にとって中心的なメカニズムをなしている事態を、この概念は指示している。（伊藤守）

■サンスティーン、キャス（Cass R. Sunstein）

キャス・サンスティーンは、一九五四年生まれのアメリカの憲法学者。ハーバード大学ロースクール教授。サンスティーンは、インターネットが社会に普及し人びとがサイバー空間で議論を交わすようになることで、民主主義にどのような影響が生じるのかについて、法学・憲法学の観点から研究を重ねてきた。二〇〇三年に邦訳が刊行された『インターネットは民主主義の敵か』（毎日新聞社）は、特定の争点をめぐるネット上での議論を通して意見が収斂（convergence）でなく極化（polarization）へと向かう傾向に着目し、それを「サイバーカスケード」という概念を用いて分析したことで世界的な注目を集めた。サンスティーンの議論は、情報テクノロジーの発達により人びとが自由に討論を交わす機会が確保されれば、より民主的な社会が実現されると素朴に想定する立場に対して、インターネット空間でのコミュニケーションの独自性と問題点を指摘することで、ネットとデモクラシーの緊張関係を的確に描き出した。その後サンスティーンは、シカゴ大学の行動経済学者リチャード・セイラーとともに「ナッジ」概念を提唱し、二〇一五年刊行の『選択しないという選択』（邦訳は勁草書房、二〇一七年）では人びとの合理的な選択を支援するような情報提供のあり方について論じた。（阿部潔）

■ジジェク、スラヴォイ（Slavoj Zizek）

一九四九年、スロヴェニア生まれの哲学者。スロヴェニアのリュブリャナ大学で哲学を、またパリ第八大学のジャック＝アラン・ミレール（ジャック・ラカンの娘婿）のもとで精神分析を学び、博士号を取得。現在はリュブリャナ大学社会学研究所教授およびロンドン大学バークベック校人文学国際ディレクターを務める。ヘーゲル、マルクス、そしてジャック・ラカンを視野の中心におき、ラカン派マルクス主義者として政治、哲学、精神分析、文化批評と精力的に活動を続け、現実の政治や社会に対してアクチュアルな発言を続けている。一九八九年の最初の英語の単著『イデオロギーの崇高な対象』やハリウッド映画をはじめとするポピュラー・カルチャーをラカン理論で読み解いた『ヒッチコックによるラカン』により一躍脚光を浴びた。その後もラクラウ、バトラーとともに主体の問題、代表／表象の問題とヘゲモニー的な普遍性について新たな民主主義の政治理論をめぐる戦略的な問題提起を行った『偶発性・ヘゲモニー・普遍性』をはじめ、コミュニズムの復権とコモンズの奪回を唱えた『ポストモダンの共産主義』やグローバル資本主義、原理主義、ポピュリズムについて論じた『絶望する勇気』など、膨大な著作を通して鋭敏に現代社会のイデオロギーを暴き出し、批判的な思考を練り上げる挑発的な思想家として光彩を放つ。（清水知子）

■資本主義リアリズム

イギリスの文化批評家マーク・フィッシャーによる著作の書名であり、現在の私たちの世界を覆いつくしているイデオロギーとしてフィッシャーが提唱している概念。もともとは一九六〇年代に社会主義国家の公式芸術様式「社会主義リアリズム」

をパロディ化するためにドイツのポップアーティストたちが作り出した造語である。フィッシャーはこれを転用し、一九九〇年代以降新自由主義《ネオリベラリズム》が唯一の経済政策として残った現在の先進国の人びとの中に浸透している意識を示すものとして転用した。フィッシャーによれば、このイデオロギーの起源は、一九七〇年代末のイギリスの首相サッチャーのスローガン「オルタナティヴなど存在しない（There Is No Alternative=TINA）」にまで遡ることができる。資本主義リアリズムとは、「資本主義の終わりより、世界の終わりを想像する方がたやすい」（ジェームソン、ジジェク）という意識、つまり「資本主義が唯一の存続可能な政治・経済的制度であるのみならず、今やそれに対する論理一貫した代替物を想像することすら不可能だ」という諦念である。（毛利嘉孝）

■情動

情動についてはスピノザやデカルトも考察を行っているとはいえ、情動現象にもっとも注目していた哲学者の一人として、心理学者でもあったウイリアム・ジェームズがいる。主客の未分化状態である「純粋経験」を論じたなかで、彼は「自然と私たちの交渉においては、（中略）その対象が私たちに対して直接的な身体的影響を、すなわち、調子や緊張の、心臓の鼓動や呼吸の、血管や内臓の活動などの変化を引き起こす」と指摘し、この直接的な身体的影響すなわち「身体の内臓的動揺」を情動（emotion）と規定した。A・N・ホワイトヘッドは、こうしたジェームズの思索をふまえつつ、「存在しようとしている世界に対する決定的な関連の感受」として生成する身体的な「律動（puls）」「振動（vibration）」であり、知覚の昂揚として情動を把握する。ここで重要なのは、人間が意識的にものごとを認識する以前に、前‐意識的な水準で、知覚（＝ミクロ知覚）の作用を伴う情動が生成するという点である。後方ですさまじい音がした瞬間、その音が何の音か認識する前に、咄嗟に危険を避けようと身体が反応するようにである。

情動は、このように身体的・生理的な現象である。しかし、それは、身体を基盤としながらも、きわめて文化社会的な現象であることも看過できない。階級やジェンダーや肌の色の違いに基づく匂いやアクセントや身のこなしの違いに対する瞬時のミクロ知覚が、同時に、知覚対象への嫌悪や憎しみの感情に転化する情動を生み出すことを想起すれば、情動が社会的なものであり、集合的行動や集合的沸騰状況を一気に構築する動因となることが了解されるだろう。（伊藤守）

■スティグレール、ベルナール（Bernard Stiegler）

一九五二年生まれの現代フランスを代表する哲学者、技術哲学者である。日本語訳を手掛けた石田英敬が指摘するように、彼の哲学的出発点は「異形」である。銀行襲撃のかどで五年間の投獄生活を送る。そこで哲学にめざめ、出獄後はジャック・デリダに師事し、彼のもとで博士論文を執筆する。主著ともいえる『技術と時間』は、この博士論文を基にしたもので、これまで哲学において十分な考察がなされずにきた技術と人間との関係を、フッサールの現象学やハイデガーの存在論、ベルトラン・ジルの技術史、そして存在の「個体化」の問題と技術の問題系に関する卓越した分析をおこなったジルベール・シモンドンの技術哲学をふまえながら、技術をめぐる人間の存在論的探究をおこなった。人間の意識と精神に直接的なかかわりをもつメディアに関する考察は、『技術と時間』の第二巻「方向喪失」、第三巻「映画の時間と〈難-存在〉の問題」で具体的に論じられている。彼が提起する主要な論点の一つは、十全な「個体化」がおこなわれる前提条件でもある象徴の生産とその機能が、メディア文化産業に包摂されるなかで、通時的な継続性を失い、一時的、画一的で、断片化することで、「象徴的貧困」とでもいうべき事態を帰結していることである。アーカイブの功罪をめぐるデリダとの討論を収録した『テレビのエコーグラフィー』（NTT出版、二〇〇五年）、『象徴の貧困1』（新評論、二〇〇六年）など、多数の邦訳がある。（伊藤守）

■制御・管理社会（society of control）

フランスの哲学者ジル・ドゥルーズ（一九二五―一九九五）が、いまだインターネットの黎明期（裏返していえば、通信情報サービス「ミニテル」の全盛期）であった一九九〇年に発表した小論「追伸――制御・管理社会について」（『記号と事件』所収）は、今日のデジタルメディア社会やコミュニケーション資本主義の作動様式について考える上で、不可欠の参照点でありつづけている。

ドゥルーズによれば、私たちは近代の規律（ディシプリン）社会からポスト近代の制御・管理（コントロール）社会への移行の渦中にある。かつての規律社会は、家族・学校・工場・病院・監獄といった「監禁の環境を組織する」ことによって稼働していたが、いまや私たちは、「あらゆる監禁の環境に危機が蔓延した時代を生きている」のであり、またそのようにして規律社会に取って代わろうとしているのが、開放環境における絶え間ない制御・管理からなる新しい社会にほかならないのである。

このように、規律社会が「組織体に所属する各成員の個別性を型にはめる」ことへと向かうのに対し、制御・管理社会はそのさまざまな層《レイヤー》で数多くのパラメーターを調整することを通じ、私たちの主体性やアイデンティティを絶えず分解しつつ再構成することへと向かう。

制御・管理社会が私たちに指し示しているのは、個々人のアイデンティティが分散型の情報ネットワークへと流入し、溶解していくという事態にほかならない。そこでは、個々人のクレジットカードの使用履歴やネットワークへのアクセス履歴、信用評価や消費者プロファイル、医療記録や生体認証情報といった一連のマイクロなデータの流れや集積に応じて、個人は分割可能な「分人」＝データとして、また「マス（＝多数の人びと、大衆）」は巨大なデータの集合＝ビッグデータとして解析され、調整されつづけることになる。このように、三〇年近く前に発表されたドゥルーズの小論は、制御・管理・監視等がより複雑かつ精妙に絡まりあった今日のコミュニケーション資本主義を分析するための基本的な視座をいまも提供している、と言えるだろう。（水嶋一憲）

■生資本

労働や生産ではなく、生ないし生命そのものが資本である資本主義の時代が到来しつつある。とくにゲノム学が急速に進展し、生命科学が情報科学となった現代のグローバルな政治経済システムのなかで、生と資本は新たな関係を結ぶようになった。生命科学と資本主義については、サラ・フランクリンが「品種財」について、ダナ・ハラウェイがマルクスの交換価値にならって、種とテクノロジーの遭遇によるキメラ的な「種の遭遇価値」について論じてきた。生資本は、これらの議論を踏まえつつ、ポストゲノム時代の生と資本の新たな関係のなかで生命科学が巻きこまれている交換と循環のシステムについて考えるために提示された概念である。生資本についてはステファン・ヘルムライヒがその見取り図を描いているが、主要な著作としては生資本主義について論じたアンドレア・フマガリをはじめ、マルクスとフーコーの生政治を踏まえて生命科学と資本主義の重層的な「共生産」について論じたカウシック・スンダー・ラジャンの『バイオ・キャピタル――ポストゲノム時代の資本主義』、そしてバイオサイエンスの時代における社会と自己、生命倫理と権力について論じたニコラス・ローズの『生そのものの政治学――二十一世紀の生物医学、権力、主体性』があげられる。（清水知子）

■生政治

一九七〇年代、ミシェル・フーコーはコレージュ・ド・フランス教授に着任すると『監獄の誕生』（一九七五年）と『性の歴史I　知への意志』（一九七八年）の執筆にとりかかる。それにより、言説を軸に排除を通して形成される「規範」についての考察から、生命を軸とし、ネットワーク的な産出型の権力について考察を進めるようになった。『監獄の誕生』のなかでは、パノプティコンという空間建築的な装置に目を向け、従順な身体の生産を目指す「規律的」な権力について、また『性の歴史I』のなかでは、統計的に調整される生命のあり方を人口的な確率論を媒介にしていく権力について考察している。生権力はこの二つの権力――主体化＝服従化を問題として身体を規律化する権力、そして生物学的な種、あるいは人口を調整する権力――の形態によって作動している。フーコーによれば、近代以降の政治権力は殺す権利を軸にした古い君主権力のあり方から、生そのものに介入し、生を管理・統制する生権力に転換した。「死なせて、生きるに任せる」から「生かして、死へと廃棄する」権力への移行である。生政治は、生権力の一つの形態であり、人間を個人としてではなく、人口として把捉し、出生・死亡率、公衆衛生、健康に配慮するかたちで生そのものの管理を目指す権力、政治形態である。フーコーは、その後、統治性、そして自己のテクノロジーの議論へと向かうなかでこの世を去るが、生政治の概念はアガンベンやネグリの議論のなかでも新たな展開を迎えていくことになる。（清水知子）

■ソーシャルメディア

従来のマスメディアを用いたコミュニケーションは、新聞社・テレビ局・出版社など特定の組織や集団から読者・視聴者・購読者へ向けた一方向的な情報提供であった。それと対照的にソーシャルメディアは、デジタルネットワークを介してユーザー各人が自由に発信／受信することで、双方向の情報のやり取りを可能にした。ソーシャルメディアの最大の特徴は、そこで交わされるデジタル情報（投稿・写真・映像など）の多くが、ユーザー自身によって作り出されたコンテンツ（user-generated content）である点に見て取れる。メディア企業や娯楽産業によって製作され、あらかじめ商品としてパッケージ化されたものではなく、個々のユーザーたちが自ら発するコンテンツが電子ネットワークを介して共有されることで、ソーシャルメディアは新たな情報空間を作り上げた。そこでは、さまざまな情報がこれまで考えられなかったような規模とスピードで拡散していく。こうしたソーシャルメディアが生み出す膨大な情報空間は、今日の資本主義にとって新たなフロンティアにほかならない。なぜなら、ユーザーたちが生み出す／残す個人に関わる情報は、各企業が自社のビジネスを展開すべく有望なターゲット層を精確に分析するうえで不可欠な原材料だからである。その結果、ソーシャルメディア利用に伴い発生するさまざまな個人情報は、コミュニケーション資本主義における商品としての価値を有するようになったのである。（阿部潔）

■ディーン、ジョディ（Jodi Dean）

一九六二年生まれのアメリカのホバート・アンド・ウィリアム・スミス大学の教授。政治学そしてメディア理論を教えている。政治学理論はもとよりアガンベンやジジェクといった現代思想を牽引する論者の業績を積極的に受容しながら、ポストメディア時代におけるソーシャルメディアが果たしている政治的役割や人間の心理や行動の変容に関する卓越した分析を加えている。コーネル大学出版から二〇〇二年に刊行された初期の作品 *Publicity's Secret: How Technoculture Capitalizes on Democracy*（Cornell University）にも表現されているように、彼女の一貫した問題関心は、デジタルテクノロジーが社会のあらゆる領域に浸透するなかで進行する、デモクラシーの危機、徹底した個人主義化、といった緊要の課題をいかに克服していくか、という点にある。新自由主義に対する徹底した批判が彼女の思考の根底にあると言えよう。二〇〇九年に刊行された *Democracy and Other Neoliberal Fantasies: Communicative Capitalism and Left Politics*（Duke University）というタイトルならびに副題の「コミュニケーション資本主義」という概念は、こうした彼女の関心を象徴的に表している。最新刊の *Crowds and Party*（Verso, 2016）では、ソーシャルメディアの浸透とともに個人主義化の度合いが一層高まる現代的状況を批判的に捉え返しながら、あらたな連帯と連携のスタイルとしてPartyを再定位し、その再検討を通して新自由主義の乗り越える道筋を展望する作業に着手している。（伊藤守）

■デジタルメディア

デジタルメディアは、単に旧来のアナログメディア（書籍、新聞、雑誌、ラジオ、テレビ）が進化したものではない。デジタルメディアの誕生には、計算機や情報処理マシンとして発展してきたコンピュータの進化が大きく関わっている。そのためデジタルメディアは高解像度やインタラクティヴィティという特徴によって、アナログメディアの延長線上としてのみ捉えることはできない。たとえば、レフ・マノヴィッチは、その特徴をその計算能力とシミュレーション能力の中に見出し、デジタルメディアを既存のメディアを横断的に統合する「メタメディア」として論じている。また、その高度化した情報処理能力は、これまで人間が担ってきた記憶や思考、創造のプロセスの一部を代替し、私たちの生活環境や都市空間、そして身体まで至るところにまで侵入しつつある。デジタルメディアの登場は、従来の「メディア」という概念を再定義し、人間とテクノロジー、社会と自然環境の新しい関係性を生み出しつつある。（毛利嘉孝）

■統治性（governmentality）

かつてミシェル・フーコーは、「支配のテクノロジー」と「自己のテクノロジー」の複合的な組み合わせを分析するために、「統治性」という語をこしらえたが、現在、その様態は大きく変容している、と指摘できるだろう。

まず一方で、今日の新自由主義的な統治性のもとで、諸個人は「人的資本」つまりは「自己のアントレプレナー」という形象をとるにいたっている。この場合、「自分自身の起業家」（フーコー）として振る舞う個人は、他者たちとの競争を強いられるばかりか、自分自身との競争にも絶えず駆り立てられることになる。しかも、それと同時に「自分自身の起業家」は、「借金を負わされた人間」として強力に統治されているのである。

もう一方で、今日の「アルゴリズム的な統治性」（A・ルヴロワ）のもとで、諸個人はデータおよび、その膨大な集積としてのビッグデータの源泉として、絶え間なく制御・調整・監視・販売されつづけている。しかも、アルゴリズム的な統治性を実装したスマートシティに見られるように、こうした統治性とデジタルテクノロジーのあいだの新たな関係性は、広大な空間・環境とそこに住む人びとに対する「全体的かつ個別的な」（フーコー）介入を、より精妙な仕方で推し進めている。コミュニケーション資本主義の作動様式について分析するためには、このような統治性の変容についても視野に入れておく必要があるだろう。（水嶋一憲）

■認知資本主義（cognitive capitalism）

かつてマルクスは、大工業の発展につれて現実的な富の創造が、直接的な労働時間の量に依存するものから、「社会的頭脳の一般的生産諸力の蓄積」としての「一般的知性」に依存するものに移り変わってきている、という点を指摘した。マルクスが産業資本主義の初期にすでに見通していたこのような傾向は、ポスト産業資本主義とも認知資本主義とも呼ばれる新たな価値の生産様式が現出している今日、いよいよ顕著なものとなっている、と言えよう。

認知資本主義は、工業製品のような物質的な財の生産よりも、アイディアや知識、イメージや組織能力、コミュニケーションの諸形態といった非物質的な財の生産の意義が増大するという傾向によって特徴づけられる。非物質的なものの生産のためにもっぱら動員されるのは、人間の認知的な活動一般であり、その生産はこれまで経済的とみなされてきたものの枠を超えて、文化・社会・政治に直接かかわるようになっている。

経済学者のクリスティアン・マラッツィはこの変化を「経済の生政治的転回」と呼び、ネグリとハートはこうした生産が社会的生全体といかに直接的にかかわるものであるかを強調するために、「生政治的生産」と呼んでいる。認知資本主義や生政治的生産において創り出されるのは、言語や知識がそうであるように、社会的に共有され再生産されるコモンであり、現代の資本主義にとってはいかにしてこのコモンを内部化しその価値を利益として引き出すかが重要になる。またそこから、生産活動そのものに由来する利潤ではなく、権利の占有にもとづくレントを追求するという、「利潤のレント化」(カルロ・ヴェルチェッローネ)という傾向が現出することになる。(水嶋一憲)

■ビッグデータ

この一〇年ほどの期間にビッグデータというキーワードが注目を集めている。遺伝解析情報や人工衛星の観測データといった計測機器から得られる膨大な数のデータやインターネットの急速な発展による個人や企業が発信する情報が指数関数的に増大している。これらの大量のデータを収集・蓄積したデータ群をビッグデータと呼んでいる。ビッグデータが注目を集めている理由は、この巨大なデータ群を解析して、必要な情報を取り出しビジネスに活かすことが経済の発展にとって、また企業の競争力の強化にとって、重要な源泉の一つであると考えられているからである。ビジネスにとって合理的で最適な判断を下すべく、カードを利用した個人の購買履歴、インターネットで個人が買い物をした場合の購買履歴、ソーシャルメディアを通した発言のデータ、情報検索した際の履歴、スマートフォンの位置情報データ、さらにはライフログと呼ばれる個人の職歴や資産や健康状態に関するデータ等の大量の情報がビッグデータとして収集・蓄積される。したがってビッグデータを考える場合、つねにプライバシーの問題が重要な観点となる。一方、個人情報のみならず、政府等の公的機関が収集・保有する公的なデータ(各種の調査から得られたデータ)もまた新事業の創出や国民の利便性の向上といった名目で企業等に提供されるようになっている。一般に「オープンデータ」と言われるものであるが、これもビッグデータの一種と考えられる。(伊藤守)

■フィッシャー、マーク(Mark Fisher)

一九六八年生まれのイギリスの文化批評家、音楽評論家。ロンドン大学ゴールドスミスカレッジの聴覚視覚芸術学部で教鞭を執り、アカデミズムとジャーナリズムを繋ぐ貴重な批評家として知られる。一九七〇年後半のパンクロック、あるいはポストパンクの影響を受けたフィッシャーは、ハル大学で学部修士課程を過ごした後、一九九九年にウォーリック大学で博士号を取得し、批評活動を始める。博士課程在籍時には、ニック・ランドとセイディ・プラントが始めたサイバネティクス文化研究ユニット(CCRU)に創設メンバーの一人として加わり、レイ・ブラシエ、マシュー・フラー、Kode9らとともに加速主義運動に関わった。二〇〇〇年代に入ってからは、k-punk名義でブログを始め、音楽雑誌などに積極的に寄稿し、ダブステップをはじめとする二〇〇〇年代の電子音楽シーンに大きな影響を与えつつ、新自由主義的資本主義に対してラディカルな批判を行った。主著に『資本主義リアリズム——「この道しかない」のか？』、『わが人生の幽霊たち——うつ病、憑在論、失われた未来』。二〇一七年に鬱病のため自殺。死後、k-punk名義で書き残したブログの原稿をまとめた論集『k-punk』が発行された。（毛利嘉孝）

■ポストトゥルース

二〇一六年に実施されたイギリスのEU離脱を問う国民投票とアメリカ合衆国大統領選挙では、SNSを介して流布した情報の影響力が世界的な注目を集めた。ソーシャルメディアを駆使した政治的コミュニケーションのなかで、政治家や候補者についてのさまざまな虚偽情報＝フェイクニュースが飛び交い、それが選挙結果を大きく左右したのではないかとの疑念が持たれたのである。政治選挙というデモクラシーの根幹に関わる事柄をめぐり、必ずしも情報の真偽ではなく、それが面白いかどうか、あるいは自分の立場や意見に合致するかどうかを基準にSNSユーザーたちが情報をやり取りする様子を捉える言葉として、ある種の危機感をもって「ポストトゥルース」＝真実の後／次に来るもの」が叫ばれるようになった。ポストトゥルースは、オックスフォード英語辞典による二〇一六年の「今年の言葉」に選ばれた。そのことからも、当時の反響の大きさがうかがい知れるだろう。もちろん、メディアを用いて虚偽の情報が流布される事態は以前から見られた。だが、今日問題視されるポストトゥルースは、一部の政治家や党派的集団の自己宣伝やプロパガンダ戦略だけに関わるのではなく、デジタルメディア時代に見て取れるコミュニケーションの特徴、とりわけ客観的な事実にもとづく報道や情報提供だけでは人びとや世論を必ずしも説得できないという言論実践が置かれた窮状を指している。その意味でポストトゥルースとは、今日の時代精神を表す言葉なのである。（阿部潔）

■ポストフォーディズム

ポストフォーディズムとは、一九七〇年代以降先進国で広がった新しい資本主義の生産様式。フランスの経済学、レギュラシオン学派によって提唱され、最近ではパオロ・ヴィルノやマウリツィオ・ラッツアラートなどイタリアのアウトノミスト系の社会学者を中心に、広く現代社会の下部構造を決定する生産様式を示す概念として使われている。アメリカの自動車会社フォード・モーターが開発したフォーディズムが、二〇世紀初頭から一九七〇年頃までの工業生産物を大量生産する産業資本主義を特徴づけたのに対し、ポストフォーディズムは金融やサービス、情報や文化など非物質的生産物を主たる商品とする新しい資本主義における生産様式を示している。その特徴は、生産の単位を細分化、再編成し、生産様式のフレキシビリティとモビリティを最大化することで、差異化や革新の過程を加速化するというものだが、それは、経済的な生産関係に留まらず労働と余暇との関係から日常生活や文化、さらには主体の編成にいたるまで、決定的に影響を与えているとされる。（毛利嘉孝）

■ポストメディア／メディウム

ポストメディアという用語は、一九八〇年代まだインターネット前夜時代に、フランスの精神分析哲学者、フェリックス・ガタリによって、一方通行型のマスメディア時代の後に来る双方向的で民主的なメディア環境を示す概念として提唱された。その後、インターネットや携帯端末が爆発的に普及し、私たちの生活の一部となってから再び脚光を浴びている。たとえば、ドイツのロイファナ大学は、イギリスの出版社ミュートとともに二〇一一年にポストメディア研究所を設置し、ガタリの著作を参照しつつ一九九〇年代以降のインターネット文化を批判的に結び付け、積極的に研究活動を行った。また現代美術の領域では、ロザリンド・クラウスが伝統的なメディアによる芸術の区分（絵画、彫刻、写真、映像……）が融解した後のメディアの状況を「ポストメディウム」として捉えている。またメディア研究者のレフ・マノヴィッチも、実写やコンピュータグラフィックスといった旧来のメディアの区分の消滅を認識した上で、それを超える概念としてポストメディアを提唱している。（毛利嘉孝）

■ポピュリズム

ポピュリズムの定義については、これまでの研究でさまざまな意見や立場が表明されてきた。近年ジャーナリズムや政治評論で取りざたされる「ポピュリズムの台頭」に共通して指摘できるのは、政治信条として人民＝people主権を声高に唱えることに加えて、既成政党やグローバル企業に代表される政治・経済界におけるエリートへの批判とグローバル化のもとで増大する移民流入に対する排他的で差別的な見解が奨励される点である。ただ単に一般民衆を政治の主役として最優先するだけでなく、一方で既得利権に安住する支配層に向けて激しい感情的な攻撃を繰り広げ、他方で現在の経済危機を引き起こした原因として移民問題を槍玉に挙げることが、近年ヨーロッパを中心に勢力を拡大しつつあるポピュリズムを掲げた政党の特徴である。こうしたポピュリズムが台頭した背景には、そこで唱えられる具体的な経済政策や移民対策の内容への賛同だけでなく、国民の大多数が影響を被る雇用問題などグローバル化の進展のもとで深刻化する課題に対して既成政党が十分な対応をしてこなかったことへの失望、憤り、怒りが見て取れる。ロジャー・イートウェルとマシュー・グッドウィンが「自由民主主義への反逆」として「国民的ポピュリズム」の台頭を分析したように、近年躍進を遂げたポピュリスト政党は、選挙民や世論のなかにくすぶる不満や不安に直接訴えかけ、そうした民衆の情動を自らの主張や政策に巧妙に水路づけることで急速に支持を拡大してきたのである。ともするとポピュリズムは右派的な政治潮流と理解されがちだが、それは一面的である。これまでラディカルデモクラシーを提唱してきたエルネスト・ラクラウ、シャンタル・ムフは、近年の政治動向を踏まえ「左派ポピュリズム」

の可能性について論じている。SNSを駆使しながら民衆動員を図るデジタルメディア時代に対応したポピュリズムの動向は、従来からの「右派か左派か」という単純な基準では捉えることができない現代政治の課題と可能性を表している。（阿部潔）

■マッスミ、ブライアン（Brian Massumi）

一九五六年生まれの哲学者。現在はカナダのモントリオール大学コミュニケーション学部の教授である。ドゥルーズ／ガタリの主要な著作の英訳者であり、ドゥルーズ研究者としての立場から哲学や美学さらに現代思想全般にわたる鋭い考察をおこなっている、世界でもっとも注目される研究者の一人である。彼の名前が世界に知られるようになった契機の一つは、一九九五年に雑誌 *Cultural Critique* の三一号に掲載された“Autonomy of Affect”である。そこでは、ドゥルーズやスピノザの思索を継承発展させながら、意識する以前の身体的知覚、身体的能力としての情動が主題化された。その後に刊行された *Parables for the Virtual: Movement, Affect, Sensation* (Duke University Press, 2002) では、情動と映画、情動と政治、情動と美学にかかわる広範囲な問題が議論され、人文社会科学全体にきわめて大きなインパクトを及ぼすこととなった。こうした彼の現代社会の様々な問題にかんする広範な関心は、9・11以降の米国の「先制」的政治と情動の関係を主題化した *Ontopower: War, Powers and the State of Perception* (Duke University Press, 2015、東京大学出版会から刊行予定)、アートと美的経験と抽象的な哲学的概念との間の強度の連続性を論じた *Semblance and Event: Activist Philosophy and the Occurrent Arts* (MIT Press, 2011)、あるいはベイトソン、ベルグソン、シモンドン等の研究を参照しながら「相互内包（mutual inclusion)」という新しい論理を提起することで、人間と動物の連続性を主張するとともに、遊戯、政治、動物性との間の関係を解きほぐした *What Animals Teach Us about Politics* (Duke University Press, 2014) によく示されている。高度に抽象的な哲学的議論、アクチュアルな問題、そして美的経験、という三つの項が無理なく接合されたなかから繰り出される緊張感に溢れた文体は、自らアクティビスト・フィロソフィーと述べる彼の思索の特徴を雄弁に物語っている。（伊藤守）

本書の冒頭で、〈ポスト・マクルーハン〉〈ポスト・ナショナリティ〉〈ポスト・ヒューマン〉の時代へ、と形容することが可能と思えるほどの変化に直面しているのではないか、と述べた。だがそれはもちろんいくつかの——しかも重要な留保を付したうえでの言表である。

テレビに代表されるナショナルなレベルでの「想像の共同体」の構築と相関する集合的な主体の形成から、「個人化したメディア」に媒介されたコミュニケーションを通じて、ディヴィデュアルな個と個がつながる「ゆるやかな関係」の形成へ変化していること、そしてそれと共に、メディアと言語の象徴的機能が低下し、情動を触発するベクトルが強化されている現状を、本書では指摘した。しかしながら、「令和」をめぐるメディア報道の過熱——「テレビの内側でのお祭り」に終始したが——や、来年の2020東京オリンピック・パラリンピック報道を予測するならば、安易に〈ポスト・マクルーハン〉と呼びうるような地点には至っていないことも指摘しなければならないだろう。分散化した「飛び地のように広がる集合性」が前景化しているとはいえ、「ハイブリッドなメディアシステム」の環境下でメディアが相互に連動し、一瞬のうちに巨大なムーブメントを生成していく可能性すらあることを視野に入れておく必要があるからである。また、象徴的機能が低下し、情動の強度を高めるように機能するのがポストメディアの生態系の基本的特徴であるとの仮定を提起したが、情報の喚起と一体となって象徴的機能が一瞬のうちに立ち上がり、強く作用することも考慮すべきだろう。いずれにしても、既存のメディアとソーシャルメディアがシームレスにつながり、瞬時に大量の情報がサーキュレートすることで独自のリアリティを造形する、コミュニケーション資本主義に規定されたポストメディア状況のもとでの複雑で可変性に富んだ〈メディア経験〉を精緻に分析することが求められているのだと思う。既存の枠組みではとらえきれない、この複雑で可変性に富んだ状況を指示する概念として、ここでは〈ポスト・マクルーハン〉という言表を提起したのである。

第二の〈ポスト・ナショナリティ〉という言表もまた同様である。英国のEU離脱問題とその後の英国国内と議会の混乱、そして欧米諸国の排外主義的な動向の強まり、さらにはハンガリーやトルコそして米国やロシアの強権的な政権と、権威主義的なナショナリズムとポピュリズムの台頭からも明らかなように、ナショナル、ナショナリティという枠組みがこれまで以上に強固に構築されはじめている。一九八九年の「壁」の崩壊を一つの契機として進展した資本主義のグローバル化から三〇年が経過したなか、ふたたび「壁」が立ち塞がる状況にある。しかしながら一方で、メディアと文化の移動の位相からみれば、ヒトとモノの移動を遮る政治的なナショナリズムの台頭とは相反するように、情報の地球規模での移動を押しとどめる「壁」を構築することなどもはや不可能な状況——中国を例外として——にある。しかし、こうした事態は、政治と文化の対立として単純に把握されるべき事態ではないだろう。たとえば、日本の文脈に即して言えば、今年（二〇一九年）の五月朝のテレビ番組で、日本の高校生の間で韓国のファッションやメイクが支持を集め、仲間で韓国の旅行に行く機会が増えていることが紹介されたのだが、この放送直後ネット上ではこの放送をバッシングする発言が相次ぎ「炎上」する事態が生起した。「自分の周りでは、韓国文化のファンなどない。捏造したニュースなど流すな」といった類の言説である。二〇〇〇年代の韓流ブーム、そしてフジテレビ前デモを起点にしてネットからリアルな空間に広がったヘイトスピーチの嫌悪すべき嵐の後の、現在の状況の特徴の一端を、この事例からでも推し量ることができるのではないだろうか。二〇〇〇年代に韓国文化を愛したファンが述べた「文化と政治は別」という言表が暗に示唆していた「文化が政治を変える」という期待が萎み、もはやこの二つの項を切り分けることなどできず——もともと文化が政治と切り離されて存在するわけではないのだが——、政治と文化がより一層複雑に絡み合い、相互理解と分断・相互離反という相反する力学が作動する動態がネットとリアルな空間の双方で生成しているのである。〈ポスト・ナショナリティ〉とは、この入り組んだ複雑な動態を〈まなざす〉ためにこそ活用されるべきなのだろう。

〈ポスト・ヒューマン〉もまた、捻じれ、複雑に反転するかに見える「襞」を丹念に辿る複数の思考の軌跡として理解されるべきだろう。たしかに、特定の分野では人間の能力を超える人工知能がさまざまな社会領域に導入される時代を形容し特徴づけるものとして、そしてその現実を前にして従来の〈人間中心主義〉を相対化する一連の動向を指す概念として、この言表が成立したことは疑いえない。しかし、それだけで理解されてはけっしてならない。本書第7章の清水論文が明晰に指摘するように、その概念は、従来の〈人間中心主義〉という際の〈人間〉とはそもそも誰を指していたのか、生命・身体の質量性を計量可能なものとして数値化し、新たな生政治へと組み直す「生資本主義」にとって〈人間〉とはいかなるモノとして把握されているのか、そして難民として「諸権利をもつ権利を奪われた」存在をいまなお大量に生み出す現代社会とはいかなる社会なのか、という根本的な問いに対する倫理的な応答を、われわれ一人ひとりに求めるものでもあるからだ。

メディア研究は、こうした一連の問題系に向き合い、領域横断的な研究領域だからこそ可能な理論的かつ実証的な知見を積み上げていく必要がある。そしてわれわれ自身、上述のこれらの問題にコミットしアプローチし続けていくだろう。

本書は、執筆メンバーを核とした四年にわたる共同研究の成果である。その間、沖縄の辺野古をめぐり、沖縄の大学生とも様々な議論を交わし、沖縄の記者への聞き取り調査もおこない、さらにはドイツに飛んで、ドイツの研究者と共同のワークショップを開催し、三・一一以降の世界が抱える問題——原発、難民、ナショナリズム、情動とメディア、生権力、東アジア圏の歴史認識、排外主義等々——を包括的に討議するなど、多角的に研究活動をおこなってきた。それが、各論考にさまざまなかたちで反映されていると思う。重厚な論考を寄稿していただいた執筆者の皆さんに心から感謝したい。

編集者の木村素明氏に出版に向けた話を切り出したのは二〇一六年の春の時期だったと思う。それから長い期間、遅々として進まない研究の進捗状況を見守り、叱咤激励していただいた。一年遅れでなんとか刊行まで辿り着けたのは、木村氏の助言があったからである。心から木村氏にお礼を申し上げる。

最後に、本書は、「科学研究費基盤研究（B）「デジタルメディア時代の政治的公共性とナショナリズム」平成二六年度〜平成二九年度、研究代表者・伊藤守」の研究成果であることを記す。

二〇一九年六月

執筆者を代表して　伊藤　守

編者・執筆者紹介（編者以外は執筆順）

伊藤　守（いとう　まもる）［編者］

早稲田大学教育・総合科学学術院教授
主要著書に『情動の社会学』（青土社），『情動の権力』（せりか書房），『ドキュメント　テレビは原発事故をどう伝えたのか』（平凡社），『記憶・暴力・システム』（法政大学出版局），『アフター・テレビジョン・スタディーズ』（共編著，せりか書房），『よくわかるメディア・スタディーズ』（編著，ミネルヴァ書房）など

水嶋一憲（みずしま　かずのり）

大阪産業大学経済学部教授
主要著書・訳書に『よくわかる社会情報学』（分担執筆，ミネルヴァ書房），『アフター・テレビジョン・スタディーズ』（分担執筆，せりか書房），ネグリ／ハート『〈帝国〉』（共訳書，以文社），ネグリ／ハート『叛逆』（共訳書，NHK 出版）など

阿部　潔（あべ　きよし）

関西学院大学社会学部教授
主要著書に『監視デフォルト社会』（青弓社），『スポーツの魅惑とメディアの誘惑』『彷徨えるナショナリズム』（いずれも世界思想社），『公共圏とコミュニケーション』（ミネルヴァ書房），『空間管理社会』（共編著，新曜社）など

清家竜介（せいけ　りゅうすけ）

龍谷大学社会学部准教授
主要著書・論文に『交換と主体化』（御茶の水書房），『ももクロ論』（共著，有楽出版社），『現代思想入門』（共著，PHP 研究所），『ドイツとの対話』（分担執筆，せりか書房），『「倫理」における「主体」の問題』（分担執筆，御茶の水書房）など

柴田邦臣（しばた　くにおみ）

津田塾大学学芸学部准教授
主要著書に『字幕とメディアの新展開』（共編著，青弓社），『「思い出」をつなぐネットワーク』（共編著，昭和堂），『コミュニケーション理論の再構築』（分担執筆，勁草書房），『防災の社会学』（分担執筆，東信堂）など

佐幸信介（さこう　しんすけ）

日本大学法学部教授
主要著書に『国道16号線スタディーズ』『失われざる十年の記憶』（いずれも，分担執筆，青弓社），『触発する社会学』（分担執筆，法政大学出版局），『空間管理社会』（分担執筆，新曜社）など

清水知子（しみず　ともこ）

筑波大学人文社会系准教授
主要著書に『文化と暴力』（月曜社），『映画とジェンダー／エスニシティ』（分担執筆，ミネルヴァ書房），『芸術と労働』（分担執筆，水声社），『地域アート』（分担執筆，堀之内出版），バトラー『アセンブリ』（共訳書，青土社），ネグリ／ハート『叛逆』（共訳書，NHK 出版）など

平田由紀江（ひらた　ゆきえ）

日本女子大学人間社会学部准教授
主要著書・訳書に『韓国家族』（共編著，亜紀書房），『ドイツとの対話』『日式韓流』（いずれも，分担執筆，せりか書房），『アジアのメディア文化と社会変容』（分担執筆，ナカニシヤ出版），申鉉準『韓国ポップのアルケオロジー』（訳書，月曜社）など

毛利嘉孝（もうり　よしたか）

東京藝術大学大学院国際芸術創造研究科教授
主要著書に『ストリートの思想』（NHK 出版），『はじめての DiY』（ブルース・インターアクションズ），『ポピュラー音楽と資本主義』（せりか書房），『文化＝政治』（月曜社），『アフター・テレビジョン・スタディーズ』（共編著，せりか書房）など

コミュニケーション資本主義と〈コモン〉の探求
ポスト・ヒューマン時代のメディア論

2019年9月19日　初　版

［検印廃止］

編　者　伊藤　守

発行所　一般財団法人　東京大学出版会

代表者　吉見俊哉
153-0041　東京都目黒区駒場4-5-29
http://www.utp.or.jp/
電話　03-6407-1069　Fax　03-6407-1991
振替　00160-6-59964

装　幀　仁木順平
組　版　有限会社プログレス
印刷所　株式会社ヒライ
製本所　牧製本印刷株式会社

ISBN 978-4-13-050198-9　Printed in Japan